Olhares do Corpo

Neyde Theml, Regina Maria da Cunha Bustamante
e Fábio de Souza Lessa
Organizadores

Olhares do Corpo

MAUAD

MAUAD Editora Ltda.
Av. Treze de Maio, 13, Grupo 507 a 509 — Centro
CEP: 20031-007 — Rio de Janeiro — RJ
Tel.: (21) 2533.7422 — Fax: (21) 2220.4451
www.mauad.com.br

Projeto Gráfico:
Núcleo de Arte/Mauad Editora

Revisão:
Sandra Pássaro

Imagem da Capa:
Taça ática de figuras vermelhas, 510/500 a.C.
Museu do Louvre, G 111. In: Villanueva-Puig. Marie-Christine.
Images de la Vie Quotidienne en Grèce dans L'Antiquité. Paris: Hachette, 1992, p.33.

DADOS INTERNACIONAIS DE CATALOGAÇÃO NA PUBLICAÇÃO (CIP)
(CÂMARA BRASILEIRA DO LIVRO, SP, BRASIL)

Olhares do corpo / Neyde Theml, Regina Maria da Cunha Bustamante e Fábio de Souza Lessa - organizadores. - - Rio de Janeiro : MAUAD, 2003.

Vários autores.
Bibliografia.
ISBN 85-7478-116-9

1. Corpo humano - Aspectos sociais 2. Corpo humano (Filosofia) 3. História antiga 4. Usos e costumes I. Theml, Neyde. II. Bustamante, Regina Maria da Cunha. III. Lessa, Fábio de Souza.

03-6695 CDD – 930.072

Índices para catálogo sistemático:

1. Corpo humano: Pesquisa na história antiga
930.072

SUMÁRIO

I – OLHARES DO CORPO: OBJETIVOS E AGRADECIMENTOS

Neyde Theml
Regina Maria da Cunha Bustamante
Fábio de Souza Lessa

O Laboratório de História Antiga (LHIA/IFCS/UFRJ) apresentou o XII Ciclo de Debates em História Antiga: Olhares do Corpo (4 a 8/11/ 2002). "Olhar" para o corpo significa que podemos obter informações convergentes ou divergentes referentes aos valores e normas priorizados pela sociedade; podemos encontrar os modos pelos quais se estabelecem as relações de identidade e alteridade, bem como as práticas sociais permitidas e interditas e, ainda mais, a dinâmica das relações de poder no jogo das permanências e mudanças socioculturais. Portanto, o corpo humano é culturalmente construído através de escolhas ou imposições sociais, de conjunto de valores que configuram o que o homem deve ser, tanto em relação ao seu *status*, ao seu grupo, às virtudes morais e intelectuais quanto às maneiras da representação, da exposição e do uso do seu "corpo físico". "Olhar" para o corpo é procurar decifrar uma outra linguagem que fale da sociedade, de sua dinâmica, de seus conflitos e de suas mazelas. Um dos desafios do historiador da Antigüidade é indagar, pesquisar, criticar e fazer nascer a História Antiga do diálogo entre o antigo e o moderno, ou, se preferir, entre antigos e modernos. Assim, problemas urgentes do mundo contemporâneo, como a questão do corpo, trazem, para o âmbito da História Antiga, campos de visibilidade da vida social ainda inexplorados; e esta visibilidade nos ajuda a compreender, através do encontro com a diferença, nossos próprios caminhos e opções.

O Ciclo de Debates Olhares do Corpo teve o apoio da CAPES, FUJB e da FAPERJ. A publicação deste livro deve-se ao patrocínio da FAPERJ. A FAPERJ e a CAPES, juntamente com o CNPq e FUJB, há alguns anos, vêm apoiando os eventos organizados pelo Laboratário de História Antiga (LHIA/IFCS/UFRJ) e para esta política de visão humanística queremos, nesta ocasião, agradecer publicamente.

No XII Ciclo de Debates Olhares do Corpo tivemos cinqüenta e cinco comunicações e dez conferências. Como não tínhamos condições de publicar todos os trabalhos em forma de Anais, selecionamos, para este livro, as conferências proferidas, as comunicações de professores doutores e as comunicações de duas mestrandas do PPGHC. O critério adotado para escolha das comunicações baseou-se na titulação de doutor e a dos mestrandos na potencialidade da comunicação em criar um campo de experimentação comparada.

Mais uma vez agradecemos a FAPERJ pela oportunidade e confiança.

*Os Organizadores**

* Professores doutores da UFRJ, LHIA, PPGHC, IFCS/UFRJ.

II - APRESENTAÇÃO

Ciro Flamarion Cardoso *

Esta coleção de ensaios provém, em primeiro lugar, do XII Ciclo de Debates em História Antiga, promovido em 2002 pelo Laboratório de História Antiga do IFCS-UFRJ, cujo tema foi "Olhares do corpo". A História Antiga, entretanto, é somente um entre diversos ingredientes presentes no volume.

A fragmentação do campo da História numa multiplicidade de temáticas e enfoques, tendência perceptível principalmente a partir da conjuntura 1974/1980, trouxe consigo um forte sabor experimental. A própria experiência levará, a seu devido tempo, passada a moda agora já um tanto enfraquecida do Pós-Modernismo, a uma seleção de assuntos e abordagens que se tenham mostrado mais profícuos, bem como ao abandono de outros, menos promissores. Por ora, torna-se um tanto difícil achar um norte, nem que seja para simplesmente mapear a enorme variedade de novos assuntos e modos de trabalhar. A situação, até agora, não variou muito desde o editorial dos *Annales* que, em 1989, por um lado afirmava que o saber histórico "não progride num sentido totalizador", e sim, "mediante deslocamento do objetivo ou variação da distância focal", mas, ao mesmo tempo, a meu ver em forma contraditória, pretendia propor um novo paradigma que, por meio da interdisciplinaridade, desse solução à "infinita multiplicação", entre os historiadores, de "experiências individuais isoladas, em que cada pesquisador decidiria soberanamente as regras de sua alquimia pessoal".[1] Ainda não se percebe como superar tal dilema, nem existem à vista condições para qualquer consenso.[2]

No contexto da mencionada fragmentação dos objetos e enfoques, a História do Corpo foi percebida, primeiro, em especial a partir de fins da década de 1980 (quando se tornou tendência mais visível), como um campo de pesquisas vinculado prioritariamente: a duas temáticas maiores: gênero e processos identitários; e por uma referência preferencial à Antropologia – a uma certa Antropologia, seria mais exato dizer. Tratava-se, para expressá-lo com maior precisão, de tentar aquilatar o grau em que as concepções relativas às funções corporais são capazes de alterar, quando examinadas em contexto histórico, as visões sobre si mesmos que elaboram os seres humanos examinados individual ou coletivamente, ou de influir sobre elas. Estudaram-se temas como a castidade cristã (Peter Brown), aplicaram-se estratégias construtivistas para análise de várias concepções anatômicas no sentido de iluminar as relações de gênero (Thomas Laqueur), houve interesse pela questão da identidade feminina (Judy Giles), etc. É óbvio, porém, que o corpo tem múltiplas funções; e, pela mesma razão, é possível achar copiosos pontos referenciais praticáveis, dentro e fora da Antropologia "perspectivista". Assim, por exemplo, o "homem que come" (*Homo edens*) foi objeto, em 1987, de um Congresso histórico realizado em Verona, publicado dois anos depois. E não é difícil imaginar outras muitas formas que o interesse pela temática do corpo possa vir a assumir. Também é verdade que, esporadicamente, o assunto já vinha interessando alguns historiadores: lembro-me, por exemplo, de trabalhos já bastante antigos, em Egiptologia, sobre a pureza/impureza corporal, examinada em função das atividades sacerdotais nos templos do Egito faraônico.

Este volume é exemplo das múltiplas possibilidades que foram mencionadas. Interdisciplinar – nele achamos as maneiras de trabalhar histórica, antropológica, filosófica, entre outras –, caracteriza-se por modos muito variados de abordagem e assuntos igualmente diversos, tanto os mais tradicionais neste setor (gênero, identidade) quanto muitos outros. Metamorfoses e representações híbridas, a relação entre corpo e cidadania, competições musicais, visões sobre o corpo e o ascetismo do cristianismo da Antiguidade Tardia, um panorama da temática do corpo na Antropologia do passado ao futuro, um estudo de concepções aristotélicas, exames de figurações antigas, também alguns estudos de realidades contemporâneas – eis o que configura, e são somente alguns exemplos, um livro realmente multifacético, adequado ao espírito experimental de que se falou.

O Laboratório de História Antiga da UFRJ, decano dos centros de pesquisa no Grande Rio de Janeiro no tocante à sua área de atuação, vem cumprindo fielmente, há mais de uma década, função essencial na congregação de pesquisadores que discutem entre si suas pesquisas e seus interesses. Além de seus ciclos de debates e outras reuniões anuais, mantém a revista *Phoînix*, aberta a colaboradores de todos os horizontes. E, como mostra este volume, suas iniciativas têm o dom de atrair igualmente especialistas de outros campos do saber, interessados eventualmente em períodos diferentes da Antiguidade. Ao publicar os resultados de encontros assim, uma rica gama de experiências torna-se disponível para um público que pode ser, também ele, múltiplo e variado em seus focos de atenção.

Notas:

* Prof. Titular de História Antiga do CEIA, UFF.

[1] "Histoire et sciences sociales: tentons l'expérience". *Annales E.S.C.* novembro-dezembro de 1989, pp. 1317-1323.

[2] Ver Gérard Noiriel. *Sobre la crisis de la historia*. Trad. Vicente Gómez Ibáñez. Madrid: Cátedra, 1997, p. 166.

III – OLHARES DO CORPO
CORPO HÍBRIDO E METAMORFOSEADO

Alexandre Carneiro Cerqueira Lima[1]

Os gregos antigos tinham a clara noção de como poderiam manifestar seus gestos, suas atitudes e a exposição de seus corpos durante festas e rituais. Tudo dependia da cerimônia e da divindade cultuada no decorrer do ato sagrado. Depois de vários anos estudando rituais dionisíacos percebemos a riqueza de informações provenientes dos textos e das imagens pintadas pelos artesãos helenos sobre as manifestações dos seguidores da divindade do êxtase. Por exemplo, ao analisarmos o ritual do *kômos* (procissão dionisíaca) poderemos constatar que a representação dos corpos destes foliões explicita o *baixo ventre*. Quer dizer, a pança, os órgãos genitais e o traseiro. Imagens que nos remetem ao grotesco e à valorização do corpo. Era comum em festas dionisíacas a prática da comensalidade aliada à ingestão desenfreada de vinho (durante o banquete – *sympósion*).[2] As atitudes de embriaguez e de sexo promoviam a *carnavalização* da ordem *políade*, onde o papel do *riso festivo* era fundamental: os *komástai* (foliões/ dançarinos que comemoram o *kômos*) riam da morte, do sagrado, das regras e das normas impostas pela sociedade *políade*.[3]

Os pintores de vasos coríntios deram um significativo destaque à representação do *kômos*. Esta temática foi a favorita dos pintores no fim do VII século a. C., explica Humfry Payne. O tipo de representação mudou pouco em seus quase sessenta anos de existência: dançarinos gorduchos (*padded dancers*), vestidos com curto *chíton*.[4] O enfoque dado pelos pintores em relação à preferência pelo baixo ventre dos *komástai* suscitou controvérsias entre os estudiosos. *Seriam estes dançarinos gorduchos entidades sobrenaturais?* Para Payne trata-se de danças praticadas por pessoas comuns, estes dançarinos estão engajados em uma forma de culto orgiástico. É provável que a dança representada seja o *kórdax* – dança lasciva. O objetivo, então, de cada *komastés* seria o de assegurar a fertilidade das colheitas.[5] Arqueólogos e filólogos estão de acordo que o *kômos* é sobretudo um rito propiciatório. Axel Seeberg constatou que os vasos que acolhiam as imagens de *kômos* tiveram grande circulação em Corinto e no Mediterrâneo (Ocidental e Oriental). Foram encontrados tais artefatos em diferentes contextos: casas, sítios de santuários, depósitos votivos e tumbas.[6]

A proposta deste trabalho consiste em analisar o corpo metamorfoseado e híbrido, ou seja, o corpo com atributos humano e selvagem em duas imagens de *kômos* na cerâmica coríntia.

A primeira imagem foi representada em uma cratera (Cratera E 620 do Museu do Louvre),[7] tal artefato foi encontrado na cidade-Estado etrusca de Caere.[8] Na face A temos seis *komástai*: dois seguram o corno de beber e dois aparecem em ereção, e o do meio encontra-se com o corpo em posição frontal, já o da direita torce o seu corpo e os gestos podem indicar um rápido rodopio. Na face B, que só possuímos a descrição dos arqueólogos, o pintor representou sereia e esfinges. Nos frisos inferiores, animais: panteras (olhar frontal), corça, javalis, carneiro.[9]

A dança dos *komástai* lembra àquela de Filocléon, no final da comédia *As Vespas* de Aristófanes. O protagonista da peça em um *kômos* carrega a *hetaíra* nua pelas ruas de Atenas e finaliza a trama cômica com a dança lasciva dionisíaca: o *kórdax*.[10] É justamente o que vemos nesta cratera, por meio dos passos do *komastés* à direita e do dançarino no centro. A explicitação do grotesco (falo) marca bem o aspecto carnavalesco desta procissão. A opção pelo grotesco e pelo falo significa a fecundidade, a fertilidade dos campos e a virilidade. Dois *komástai* estão com o *rhytón* em suas mãos, este recipiente explicita o lado selvagem da procissão, pois o corno é usado pelos *sátyroi*, os antimodelos do cidadão. Os *sátyroi* pertencem ao espaço da selvageria, da loucura dionisíaca, da embriaguez, do vinho puro. Tal como a esfinge (face B), os *sátyroi* são seres híbridos (metade homem, metade bode). Dionisos se faz presente nesta procissão por meio destas entidades sobrenaturais que afloram bem o seu lado híbrido e de transformação/ metamorfose. As sereias (face B) são aquelas criaturas com cabeças e vozes de mulheres, mas com corpos de pássaros. Tanto a esfinge, quanto as sereias são criaturas perigosas, pois por meio de seus enigmas e cantos respectivamente podem levar os homens ao encantamento ou à morte. Circe aconselha Odisseus a não escutar o canto das sereias, caso deseje regressar à Ítaca e rever sua mulher Penélope e seu filho Telêmaco.[11] Mais uma vez vemos signos que nos remetem à vida (danças em prol da fertilidade) e à morte (sereias e esfinge). A representação do grotesco e de criaturas híbridas marcam bem o caráter ambíguo, selvagem e de contato com a alteridade durante a carnavalização do *kômos*.

Quando aproximamos os signos representados nas duas faces da cratera fica mais claro o enunciado construído pelo pintor. O friso dos animais revela o mundo selvagem da *chôra* e das divindades rurais. A pantera nos remete a Dionisos, já a corça e o javali à Ártemis, o carneiro e a ovelha são animais freqüentemente sacrificados em honra à deusa da caça.[12] O olhar frontal da pantera seduz e atrai os receptores da cena para participarem da experiência do *kômos*. Experiência esta marcada pelo contato com o outro – Dionisos. O caráter orgiástico de Dionisos (pantera e *rhytón* utilizado pelos *sátyroi*),[13] o selvagem de Ártemis[14] e o 'nutridor' de Deméter[15] reforçam a idéia de um *kômos* que invoca as potências do campo. A representação frontal do baixo corporal do *komastés* central e da dança – *kórdax* – praticada pelo seu companheiro à direita nos revela um estado pleno de carnavalização. Todos estes *komástai* entraram em uma dimensão que só a festa pôde lhes oferecer. Daí o pintor enfocar um tipo particular de representação do corpo, na medida em que este corpo passa por um momento de transformação: é um corpo solto pelos efeitos do vinho,[16] inebriado pelos efeitos da música, dos cantos (*dithýrambos*)[17] e dos passos frenéticos da dança lasciva. É um corpo selvagem, híbrido e metamorfoseado.[18] O *kômos* não é uma dança comum, mas um fenômeno de transe.[19] O *komastés* é literalmente possuído pela divindade que ele honra.[20] Ao participarem de cerimônias dionisíacas, os homens ficam afastados *"das normas, dos comportamentos habituais, no trajar e nas atitudes."* [21]

Cratera

O próximo vaso é um *alábastros* que trata não só do *kômos*, mas também da caça.[22] É uma peça peculiar com 27,5 cm do estilo *Antigo Coríntio* (c. 625-600 a.C.). Neste grande *alábastros* do Museu do Louvre vemos no friso superior uma cena de caça ao javali, com caçadores munidos de lanças e de pedras; no friso inferior outra cena de caça, um dos caçadores está sendo devorado pela pantera, em seu socorro vão outros caçadores e dois *komástai* (um com lira, o outro com o *aulós*), precedendo mais dois foliões que executam uma 'dança cambaleante'.[23] Há uma cabeça representada neste friso (*seria a de Dionisos ctónico?*).[24]

A caça ao javali é uma prática comum entre os *áristoi*, representa um tipo de caça nobre, onde coragem e astúcia – *métis* – serão postas à prova.[25] Para Alain Schnapp, a caça é uma das atividades educativas – *paideía* – dos jovens, futuros cidadãos. Por meio dos exercícios cinegéticos, há o reconhecimento do território, ligando e integrando campo e cidade.[26] O *kômos* tem este mesmo papel de apropriação e de reconhecimento territorial. As procissões cruzam as várias *komaí* (aldeias) dispersas no espaço rural e chegam aos confins do território, lá podem realizar ritos e sacrifícios nos santuários-limite, como, por exemplo, o de Pérachora (onde foram achados vários vasos contendo imagens de *kômoi*).

O *kômos* selvagem, perigoso e caçador aparece em alguns momentos na documentação textual. A tragédia de Eurípides *As Bacantes* nos apresenta a procissão das 'enfurecidas' mulheres de Tebas carregando partes do corpo dilacerado de Penteu.[27] Plutarco descreve a morte do herói caçador Actéon em um *kômos*.[28] E em nosso *alábastros* vemos no friso inferior um caçador sendo devorado por uma pantera.[29] É interessante frisar que Dionisos se faz presente neste friso, não só pelo *kômos* (o *aulós* e a dança), mas principalmente com a pintura da pantera. Este animal selvagem evoca a divindade do êxtase, a pantera é um animal sedutor: seu olhar e seu perfume paralisam suas vítimas. O odor que ela exala perturba e atrai os animais selvagens. O perfume é "*a presença concreta do invisível*",[30] significa sedução, daí a técnica de caça utilizada pela pantera: a mistura de embuste e de sedução.[31] Ela pode ser um animal que tanto é caçado quanto caçador. A sua caça assemelha-se àquela exercida por Aphrodite, uma caça amorosa praticada pela *párdalis* (pantera/ prostituta). A pantera é o elo que une Dionisos e Aphrodite neste *alábastros*.

Ao olharmos para o caçador, prestes a ser devorado pela pantera, perceberemos que não se trata mais nem de um homem e nem mesmo de uma fera. A figura representada consiste agora em um ser híbrido, parte homem e parte besta. O mais interessante é que a pantera devorou justamente a cabeça da vítima. O *prósopon* – máscara – da pantera passou a configurar o corpo do caçador. Este corpo metamorfoseado e híbrido expressa a alteridade por meio do olhar frontal da pantera. É o olhar que paralisa, seduz e convida os homens a participarem daquela experiência. O sintagma deste vaso está pautado nesta experiência, em que os homens entram em contato com as divindades do êxtase, da sedução e da caça amorosa (Dionisos e Aphrodite).

A partir da análise destes dois artefatos compreendemos que os pintores coríntios ao representarem o *kômos* enfatizaram um corpo transformado (*metamorfoseado*) pelos efeitos da experiência dionisíaca. Além da *manía* (loucura dionisíaca), o contato com outras divindades, animais e seres híbridos teve o papel de divulgar todo este 'mundo' selvagem, grotesco e 'carnavalesco'. Participar de uma procissão catártica significava abdicar de todas as regras e costumes que sufocavam os homens em seu cotidiano. Os *komoí* representavam momentos festivos onde os foliões poderiam celebrar a vida, o corpo, os deuses e a morte, rindo de seus temores, males e problemas. E mais, percorrer campo e cidade nestas procissões catárticas promovia a unificação do território por meio dos cultos e dos ritos dedicados às divindades *políades*.[32]

Alábastros – Friso superior

Alábastros – Frisos superior e inferior

Alábastros – Friso com a pantera

Alábastros – Friso com os *komástai*

Notas

[1] Professor Doutor em História Social (História Antiga), Editor-chefe da Revista Eletrônica Hélade (www.heladeweb.net).

[2] Lima, Alexandre C.C. *Cultura Popular em Atenas no V Século a.C.* Rio de Janeiro: Sette Letras, 2000.

[3] Stam, R. *Bakhtin: da Cultura Literária à Cultura de Massa.* São Paulo: Ática, 1992, p. 45:

> *"(...) os elementos-chave do corpo são os pontos onde ele tem apêndices, transgredindo os seus próprios limites: os intestinos e o falo, as convexidades e os orifícios que ressaltam para o mundo ou que absorvem o mundo. Quando focaliza a vida corpórea (cópula, nascimento, defecação) o carnaval oferece uma suspensão temporária da proibição e do tabu, transformando tudo o que é espiritual, ideal e abstrato para o nível material, para a esfera da terra e do corpo."*

[4] Payne, H. *Necrocorinthia: a Study of Corinthian Art in the Archaic Period.* Oxford: Clarendon Press, 1931, p. 118.

[5] Payne, H. *Necrocorinthia. Op. cit.*, pp. 120-121.

[6] Seeberg, A. Corinthian Komos Vases. *Bulletin of the Institute of Classical Studies of the University of London*. Supl. 27, 1971, pp. 6-7.

[7] A cratera é um vaso que tem como finalidade a mistura do vinho puro com água nos banquetes, porém pode ser encontrada em um contexto funerário. Nas tumbas de aristocratas etruscos ela quase sempre estava disposta aos pés do defunto, metaforicamente definia o espaço 'sagrado' no sepulcro. Pontrandolfo, A. Simposio e Élites Socili nel Mondo Etrusco e Itálico. *In*: Murray, O. and Tecusan, M. *In Vino Veritas. Op.cit.*, p. 184.

[8] Cratera coríntia encontrada em Caere (Etrúria) – Musée du Louvre E 620. *Necrocorinthia*, no. 1158; p. 316; *Corinthian Komos Vases*, no. 211; Prudhommeau, G. *La Danse Grecque Antique II*. Paris: Éditions du Centre National de la Recherche Scientifique, 1965, fig. 456; Ghiron-Bistagne, P. *Recherche sur les Acteurs dans la Grèce* Antique. Paris: Les Belles Lettres, 1976, p. fig. 93, p. 244. Middle Corinthian Vases: c. 600-575 a. C.

[9] Sobre a representação de animais e seres sobrenaturais na cerâmica coríntia, ver: Payne, H. *Necrocorinthia. Op. cit.*, Cap. VII: 'Natural History'.

[10] Bourcier, P. *História da Dança no Ocidente*. São Paulo: Martins Fontes, 1987 (1978), p. 31.

[11] Homero. *Odisséia*, XII, 40-60.

[12] Aristóteles. *História dos Animais*, IX, 3, (610 b). Segundo Aristóteles, a cabra [dedicada a Dionisos] e o carneiro [a Ártemis] possuem uma natureza simples e estúpida. Ele nos fornece o seguinte exemplo: quando os carneiros são surpreendidos pela neve, se os pastores não os conduzem, eles ficam inertes e perecem no local; Eurípides. *Ifigênia em Aulis*, vv. 1590-1596. De acordo com Eurípides, a deusa Ártemis aceita uma corça como vítima de sacrifício no lugar da filha de Agamêmnon e Clitemnestra.

[13] Otto, W. *Dionysos: le Mythe et le Culte*. Mercure de France, 1969, pp. 118-119.

[14] Vernant, J.-P. *Figuras, Ídolos, Máscaras*. Lisboa: Teorema, 1991, p. 112.

[15] Hesíodo. *Teogonia*, vv. 910-915.

[16] Alceu, fr. 73. 'O vinho é o espelho [δίοπτρον] dos homens'; Frontisi-Ducroux, F. Des Mots, des Choses et des Images. *In*: Vernant, J.-P. et Frontisi-Ducroux, F. *Dans l'Oeil du Miroir*. Paris: Odile Jacob, 1997, p. 73. Vejamos a interpretação de Frontisi-Ducroux sobre a imagem do vinho no poeta Alceu: o vinho que se absorve age no interior da pessoa (em seu corpo), entorpecendo-a. Além do vinho ter o poder de *ver através* do indivíduo, no qual ele penetra e transpassa.

[17] Comotti, G. *La Musica nella Cultura Greca e Romana*. Vol. I. Torino: Edizioni di Torino, 1979, p. 25.

[18] Otto, W. *Dionysos: le Mythe et le Culte*. Mercure de France, 1992, pp. 102-103. Dionisos tem o poder de tudo transformar. Ele desmancha as noções de tempo e espaço, seu licor (o vinho) libera os homens das regras e das hierarquias.

[19] Vernant, J.-P. O Dioniso Mascarado das 'Bacantes' de Eurípides. *In*: Vernant, J.-P. e Vidal-Naquet, P. *Mito e Tragédia na Grécia Antiga Vol II*. São Paulo: Brasiliense, 1991, p. 269. Jean-Pierre Vernant nos explica que por intermédio do transe dionisíaco ou do *kômos* o Outro se torna *"uma das dimensões da vida coletiva e da existência cotidiana de cada um. A irrupção vitoriosa de Dionisos significa que a alteridade se instala, com todas as honras, no centro do dispositivo social."* Vernant J.-P. *Entre Mythe et Politique*. Paris: Éditions du Seuil, 1996, p. 483. Neste trabalho, Vernant completa o seu raciocínio dizendo que a tragédia mostra que

uma comunidade de homens deve possuir esta dimensão dionisíaca (de alteridade), pela qual se expressa no *kômos*, com seu cortejo de música e de dança, seu gestual desordenado, seus excessos e desvios.

[20] Delavaud-Roux, M.-H. Danse et Transe: La Danse au Service du Culte de Dionysos dans L'Antiquité Grecque. *In*: Ghiron-Bistagne, P. (org.) *Transe et Théatre*. Cahiers du Gita no. 4. Montpellier, décembre 1988, p. 32.

[21] Vernant, J.-P. *Figuras, Ídolos, Máscaras. Op.cit.*, p. 168. Continuando a citação: *"É-lhes necessário abandonar a boa aparência, a dignidade viril na postura, o constante domínio de si que são próprios de seu sexo."*

[22] Alábastros coríntio – Musée du Louvre No. S.1104. Payne, H. *Necrocorinthia*, no. 461, p. 286; Seeberg, A. *Corinthian Komos Vases*, no. 216, p. 41.Early Corinthian Vases: c. 625-600 a. C. O *alábastros* era usado para armazenar óleo perfumado. Provavelmente este artefato, devido ao seu tamanho, foi utilizado em um contexto ritual.

[23] Gernet, L. Dionysos et la Religion Dionysiaque: Élements Hérités et Traits Originaux. *In*: Gernet, L. *Anthropologie de la Grèce Antique*. Paris: Flamarion, 1982 (1968), p. 107. Louis Gernet caracteriza a procissão como um cortejo titubeante.

[24] Ghiron-Bistagne, P. A Propos du 'Kômos' Corinthien. *Revue Archéologique*, 1973, fasc. 2, p. 311. Hipótese levantada por H. Metzger. *Revue Archéologique*, 1972, pp. 31-34.

[25] Schnapp, A. *La Duplicité du Chasseur: Comportement Juvenil et Pratique Cynégétique en Grèce Archaïque et Classique*. Paris: EHESS, 1987, p. 277.

[26] Schnapp, A. *La Duplicité du Chasseur. Op.cit.*, p. 187.

[27] Eurípides. *As Bacantes*, vv. 1165-1175: o poeta utiliza duas vezes o termo *kômos* (κῶμον/σύνκωμον) na passagem em que as mulheres saem das montanhas e tomam o rumo à *ásty* de Tebas levando a caça (Penteu).

[28] Plutarco. *Histórias de Amor*, II, (772 f).

[29] Payne, H. *Necrocorinthia. Op.cit.*, no. 461, p. 286.

[30] Theml, N. Temênidas Herodotiano – Mito e Rito de Fundação da Realeza dos Macedônios: o Passado Presente. *Hélade* 1 (1), 2000. (http://www.heladeweb.net/N12000/neyde_theml.htm).

[31] Detienne, M. *Dionysos mis à Mort*. Paris: Gallimard, 1998, p. 96.

[32] De Polignac, F. Sanctuaires et Société en Attique Géométrique et Archaïque: Réflexion sur les Critéres d'Analyse. *In*: *Culture et Cité: l'Avènement d'Athènes à l'Époque Archaïque* Bruxelles, 1995, p. 95. Por meio das procissões (em festas, tais como: *oschophorias*, *skiraphorias* e *mounichias*) havia a união do território ático.

MAGIA E INFANTICÍDIO NAS REPRESENTAÇÕES DE MEDÉIA EM EURÍPIDES E NOS VASOS GREGOS DO SUL DA ITÁLIA DE FIGURAS VERMELHAS

André Leonardo Chevitarese e Carolina Guedes[1]

I. Verificam-se, a partir do quarto século a.C.[2], as representações de Medéia, nos vasos de figuras vermelhas, seguirem um novo curso, o da violência, com os pintores enfatizando os aspectos infanticida e mágico da ex-esposa de Jasão. Estes dois elementos acabaram recebendo um tratamento extremamente pejorativo, com Medéia representando, na cultura ateniense, um lado feminino perigoso – já que ele traz consigo uma carga de violência que não pode ser controlada – que está muito próximo das forças da natureza e da transgressão.

Essas novas representações imagéticas são dependentes da leitura que Eurípides fez do mito de Medéia. É possível identificar, nessa leitura, a seguinte relação: mulher dotada de forte personalidade/sexualidade feminina ativa. Essa associação deixa transparecer uma posição marcadamente misógina do referido tragediógrafo e de amplos setores ligados ao corpo cívico ateniense, na medida em que eles a identificam como sendo extremamente perigosa para a sobrevivência da própria **pólis**.

II. Essa nova interpretação dada ao mito de Medéia não deve ser descolada de algumas transformações que estavam em curso na Atenas do quinto século. Em uma longa pesquisa iniciada no Mestrado, com desdobramento no Doutorado, Maria Regina Candido (1996; 2001) demonstrou que a sociedade ateniense passou, a partir da segunda metade do quinto século, por uma série de mudanças produzidas pelas instabilidades das relações socioculturais. Essa historiadora mostrou que a guerra do Peloponeso trouxe mudanças consideráveis na vida do ateniense. Elas teriam sido motivadas (1º) pela peste que dizimou uma parcela significativamente grande da população. Claude Mossé (1997: 54) fala em um quarto da população total de Atenas; (2º) pelo deslocamento de uma parcela da população campesina para o interior das grandes muralhas, o que implicou uma série de graves problemas estruturais no espaço urbano (Chevitarese, 2001:183-195); e (3º) pelas mudanças sofridas nas práticas funerárias (Argôlo, 2002), com a volta das sepulturas suntuosas e o desenvolvimento dos enterramentos públicos – esse último dado foi patrocinado pela **pólis** ateniense a todos aqueles cidadãos mortos na guerra[3].

Essas transformações levaram uma parcela significativa dos atenienses, incluindo muitos cidadãos, a reforçarem ainda mais os seus laços com a magia, uma vez que, de acordo com Candido (1996:14), as sociedades promovem diferentes reações diante de fatores que se configuram como insegurança social. Implica dizer, essas mudanças apontam a discussão para uma outra importante questão: a mudança do estatuto da magia na **pólis** ateniense.

III. Constata-se, a partir do quinto século, na documentação literária, elementos que permitem supor um tipo de fala que enfatiza a necessidade de se estabelecer um distanciamento entre religião e magia. Este afastamento abriria a possibilidade de se conjeturar a existência de uma mudança no comportamento dos atenienses (Candido, 1996:15). A prática da magia passa a sofrer críticas, principalmente das elites[4]. Ela é vista como sendo exterior à **pólis**, como perturbadora da ordem, opondo-se às concepções admitidas pelos atenienses. Em flagrante oposição ao **demósios**, a magia adquire, neste momento, um caráter oculto, relacionado às divindades ctônicas, à transgressão e ao estrangeiro. Em outras palavras, ela passa a estar relacionada com o outro[5], o diferente, o não-inteligível pela ordem estabelecida. Neste sentido, observa Candido (1999:257), magia torna-se objeto de violência simbólica através da disforização da sua prática.

Os dados apontados acima respaldam todo um contexto no qual se inseriria a tragédia **Medéia** de Eurípides. A personagem central, responsável pelo título da peça, é uma bárbara de Aia, na Cólquida, que é levada por Jasão à Hélade. O tragediógrafo (**Medéia** 103-104) a descreve como tendo um feroz caráter, hedionda natureza de espírito implacável. Ela possui uma importante descendência, o que, em certa medida, explica o seu envolvimento com a magia: ela é neta de Hélio (Eetes, seu pai, era filho do deus Sol) e sobrinha de Circe (Hesíodo. **Teogonia** 956-962). Ela é famosa em toda Hélade pelos seus conhecimentos com as drogas (**phármakon** – Eurípides **Medéia** 385, 718, 789, 806, 1126, 1201) e seu domínio no uso da magia. Eurípides reforça estes aspectos de Medéia em dois momentos:

1°. Na sua casa, em Corinto, quando Creonte vai procurá-la. O rei, como que antevendo algo de ruim, resolve expulsá-la do seu reino com o seguinte argumento (Eurípides. **Medéia** 282-286):

> *"Temo, não é preciso disfarçar palavras, que você fará um irremediável mal à minha filha. Contribuem muitos motivos para este temor: você é uma mulher sábia e hábil em muitos malefícios, e está incomodada com a perda (no leito) do seu marido".*

2°. Egeu, soberano de Atenas, vai a Corinto para se consultar com Medéia. Ele busca, nessa consulta, o sentido da resposta dada por um oráculo e a "cura" para seu problema (o de esterilidade). Em troca da resposta e da cura, Medéia faz Egeu prometer-lhe asilo em Atenas. Com a promessa do soberano, ela lhe revela (Eurípides. **Medéia** 717-718):

"[...] cessarei o teu ser sem filho e te farei semear filhos, tais drogas conheço".

Enquanto que, na primeira passagem, o aspecto mágico aparece nas entrelinhas da fala de Creonte, na segunda, Medéia diz claramente conhecer as drogas capazes de reverter o problema de esterilidade de Egeu.

Temor e consulta dos senhores de Corinto e de Atenas. Os soberanos das duas mais importantes **póleis** às voltas com a famosa maga. Mesmo com todos os poderes que as suas funções lhes concedem, eles se mostram impotentes diante de Medéia. Ambos foram procurá-la, revelando, assim, um reconhecimento de autoridade, uma espécie de submissão ao seu saber. Dois senhores poderosos procurando uma mulher, estando ambos submetidos às suas decisões. Soberanos que a temem, a procuram, a consultam e se subordinam às suas decisões. Esses aspectos explicitam elementos transgressores, da mesma forma que ajudam a explicar o porquê de um tipo de fala, a partir do quinto século, que procura definir fronteiras mais claras entre religião e magia.

A magia começa a ser entendida como um ato de violência, como contrária às regras **políades**, porque quebra o princípio da coletividade, direcionando o seu fim último para os interesses de quem a buscou (o indivíduo, o particular). A vingança perpetrada por Medéia ajuda a reforçar esta visão. Ela lança mão do seu saber mágico como forma de alcançar os seus objetivos. O coletivo não lhe interessa, ele não é sequer considerado. Caso Creonte, sob o ponto de vista hipotético, tivesse o domínio da magia, da mesma forma que Medéia a dominava, os leitores das narrativas envolvendo esse mito ou os espectadores das peças que retrataram essa temática veriam ação e reação, magia e contramagia se entrechocando. Mas não era esse o caso. Apenas Medéia era capaz de usar os poderes da natureza (das raízes e das plantas). Ela preparava os venenos, dominava um tipo de saber que a colocava em um lugar privilegiado, na medida em que havia poucos como ela. É por esse motivo que Creonte e Egeu vão procurá-la, e não o contrário. Medéia planeja a sua vingança. Ela busca atingir basicamente três pessoas: Jasão, Creonte e Creusa[6], a sua filha (Eurípides. **Medéia** 371-385). Ela lança mão do seu saber para atingir com sucesso um fim particular, qual seja, a sua vingança. Sob esta perspectiva, a ação empreendida por Medéia representa um modelo transgressor, já que impede o seu oponente de reagir, de lutar. Esse último torna-se uma presa. Na verdade, o inimigo da maga Medéia é sempre a presa. Este tipo de ação não respeita, nem admite o combate de frente, a disputa em torno da **andreía**. Em uma sociedade agonística, como era a **pólis**, a impossibilidade de o oponente reagir à altura rompe com todas as regras estabelecidas, levando ao colapso, em última instância, o próprio modelo **políade**.

Medéia é considerada bárbara não só pelo seu nascimento, mas, também, pelo seu modelo de conduta. As suas ações podem ser explicadas por estes dois fatores. O que interessa à cultura ateniense, principalmente aos responsáveis pela utilização desse mito, parece ser o perigo que eles vêem nesse modelo de conduta ser estendido para todas as helenas, nascidas de pais gregos, incluindo aí as próprias cidadãs (sing. **polítis**;

pl. **polítides** – Sófocles. **Electra** 1227; Eurípides. **Electra** 1335), que estejam realizando atos não-dignos dos seus estatutos sociais. A prática da magia não dignifica a cidadã, pelo contrário, a **polítis** que a utiliza torna-se igual a Medéia, na medida em que ela passa a obter vantagens pessoais, através dos seus atos, por um lado, e rompe com valores muito caros à sociedade políade, pelo menos sob o ponto de vista das elites masculinas, como a passividade, a submissão e o silêncio, por outro. Este é o típico caso em que uma cidadã poderia ser vista como uma espécie de bárbara.

De fato, Medéia, compreendida como um modelo feminino transgressor, coloca em xeque o papel passivo das mulheres helênicas, no geral, e da ateniense, no particular. As suas ações estão em flagrante oposição a toda uma ideologia largamente difundida na literatura antiga grega, que abrangia aderentes em outros setores para além das elites. Conforme observou Lessa (2001: 17), esta ideologia buscava reforçar os valores do modelo **mélissa**, onde as mulheres deveriam se enquadrar em certos tipos de comportamentos como

> *"o exercício das atividades domésticas, a submissão ao homem, a abstinência aos prazeres do corpo (...), o silêncio, a fragilidade e a debilidade, a reprodução de filhos legítimos – preferencialmente os do sexo masculino –, a vida sedentária e reclusa no interior do* ***oîkos****, bem como sua exclusão da vida social, pública e econômica".*

O referido historiador salienta (Lessa, 2001: 79), porém, a existência de um enorme fosso entre essa ideologia e a própria sociedade que a produziu. Por mais que os homens desejassem ver as suas esposas e filhas no interior das casas, a imensa maioria do corpo cívico dependia dos recursos obtidos por essas mulheres para complementarem as suas rendas familiares.

IV. No período clássico, mais especificamente, a partir do terceiro quartel do quarto século, as imagens reforçam a natureza assassina de Medéia, da mesma forma que os textos antigos – a peça de Eurípides seria chave para esse reforço (Shapiro, 1994: 178-179; Webster, 1956: 103-104; Trendall, 1989: 22). Convém observar um aspecto por demais interessante, no exato momento em que esta conferência começa a abordar o material imagético. Não há em Atenas, a pós a representação da tragédia **Medéia**, de Eurípides, qualquer imagem em vaso retratando as mortes de Creonte, Creusa e os filhos da personagem que dá o título à referida peça. Esta ausência pode revelar aspectos políticos e morais da cultura ateniense. Todas as imagens retratando ações de violência (contra a família real de Corinto) e de infanticídio são atribuídas aos pintores gregos do sul da Itália. Nota-se, nessas cenas – há um total de sete imagens –, um acento cada vez maior no seu caráter violento. Há, na quase totalidade das cenas, a representação dos corpos dos seus próprios filhos (ver, no catálogo, as fichas 1, 3, 4, 5, 6, 7). Medéia adquire um caráter subversivo, sendo associada à perturbação da ordem. A sua magia foi usada para fazer o mal, sendo utilizada para assassinar (os seus inimigos) e aplacar o seu ódio (nutrido pela traição de Jasão).

Para o heleno, em geral, e o ateniense, em particular, crimes envolvendo o derramamento de sangue eram considerados gravíssimos. Caso o sangue derramado fosse o resultado de um indivíduo agindo contra o seu próprio **oíkos**, esse crime era considerado hediondo. Quando Medéia perpetrou as suas ações – os assassinatos de Creusa e Creonte e o infanticídio dos seus dois filhos –, ela tinha consciência do forte impacto que tais atos causaria na sociedade coríntia. Ela sabia o quão repugnante era o seu plano. Mas a vingança falou mais alto, os seus interesses pesaram mais do que os da sociedade. Medéia desejava que Jasão sentisse as dores da solidão e da ingratidão, dores que a atormentavam desde o instante em que ele a deixou com os filhos para se casar com Creusa. Medéia buscava acabar com a descendência de Jasão. Conforme observou Vernant (2001:280):

> *"Do ponto de vista do pensamento social, é o pai e não a mãe que, pelo sangue, é continuado pelo filho, já que o filho pertence à família do pai".*

Medéia, após matar os seus filhos, foge para Atenas em um carro que lhe foi dado por seu avô, Hélio (Eurípides. **Medéia** 1321-1322; ver, no catálogo, fichas 1, 2, 3, 4, 5). Lá, ela encontra o abrigo de Egeu (Eurípides. **Medéia** 723-724).

Não deixa de ser interessante observar que Eurípides (**Medéia** 1321) não fala da presença de dragões (ou serpentes aladas) puxando a "carruagem" (**ókhema**) de Medéia. Constata-se, porém, que todos os vasos italiotas do quarto século, ao tratarem do tema da fuga de Medéia, apresentam a figura do dragão[7] (**drákon**) ou da serpente alada (**pterotós ófis**) puxando a "carruagem" do seu avô. Autores posteriores a Eurípides (Apolodoro. **Biblioteca** 1.9.27-28; Sêneca. **Medéia** 1022; Dracontius. **Medéia** 556-569; Valerius Flaccus. **Argonáutica** 5.451-454, 7.120), ao recuperarem as narrativas envolvendo o mito de Medéia, enfatizam que o "carro" de Hélio era puxado por dragões (ou serpentes aladas) ou por cavalos.

Esta diferença de narrativa – Eurípides omitindo os animais junto à carruagem de Hélio, enquanto os pintores de vasos italiotas os representariam – pode ser explicada a partir de três pressupostos: (1º) os atenienses conheceriam pelo menos duas diferentes narrativas sobre o carro do avô de Medéia – uma com a presença de animais para puxá-lo e a outra onde eles estariam ausentes; (2º) Eurípides não precisaria falar de animais puxando a carruagem, na medida em que essa informação era conhecida por todos os seus contemporâneos; e (3º) a versão mítica associando dragões e/ou serpentes aladas ao carro de Hélios não seria conhecida antes do quarto século, sendo, portanto, posterior à tragédia de Eurípides.

Muito embora o primeiro e o segundo tópicos sejam sedutores, os autores deste trabalho compartilham da idéia de que o terceiro pressuposto explicaria melhor a diferença entre as narrativas de Eurípides e dos pintores de vasos italiotas do quarto século.

Esses últimos, ao comporem as suas imagens com dragões (ver, no catálogo, ficha 1) e/ou serpentes aladas (ver, no catálogo, fichas 2, 3, 4, 5) junto ao "carro" de Hélio, trabalhariam com todo um imaginário conhecido pela cultura antiga grega sobre esses animais fabulosos. Eles povoavam a literatura antiga grega, desde Homero, passando pelos historiadores e poetas trágicos, até Pausânias (Chevitarese: 2002, 15-27). A sensibilidade desses pintores permitiu, assim, que narrativas míticas envolvendo Hélios e animais fabulosos fossem reunidas, ajudando a reforçar ainda mais a dramaticidade das cenas. Dragões e serpentes estariam associados à guerra, à morte, ao matricídio, ao derramamento de sangue, à vingança e à severidade da lei. Neste sentido, as suas vinculações com o mito de Medéia explicitariam dois importantes aspectos: (1º) devido às suas associações com a morte, o sangue e a vingança, dragões e serpentes reforçariam as nefastas ações praticadas por Medéia; e (2º) esses animais fantásticos ajudariam a reforçar a presença de Hélio na cena, mesmo que ele estivesse ausente, criando assim, para aqueles que vissem a imagem, um vínculo direto de parentesco entre o deus e a sua neta maga.

O grande número de referências textuais em torno das figuras do dragão e da serpente nas literaturas ateniense, no particular, e helênica, no geral, permite supor que esses animais fantásticos deviam habitar as mentes dos agentes sociais conhecedores dessas histórias desde o período homérico. A própria vinculação da figura do dragão e/ou serpente ao mito de Medéia nas imagens dos vasos do sul da Itália, conforme foi demonstrado, deixa transparecer a possibilidade de que o terceiro pressuposto explicaria de maneira satisfatória a diferença entre as narrativas de Eurípides e dos pintores italiotas do quarto século.

V. Em períodos de crise, os indivíduos buscam se defender das ações que possam lhes ameaçar. Elas são múltiplas e variadas, criando um espectro que vai desde uma simples grosseria, até uma ação que resulte em morte. Esse espectro de situações ameaçadoras pode comportar uma plêiade de ações. Uma dessas ações foi colocada aos atenienses durante a guerra do Peloponeso, seguindo um viés aberto pela tragédia **Medéia**, de Eurípides: ela seria a magia. Bem entendido, práticas mágicas sempre estiveram presentes em Atenas, nos mais diferentes níveis e lugares. Elas não podem ser vistas como uma novidade apresentada aos atenienses durante a eclosão do referido conflito. O dado novo, numa prática bem antiga, é o aumento de informação associada à magia na documentação (literária, imagética e arqueológica), a partir do último quartel do quinto século. Diferentes tipos de fontes – textos, imagens e cultura material (especialmente os **katádesmoi**, ver: CANDIDO, 2001) – passam a se interessar por um tipo de objeto até então muito pouco mencionado. Este dado é bastante significativo, já que ele sugere que as práticas mágicas ultrapassaram os limites em que estavam circunscritas, passaram a ganhar uma maior visibilidade e credibilidade junto a uma parcela cada vez crescente de atenienses, tornando, assim, um objeto que não poderia ser ignorado. Eurípides, ao levá-las para o teatro, associando-as à personagem Medéia, parece estar seguindo um tipo de visão bastante generalizada na Atenas do quinto século. A relação proposta pelo poeta entre magia e mulher aponta para três questões: (1ª) ela sinaliza uma posição conservadora não só do poeta, mas de um conjunto mais amplo da sociedade; (2ª) ela deixa transparecer um medo real que as culturas masculinizadas têm de mulheres ativas; e (3ª) ela aponta para o perigo do barbarismo entre as mulheres atenienses.

Estas questões, quando aprofundadas, reforçam um argumento que envolve a referida tragédia, mas que a ultrapassa, estando presente também em outros tipos de documentos. Esse argumento deixa claro que a magia estaria em desacordo com o que era aceitável pela **pólis**, sendo, por isso, criticada por uma parcela da população, em especial da elite. Medéia ganhou, com Eurípides, uma nova formulação: ela deixa de ser vista como mãe e criadora da vida, passando a ser lida como assassina, infanticida e destruidora da linhagem paterna (Candido, 1996:50). Esses novos questionamentos, acerca da magia, atingem todas as esferas da **pólis** ateniense, indo desde a elite política e intelectual até as camadas mais populares, como os oleiros e pintores de vasos. Encontra-se, em Atenas, neste momento, toda uma produção baseada em uma nova linha de pensamento, preocupada em denunciar os malefícios causados pela conjunção magia/mulher.

Catálogo

Cenas do Matricídio e da Fuga de Medéia nos Vasos Áticos do Quarto Século

Figura 1

Cratera em cálice de figuras vermelhas. Forth Worth, Kimbel Art Museum, 57. Data: 400.

Bibliografia: Carpenter, T.H., *Art and myth in Ancient Greece*, (Londres, 1996) 283.

Descrição: Medéia no carro puxado por dragões. Há duas Erínias no alto. Jasão está situado à esquerda. Corpos das crianças no altar. Tutor, ama.

Figura 2

Hidria de Lucania de figuras vermelhas. Policoro Mus. 35296. Data: 400.

Bibliografia: LIMC VI, 2, 35

Descrição: Medéia no carro puxado por serpentes. Jasão, Afrodite e Eros, corpos das crianças no chão.

Figura 3

Cratera em sino de figuras vermelhas. St. Petesburgo, Ermitage, 2083. Data: meados do quarto século.

Bibliografia: LIMC VI, 2, 39

Descrição: Medéia no carro puxado por serpentes aladas, segurando os corpos de seus dois filhos.

Figura 4

Ânfora de figuras negras. Mus. Naz. 81954 (H3221). Data: 340

Bibliografia: LIMC VI 2, 37

Descrição: Medéia no carro puxado por serpentes, uma criança morta no chão, dois homens à esquerda com lanças na mão, homem de cavalo, dois homens à direita.

Figura 5

Cratera de figuras vermelhas. Munique, Antikensammlungen 3296. Data: 350-320

Bibliografia: LIMC VI, 2, 29

Descrição: Estrutura coríntia, Creonte e filha (morta), Medéia matando um de seus filhos. Jasão, tutor (com o outro filho), carro com serpentes, filho de Creonte (inscrições).

Figura 6

Ânfora de figuras vermelhas. Paris, Cabinet des Médailles, 876. Data: 350-320

Bibliografia: LIMC IV, 2, 30

Descrição: Medéia segurando um de seus filhos pelos cabelos, o outro está morto num altar, pedagogo.

Figura 7

Ânfora de figuras vermelhas. Paris, Louvre, K300. Data: 330

Bibliografia: LIMC IV, 2, 31

Descrição: Medéia matando seu filho num templo (?).

Notas

[1] André Leonardo Chevitarese – Professor Doutor em História Antiga, LHIA,/IFCS/ UFRJ e Carolina Guedes professora/pesquisadora do LHIA/PPGHC/IFCS/UFRJ..

[2] Todas as datas são antes de Cristo, salvo aquelas especificadas pelos autores do artigo.

[3] Claude Mossé (1997:54), partindo das colocações feitas por Tucídides sobre os cadáveres de camponeses que se empilhavam uns sobre os outros no espaço urbano, fez a seguinte colocação: "não apenas os costumes tradicionais no que tangia a sepultura dos mortos foram abandonados, mas toda a vida moral achava-se transtornada". Esta posição da autora é bastante generalizante, para não dizer incorreta. A impossibilidade das famílias campesinas enterrarem os seus parentes mortos pela peste era conjuntural. Passada aquela dificuldade momentânea, o curso da vida voltou ao normal e a prática de todas as famílias providenciarem o enterramento dos seus parentes, sob pena de virem a ser punidas pela lei, caso não o fizessem, voltou a vigorar (Chevitarese, 2001:175-176). Neste sentido, o caso descrito por Tucídides (2.51,1-52,4), o qual foi trabalhado por Claude Mossé, não deve ser lido como uma prática que se efetivou na cultura ateniense, mas, ao contrário, ele deve ser visto como algo anômalo e isolado, que foi abandonado tão logo a conjuntura que o produziu deixou de existir.

[4] O caso descrito por Plutarco (**Péricles** 38,2) é por demais elucidativo para se compreender as críticas feitas à magia pelas elites atenienses – Péricles, bastante debilitado pela peste, foi convencido pelas mulheres (da sua casa) a usar um amuleto (**periáptos**) ao redor do seu pescoço.

[5] O Outro, segundo Vernant (2001:59), é aquele que se opõe à imagem que o cidadão, do sexo masculino, faz dele mesmo. Ele, servindo como ponto de referência, projeta para o outro tudo aquilo que ele não é, "sejam eles animais (que devoram entre si e comem cru), sejam eles os bárbaros definidos pela série de diferença que os lançam para fora desse modelo". Não deve ser perdido de vista que nessa relação eu/outro, Medéia é o outro, enquanto que a mélissa, esposa do cidadão, é o eu.

[6] Convém observar que Eurípides nunca mencionou o nome da filha de Creonte na sua peça.

[7] Dragão e serpente aparecem como termos intercambiáveis, na medida em que o primeiro é contado entre os membros da família dos ofídicos alados (TRISTAN, 1996:488).

BIBLIOGRAFIA

1. Obra de Referência.

LEXICON ICONOGRAPHICUM MYTHOLOGIAE CLASSICAE, Volume VI-2

2. Bibliografia.

ARGÔLO, P. F. (2002). **Desvelando Thánatos: Expressões da Morte na Pólis Ateniense (séculos VI – V a.C.)**. Monografia de Final de Curso de Graduação em História. Universidade Federal do Rio de Janeiro.

BOARDMAN, J. (1993). The Sixth-Century Potters and Painters of Athens and their Public, in: RASMUSSEN, T. and SPIVEY, N. (Eds.). **Looking at Greek Vases**. Cambridge: Cambridge University Press, 3rd ed.

CANDIDO, M. R. (2001). **Katádesmos: a Magia entre os Atenienses do V ao III séculos a.C.**. Tese de Doutorado. Programa de Pós-Graduação em História Social. Departamento de História. Universidade Federal do Rio de Janeiro.

CANDIDO, M. R. (1999). Magia: um Lugar de Poder, in: **Phoînix** 5, 255-261.

CANDIDO, M. R. (1996). **Práticas da Magia: Resposta Alternativa à Crise Ateniense do Vº ao IVº Século a.C**. Tese de Mestrado. Programa de Pós-Graduação em História Social. Departamento de História. Universidade Federal do Rio de Janeiro.

CARPENTER, T. H. (1996). **Art and Myth in Ancient Greece**. Londres: Thames and Hudson.

CHEVITARESE, A. L. (2002). Dragão, Serpente e Mulher: As Bases Helenísticas do Capítulo 12 do Apocalipse de João, o Visionário, in: **Estudos de Religião** 22 (2002) 11-36.

CHEVITARESE, A. L. (2001). **O Espaço Rural da Pólis Grega. O Caso Ateniense no Período Clássico**. Rio de Janeiro: Editora Laboratório de História Antiga.

GAGGADIS-ROBIN, V. (1994). **Jason et Médée. Sur les Sarcophages D'Époque Impériale**. Palais Farnèse: École Française de Rome.

LESSA, F. S. (2001). **Mulheres de Atenas. Mélissa do Gineceu à Agora**. Rio de Janeiro: Editora Laboratório de História Antiga.

MOSSÉ, C. (1997). **Atenas. A História de uma Democracia**. Brasília: Editora Universidade de Brasília, 3ª ed.

SARIAN, H. (1999). Mito e Imagística nos Vasos Gregos, in: **Phoînix** 5, 163-175.

SHAPIRO, H. A. (1994). Religion and Politics in Democratic Athens, in: COULSON, W. E. et Alli (Eds). **The Archaeology of Athens and Attica under the Democracy**. Oxford: Oxbow Books, pp. 123-129.

SHAPIRO, H. A. (1994). **Myth into Art. Poet and Painter in Classical Greece**. London: Routledge.

TRENDALL, A. D. (1989). **Red Figure Vases of South Italian and Sicily**. London: Thames and Hudson

TRISTAN, F. (1996). **Les Premières Images Chrétiennes. Du Symbole à L'Icône**. Paris: Fayard.

VERNANT, J.-P. (2001). **Entre Mito e Política**. São Paulo: Editora Universidade de São Paulo.

WEBSTER, T. B. L. (1956). **Greek Theatre Production**. London: Methuen.

GÊNERO E DESCRIÇÕES CORPORAIS NA HAGIOGRAFIA MEDITERRÂNICA NO SÉCULO XIII: UM ESTUDO COMPARATIVO

*Andréia Cristina Lopes Frazão da Silva**

Introdução

A idéia de refletir sobre o gênero e as descrições corporais na hagiografia mediterrânica no século XIII nasceu da leitura do artigo *Masculine Beauty vs. Feminine Beauty in Medieval Iberia,* de Francisco Marcos-Marin, publicado nos Estados Unidos em 1999.[1] Nesta obra, o autor analisa textos não religiosos produzidos entre os séculos XI e XIV na Península Ibérica, como *Poema de Mio Cid, Razon de Amor* e *Libro de Alixandre*, atento às descrições corporais e fisionômicas ali presentes. O estudioso conclui que as descrições são mais detalhadas e mais físicas no caso das mulheres e mais sintéticas e menos corporais no caso dos homens. Marcos-Marin explica tal fato pela permanência dos cânones literários clássicos na literatura medieval, retomados e adaptados pelos árabes e germanos.[2]

A partir da leitura deste artigo,[3] algumas questões foram suscitadas: tal como nos textos seculares, há descrições fisionômicas e/ou corporais nas obras hagiográficas mediterrânicas do século XIII? Em caso positivo, como os rostos e os corpos dos personagens destes textos são apresentados, visto que o objetivo principal da hagiografia era suscitar a devoção dos fiéis e seus protagonistas são santos e santas? Qual a função de tais descrições nos textos hagiográficos analisados? É possível identificar, em tais descrições, diretivas de gênero?

Estas questões ganham especial relevância quando nos remetemos à visão hegemônica no Ocidente medieval sobre os sexos. Como o trabalho de Thomas Laqueur demonstrou,[4] os intelectuais medievais consideravam que homens e mulheres eram duas variedades de um mesmo sexo. Tinham a mesma genitália, só que a dos homens ficava fora do corpo e a das mulheres dentro. E isto acontecia porque homens e mulheres eram classificados não como espécies diferentes, mas "conforme seu grau de perfeição metafísica, seu calor vital, ao longo de um eixo cuja causa final era masculina".[5] Ou seja, os corpos dos homens eram considerados o padrão ideal e as mulheres vistas como produtos incompletos, a meio caminho da perfeição.

As questões levantadas a partir da leitura do trabalho de Marcos-Marin foram integradas a uma pesquisa mais ampla, intitulada *Santidade e Gênero na hagiografia mediterrânica do século XIII: um estudo comparativo*, em desenvolvimento com o apoio financeiro do CNPq. Nosso principal objetivo nesta investigação é analisar as obras redigidas por dois contemporâneos: a *Vida de Santo Domingo de Silos* (VSD) e *Vida de Santa Oria* (VSO) de Gonzalo de Berceo, e *Vida I* (1Cel), *Vida II* (2 Cel) e *Legenda de Santa Clara* (LSC) de Tomás de Celano, relacionando-as com o espaço de produção dessas obras, a formação intelectual e a inserção na Igreja de seus autores e os discursos de gênero, à luz dos seguintes aspectos: as mudanças nas concepções de santidade verificadas entre os séculos XII – XIIII no Ocidente; a propagação, no século XIII, do projeto de sociedade idealizado pela Igreja sob a liderança papal; o crescimento da vida religiosa feminina; a sistematização do pensamento misógino eclesiástico ocidental neste mesmo período.

A opção pela análise da produção destes dois autores repousa em algumas justificativas. Em primeiro lugar, porque eles viveram e escreveram na primeira metade do século XIII. Em segundo, porque eram homens cultos, conhecedores dos clássicos, cuja formação intelectual foi adquirida em centros escolares urbanos. Em terceiro, porque ambos escreveram sobre santos e santas que foram contemporâneos e atuaram na mesma área geográfica.

Este trabalho caracteriza-se como um estudo de gênero, já que está preocupado em analisar como Gonzalo de Berceo e Tomás de Celano deram significação ao feminino e ao masculino. Para tanto, seguimos as propostas teóricas de Joan Scott e Jane Flax.[6]

Neste artigo, conforme já assinalamos, elegemos abordar uma questão particular: identificar as descrições fisionômicas e corporais nas hagiografias em análise, tanto dos santos biografados como dos demais personagens, verificando se o gênero faz-se presente. Ressalta-se que esta é uma primeira abordagem do tema, que deverá ser retomado em trabalhos posteriores.

Os hagiógrafos: Gonzalo de Berceo e Tomás de Celano

Gonzalo de Berceo nasceu por volta de 1196, em um povoado denominado Berceo situado em La Rioja Alta, área centro-norte do Reino de Castela. Foi educado no mosteiro de San Millán de la Cogolla, mas atou na vida religiosa como secular. Foi o primeiro poeta a escrever em castelhano do qual possuímos dados históricos. Produziu doze poemas, todos sobre temas religiosos: três hinos, três obras marianas, dois textos de caráter doutrinal e quatro hagiografias. Pelo caráter culto de sua produção literária, acredita-se que Gonzalo de Berceo estudou na Universidade de Palência, local onde aprendeu as técnicas que aplicou em seus poemas.[7] É provável, conforme hipótese levantada por Brian Dutton, que tenha escrito suas hagiografias por encomenda, para servirem de propaganda do mosteiro de San Millán de la Cogolla, suscitando ofertas e peregrinações.[8] Dentre os seus poemas hagiográficos, selecionamos para análise a *Vida de Santo Domingo de Silos* (VSD) e a *Vida de Santa Oria* (VSO), já que seus protagonistas viveram no século XI na mesma região geográfica: La Rioja.

Tomás nasceu por volta de 1200 em Celano, cidade situada em Abruzos, região então pertencente ao Reino da Sicília. Ingressou na Ordem Franciscana em cerca de 1215. Em 1221, dirigiu-se como missionário para a Alemanha. No ano seguinte, tornou-se o custódio de Wormácia, Maiença, Espira e Colônia. Posteriormente, ocupou o cargo de ministro regional da ordem franciscana naquela área. Voltou para a Itália em 1223, período em que, provavelmente, pôde conviver um pouco com Francisco. Trabalhou como copista na biblioteca do Sacro Convento em Assis e deu assistência espiritual às clarissas de Tagliacozzo, cidade da Marca de Ancona. Morreu em 1260. Foi um dos mais importantes intelectuais da Ordem Franciscana em seus primórdios. Compôs, além de textos hagiográficos, hinos sacros e textos litúrgicos. Suas obras mais importantes, e que nos interessam particularmente, são a *Vida 1* (1 Cel) e a *Vida 2* (2 Cel), que narram a biografia de Francisco de Assis, e a *Legenda de Santa Clara* (LSC). A 1 Cel e a LSC foram escritas a pedido dos papas Gregório IX e Inocêncio IV, respectivamente. Já a 2 Cel foi redigida por solicitação do ministro geral da Ordem Crescêncio de Iesi.

A despeito das diversas semelhanças entre a biografia e produção de tais hagiógrafos, há que destacar, também, as particularidades. Gonzalo de Berceo escreveu obras hagiográficas em romance, em forma de versos, por encomenda de um mosteiro que seguia a regra beneditina, celebrizando santos locais que viveram dois séculos anteriores à redação dos poemas, e voltadas para um grande público. As obras de Celano foram compostas em latim; em prosa; a pedido do papa e da maior autoridade da Ordem Franciscana; narram a biografia e os feitos maravilhosos de santos contemporâneos, que aspiravam o reconhecimento universal e tinham, como principal objetivo, divulgar, principalmente entre o corpo eclesiástico e os próprios membros da nascente Ordem, o culto aos santos recém-canonizados – Francisco em 1228 e Clara em 1255 – oficialmente pela Igreja.

A seguir, vamos analisar como cada uma dessas hagiografias descrevem as características corporais e fisionômicas de seus personagens.

As descrições fisionômicas nas hagiografias

A – Vida de Santo Domingo de Silos:

A VSD foi composta por volta de 1240. Ela apresenta a biografia de Domingo, que foi, sucessivamente, clérigo secular, eremita e monge emilianense. Após conflitos com o rei Garcia de Nájera, exilou-se em Castela, onde atuou como abade reformador do cenóbio de Silos no século XI.

Esta obra possui 777 estrofes e está dividida em três partes.[9] Na primeira apresenta a vida de Domingo, na segunda, seus milagres em vida e sua morte gloriosa e, na terceira, seus milagres pós-morte. Este poema foi redigido a partir de um texto latino do século XI, a *Vita Dominici Siliensis*, da autoria do monge silense Grimaldo.

A VSD contém três descrições do protagonista; duas enquanto ele ainda vivia e uma terceira, após a sua morte, quando ele aparece para um encarcerado. Todas estas descrições são sintéticas e genéricas, centradas no olhar, na cor da pele e nas roupas de Domingo. A disciplina do religioso, os rigores que impunha a sua carne, a sua espiritualidade são elementos que transparecem em sua aparência e apontam para a relação feita pelo autor entre o interior santificado e o exterior.

Senhor Santo Domingo leal monge
Andava na ordem como bom ordenado,
Os olhos baixos, o capuz sobre os olhos,
A cor amarela, como de homem sofrido (VSD 86).

Deu-lhe tamanha graça o Rei celestial,
que já não se assemelhava a criatura mortal,
Mas a um anjo, ou coisa, que era espiritual.
Que vivia com eles em figura carnal (VSD 120).

Apareceu-lhe que via um homem vestido de branco,
Como se fosse clérigo de missa ordenado: (VSD 654ab)

Esta obra também apresenta uma descrição do antagonista, o rei Garcia de Nájera, que ameaçou Domingo e o expulsou de seu reino, obrigando-o a refugiar-se em Castela. Nesta descrição combinam-se referências tanto ao físico como ao caráter do monarca. Elas também são sintéticas, mas destacam a beleza corporal do personagem:

O rei don Garçia de Nájera senhor, ...
Um firme cavalheiro, nobre campeão, ...

Tinha boas maneiras, corpo bonito,
Era muito justo, em lutas afortunado,
Fez muita moura viúva de seu esposo;
Mas tinha um defeito, cobiçava (VSD127ac e 128).

Nas descrições de seus personagens, Gonzalo de Berceo parece apontar para a relação entre aparência exterior e função social. O monge leal, que vive dentro de seu cenóbio, dedica-se à oração e ao estudo da Bíblia e faz jejuns, certamente terá uma cor amarela, pálida, e um olhar sofrido, o que lhe dá um aspecto de anjo, como nas estrofes transcritas acima. Já o rei, por ser um cavaleiro, vencedor de batalhas, possuía um corpo belo, talhado pelos muitos exercícios físicos, constantes entre os *milites*, e condizente com seu papel na sociedade.

A obra também apresenta uma descrição de seres espirituais: dois homens que aparecem em visão a Domingo. Estes são descritos por suas roupas. Nada é mencionado de seus corpos:

Com dalmáticas (túnicas) brancas de finos bordados em ouro,

No final da ponte estavam dois varões,

Mangas, peitos e golas bordados (VSD 232abc).

No texto abundam as descrições de pessoas enfermas, nove ao todo.[10] Não vamos apresentar a todas, mas destacar alguns casos, como o de Ananias de Tabladiello. Segundo a VSD:

Tinha o pobrezinho os braços encurvados,

Tinha-os endurecidos, ao peito pregados,

Nem os podia esticar, nem tê-los levantados,

Nem meter em sua boca um, nem dois bocados (VSD 550).

Como na estrofe aqui transcrita, as descrições físicas dos enfermos são genéricas, concentrando-se nos membros adoecidos, independentemente de serem homens ou mulheres. No caso de Ananias, o problema encontrava-se em seus braços, que não podia mexer, impedindo-o de realizar até as tarefas mais simples, como comer sozinho. Mas este corpo doente é o espaço da manifestação do milagre. Assim, informa Gonzalo de Berceo algumas estrofes depois:

Foram por Deus ouvidos o que lhe pediam,

Soltaram-se os braços, que contraídos estavam,(VSD 554ab).

O corpo dos doentes é realçado como um meio para aproximação de Deus. Assim, em muitos casos, além de curar o corpo, Domingo alcança a alma do pecador ou o livra do demônio. A relação entre o interior e o exterior, entre alma entregue a Deus e saúde física, fica, então, explícita na obra VSD.

B – Vida de Santa Oria

A VSO relata a vida de Oria que, ainda criança, se tornou reclusa do Mosteiro de San Millan de la Cogolla no século XI. Esta obra foi, segundo os especialistas, a penúltima elaborada por Gonzalo de Berceo, cerca de 1264.[11]

Em sua forma atual, é formada por 205 estrofes. Acredita-se, porém, que os últimos 21 versos, que contêm o relato de um sonho da mãe de Oria, Amuña, tenham sido adições posteriores, provavelmente elaboradas pelo próprio autor, em uma segunda edição da obra.[12] Assim, originariamente, a obra continha 184 estrofes, que podem ser divididas em prólogo, introdução, primeira visão, segunda visão, terceira visão, morte de Oria e epílogo. A principal fonte latina deste poema foi uma *vita,* hoje perdida, elaborada no século XI pelo monge de San Millán de la Cogolla, Munio, que foi o confessor da santa. Há que destacar, ainda, que a VSO não apresenta relato de milagres. [13]

Na obra não há descrições fisionômicas ou corporais de Oria. Há referências a partes do seu corpo, mas para a descrição de seus gestos, como em 16cd: "Com seus lábios apertava seus dentes, Para que não saíssem deles palavras inconvenientes".

Diferente do que ocorre na VSD, em que a aparência física do santo atua como um indício de sua vida impecável, a não ser pelas menções às roupas que usa ou a seus gestos, Oria parece não ter corpo. Este dado é curioso, visto que, segundo Colby e Marcos-Marin,[14] os retratos masculinos na literatura laica eram mais raros e mais breves, face aos femininos.

Segundo Lambert,[15] as descrições literárias da mulher no Ocidente, a partir do século XII, tinham como objetivo apontar para o quão atraente e perigoso era o corpo da mulher. Talvez para fugir desta convenção, Gonzalo de Berceo tenha preferido silenciar-se, pois como descrever um rosto e um corpo feminino sem suscitar curiosidade ou desejo? Neste sentido, o autor optou por torná-lo invisível.

Apesar da VSO ser repleta de visões e nela figurarem diversos personagens, também não há descrições da aparência dos seres espirituais que figuram no relato, ainda que, segundo o próprio poema, estes se apresentem em "humanas figuras" (VSO 47d). Quando estes personagens são mencionados, a narrativa centraliza-se em suas vestimentas, como na VSD:

> Surgiu logo uma mui grande companhia,
> Em vestes alvas, formosas por suas ações: (52ab)
>
> Todos vestiam casulas de preciosas cores, (58a)
>
> Viu chegar três virgens, todas de um mesmo modo,
> Todas vinham vestidas com um tecido branco (118ab)

Na VSO, a perfeição espiritual está associada à invisibilidade do corpo. O corpo existe, mas tanto Oria como os seres espirituais que figuram em sua Vida possuem um corpo restaurado em glória, tal como o de Cristo após a ressurreição, segundo os textos neotestamentários.[16] Provavelmente por não saber retratá-lo, talvez até para não incorrer em heresia, o autor prefere silenciar-se.

Assim, ainda que possuam uma aparência humana, por sua grande santidade, seus traços físicos não são mencionados. Só as roupas ganham destaque como elementos simbólicos, que atestam a dignidade espiritual dos que as portam, como as virgens mártires que se vestem de branco, simbolizando sua pureza (VSO 118ab), ou os mártires de vermelho, revelando seu sofrimento mortal pelo amor a Cristo (VSO 80-81).

Este corpo restaurado não possui as marcas do gênero: os homens e as mulheres que habitam no céu recebem o mesmo tratamento; as diferenças relacionam-se ao grau de perfeição espiritual alcançado em vida.

C – Vida I

Como já assinalamos, a 1 Cel narra a biografia e milagres de Francisco, filho de comerciantes que nasceu em 1182, em Assis, cidade da Úmbria, na Itália Central. Renunciando aos seus bens, abraçou a vida penitente com cerca de 25 anos. Logo atraiu seguidores, o que o levou a buscar o reconhecimento papal para o seu movimento. Surgiu, assim, a Ordem Franciscana. Franscisco morreu em 1226, sendo canonizado pela Igreja dois anos depois.

A 1 Cel. está organizada em três livros. O primeiro narra do nascimento de Francisco até o ano de 1224, porém apresenta uma lacuna quanto aos acontecimentos dos anos 1219 a 1223. O segundo tem como temática central os fatos ocorridos nos anos de 1225 e 1226, e nele o hagiógrafo relata a morte do fundador da Ordem dos Frades Menores. O terceiro trata do processo de canonização e apresenta os milagres póstumos. Como fontes, Tomás de Celano pôde contar, além do processo de canonização, com o testemunho oral de diversos irmãos, bem como com suas próprias memórias. Esta hagiografia foi, durante algumas décadas, a oficial sobre o santo de Assis.[17]

Esta obra apresenta quatro descrições sobre o físico de Francisco de Assis. A primeira destas, a que figura em 1Cel 83, apresenta uma descrição detalhada do rosto e do corpo do protagonista que a distingue de todas as outras encontradas nas obras em análise.

Como era bonito, atraente e de aspecto glorioso na inocência de sua vida... Muito eloqüente, tinha o rosto alegre e o aspecto bondoso, era diligente e incapaz de ser arrogante. Era de estatura um pouco abaixo da média, cabeça proporcionada e redonda, rosto um tanto longo e fino, testa plana e curta, olhos nem grandes nem pequenos, negros e límpidos, cabelos castanhos, pestanas retas, nariz proporcional, delgado e reto, orelhas levantadas mas pequenas, têmporas achatadas, língua pacificadora, ardente e penetrante, voz forte, doce, clara e sonora, dentes unidos, alinhados e brancos, lábios pequenos e delgados, barba preta e um tanto rala, o pescoço esguio, ombros retos, braços curtos, mãos delicadas, dedos longos, unhas compridas, pernas delgadas, pés pequenos, pele fina, enxuto de carnes.

Nesta descrição do corpo de Francisco, Celano dá muitos detalhes precisos, como a altura, o formato da cabeça, do rosto e do nariz, a cor dos olhos e dos cabelos; apresenta o corpo de forma descendente, ou seja, da cabeça aos pés, ignorando o sexo; não o compara com outros corpos. É provável que, ao elaborar esta descrição, o hagiógrafo tenha sido influenciado pelo textos laicos.

Segundo Colby, esta era a forma como os heróis dos romances corteses eram descritos.[18] Celano quer apresentar Francisco como um herói. Neste sentido, por que não imitar os retratos presentes nestas obras? A literatura de cavalaria francesa era muito popular na península Itálica no século XIII e o próprio Francisco parecia identificar-se com os ideais cavaleirescos.[19]

As demais referências ao corpo de Francisco estão relacionadas aos estigmas,[20] que mais do que descrever seu corpo, retratam as suas feridas, visíveis após a sua morte. Nelas, o que se sobressai é a direta identificação do corpo de Francisco ao de Cristo:

> *"Brilhava nele uma representação da cruz e da paixão do Cordeiro imaculado, que lavou os crimes do mundo, parecendo que tinha sido tirado havia pouco da cruz, com as mãos e os pés atravessados pelos cravos e o lado como que ferido por uma lança. Contemplavam sua pele, escura em vida, brilhando de alvura, e confirmando por sua beleza o prêmio da bem-aventurada ressurreição. Viam seu rosto como o de um anjo, como se estivesse vivo e não morto, e seus membros tinham adquirido a flexibilidade e a contextura de uma criança. Seus nervos não se contraíram, como acontece com os mortos. A pele não se endureceu e os membros não se enrijeceram, mas dobravam para onde se quisesse"* (1 Cel 112).

Como na VSD, em 1 Cel a relação interior-exterior está presente. A aparência sofrida do santo é uma prova de sua vida regrada. No caso específico de Francisco, seu corpo é retratado em seu alto grau de identificação com Cristo: *"Tinha Jesus de muitos modos: levava sempre Jesus no coração, Jesus na boca, Jesus nos ouvidos, Jesus nos olhos, Jesus nas mãos, Jesus em todos os outros membros"*(1 Cel 115).

Na 1 Cel, outros corpos também são descritos: os dos enfermos que buscam a cura através de Francisco.[21] Como na VSD, a descrição dos corpos resume-se em apresentar os membros afetados pela doença e suas conseqüências no cotidiano das pessoas, que ficavam impedidas de se locomover, comer sozinhas, falar ou trabalhar. Em outros casos, é feita uma relação direta entre a enfermidade e a ação demoníaca. Vejamos dois exemplos:

> *"Um irmão padecia freqüentemente de uma doença muito grave e horrível de se ver, cujo nome não sei, pois alguns atribuíam ao demônio. Muitas vezes se debatia todo e ficava com um aspecto miserável, revirando-se e espumando. Seus membros se contraíam e se estendiam, dobravam-se entortados ou ficavam rijos e duros. Às vezes ficava estendido e rígido, juntava os pés e a cabeça, elevava-se no alto até a altura de um homem e de repente caía por terra"* (1 Cel 68) .

Um menino chamado Mateus, da cidade de Todi, esteve oito dias na cama, como morto. Boca completamente cerrada, olhos apagados, com a pele do rosto, mãos e pés preta como fundo de panela, todos tinham desesperado de sua salvação, mas a mãe fez um voto e ele ficou curado com uma rapidez admirável (1 Cel 139).

Nestes relatos não há distinções de gênero. Neles, os corpos, tal como na VSD, são meios para a ação do divino. Através da cura eles são restaurados, tanto corporal como espiritualmente:

> *"uma mulher tinha um mal de garganta tão grande que, pelo muito ardor, a língua estava seca e grudada no céu da boca. Não podia falar, nem comer e beber, e não conseguia alívio nenhum com todos os emplastros e remédios que tomava. Finalmente, consagrou-se a São Francisco em seu coração, pois não podia falar. De repente, abriu-se-lhe a carne e saiu de sua garganta uma pedra redonda, que ela pegou nas mãos e mostrou, ficando logo curada"* (1 Cel 150).

D – Vida II

A 2 Cel foi escrita entre 1244 e 1247, provavelmente a partir do material sobre Francisco que, após a solicitação feita no Capítulo de 1244, foi remetida ao ministro-geral. A obra está dividida em dois livros. O primeiro é uma espécie de complemento à 1 Cel. O segundo, escrito na primeira pessoa do plural e repleto de informações inéditas, apresenta uma série de episódios da biografia, incluindo os relatos sobre a morte e canonização, e ensinamentos do assisense. No momento de sua redação, a Ordem Franciscana estava enfrentando problemas advindos de sua expansão e institucionalização. Por este motivo, nessa biografia, voltada para a edificação dos frades, Tomás procurou apresentar Francisco como um modelo a ser seguido por todos os irmãos.

Certamente este é o principal motivo para que nesta obra só haja uma descrição física: a do corpo morto de Francisco de Assis, que inerte revela os estigmas, tão ocultados em vida. Lemos em 2Cel 217:

Viam o corpo do bem-aventurado pai ornado com os estigmas. No meio das mãos e dos pés estavam não os buracos dos cravos mas os próprios cravos, feitos com sua carne e até unidos à sua carne, embora pretos como ferro. O lado direito parecia rubro de sangue. Sua carne, antes escura por natureza, mostrava agora a alvura brilhante que prometia os prêmios da ressurreição. Por fim, seus membros podiam dobrar-se, não tinham a rigidez que os mortos costumam ter, transformada na aparência da idade infantil.

Todos os elementos realçados – os cravos unidos à carne, a alvura da pele, a flexibilidade, a aparência juvenil – visam atestar a santidade plena alcançada por Francisco, visível em seu corpo físico. Nenhum outro corpo, portanto, torna-se relevante neste relato, que procura somente engrandecer Francisco, modelo a ser seguido por todos os franciscanos.

E – Legenda de Santa Clara

A LSC foi escrita em 1255, por ocasião da canonização de Clara de Assis. Esta obra narra a sua biografia e os seus milagres. Proveniente da nobreza, Clara nasceu em Assis em 1194 e faleceu nesta mesma cidade em 1253. Em 1214 juntou-se a Francisco. Pouco depois, Clara e suas primeiras companheiras, dentre elas sua irmã Inês, instalaram-se em São Damião, que viria a se tornar a primeira casa franciscana feminina.

Discutiu-se, durante algum tempo, quem seria o autor desta legenda. Pelas características estilísticas da obra, concluiu-se que o seu redator foi Tomás de Celano, hipótese que hoje é consenso entre os pesquisadores.[22] Esta hagiografia está dividida em duas partes. Na primeira é apresentada a biografia, a morte e os funerais de Clara. Na segunda, os milagres após a sua morte e a sua canonização.[23]

Na LSC há quatro referências sobre a fisionomia de Clara de Assis. Nestas descrições fica patente a relação entre a beleza interior e exterior da santa e a síntese entre o sofrimento que impunha a seu corpo e a elevação alcançada por seu espírito. Assim, no capítulo 18, Celano ressalta:

> *"Mas, embora em geral uma grave aflição do corpo afete o espírito, o que brilhava em Clara era muito diferente: ficava sempre de cara festiva e alegre em suas mortificações, parecendo que não sentia ou que se ria dos apertos corporais. Por isso, podemos ver claramente que a santa alegria que lhe sobrava dentro extravasava fora, porque o amor do coração tornava leves os castigos corporais".*

Nas descrições de Clara, só seu rosto é destacado, ainda que de forma genérica: "admiravam a doçura que vinha de sua boca e o rosto parecendo mais claro que de costume. Certamente, *Deus tinha banqueteado a pobre em sua doçura* (cfr. Sl 67,11), e a alma cumulada de luz verdadeira na oração estava transparecendo no corpo" (LSC20); "pediu com rosto angelical ao Sumo Pontífice a remissão de todos os pecados". (LSC 42).

É também no rosto que Clara é atacada fisicamente pelo diabo: "uma vez, rezava na cela na hora Nona, e o diabo lhe bateu no rosto, enchendo um olho de sangue e a face de marcas" (LSC 30).

Toda a descrição física feita por Celano referente a Clara concentra-se no rosto. São referências gerais, que destoam dos muitos detalhes dados sobre a aparência de Francisco em 1Cel. Para o hagiógrafo, Clara parece não ter corpo. Seu objetivo, provavelmente, era realçar a sua santidade, não dando margem a nenhum dado que poderia revelar sua sexualidade ou despertar desejos no público, tal como na VSO.

Na LSC também há cinco descrições de enfermos[24] e todas se assemelham aos relatos presentes na VSD e na 1 Cel: só sublinham as partes do corpo acometidas de enfermidades que, muitas vezes, são relacionadas ao pecado ou ao demônio. Como nas demais hagiografias, os corpos são locais de manifestação da ação do divino. Isto é o que ocorreu com Alexandrina de Fratta, de Perusa, que, atormentada pelo demônio, revoluteava com um passarinho e "tinha perdido completamente o lado esquerdo por causa de seus pecados e tinha uma mão torcida" (LSC 51). Após tentar várias curas, foi até o túmulo de Clara, onde, "invocando seus méritos contra a tríplice desgraça, obteve um salutar efeito com um só remédio"(LSC 51).

Conclusões

Como este trabalho representa uma primeira aproximação ao tema, vamos apresentar as primeiras conclusões, certos de que muitos dados aqui apresentados ainda podem ser aprofundados e há outros aspectos a explorar e desenvolver.

Nas obras VSD, VSO, 1 Cel, 2 Cel e LSC, as descrições físicas dos personagens, sejam os santos, os pecadores ou enfermos, são, em sua grande maioria, sintéticas e genéricas. A única exceção, presente na 1 Cel 83, pode ser explicada pelo desejo do autor em sublinhar o heroísmo do protagonista, incorporando, assim, características retóricas do romance cortês. Ao lado das características físicas, sublinham-se os traços do caráter ou personalidade, e as referências à aparência externa são retratadas como reflexo do interior. Nestes textos, portanto, a integração corpo-alma está sempre presente.

Nas descrições, sobretudo quando tratam dos doentes, os autores empregam metáforas. Assim, Mateus de Todi tinha a "pele do rosto, mãos e pés preta como fundo de panela" e a mão de Xemena de Tordomar "seca era semelhante à palha" (617c). A roupa também é um elemento fundamental na descrição das personagens e, no caso de Berceo, o único dado para caracterizar os seres espirituais. Duas hipóteses podem ser levantadas para explicar tal fato: com o nascimento da moda no século XIII,[25] as vestes tornam-se elementos fundamentais na caracterização de uma pessoa; descrever as vestimentas é uma forma de apresentar alguém eximindo-se de retratar sua fisionomia ou corpo.

Estas descrições são recursos literários que estão relacionados ao didactismo exigido pelos retóricos medievais. Assim, descreve-se para atrair o público, para deixar mais evidente a ação do divino, para reforçar as teses centrais dos autores. Mas esta descrição é limitada pelo gênero.

Nas hagiografias analisadas, o corpo masculino é descrito com mais detalhes que o feminino, que é praticamente ignorado. Não é feita nenhuma referência ao corpo de Oria e Clara, que apesar de ter seu rosto citado, este não é descrito, mas caracterizado como festivo, suave, doce... ou seja, qualificado com adjetivos genéricos. Os corpos femininos só são retratados em caso de enfermidade, quando são igualados aos dos homens e vistos como receptáculos do favor divino. Mas nestes casos, o que importa ressaltar não é o gênero, mas a dor e o sofrimento dos corpos enfraquecidos e aleijados pela doença. Neste sentido, estas descrições se aproximam mais do topos hagiográficos do que da literatura laica contemporânea.

Diferentemente dos textos laicos analisados por Marcos-Marin, em que os corpos das mulheres são descritos com mais detalhes, os hagiógrafos preferem silenciar-se neste aspecto, a fim de não sexualizar as suas santas. Os santos, porém, são descritos. Neste retrato são ressaltados a sua disciplina, a sua santificação, o seu caráter heróico. É impossível não ver nestas distintas formas de tratar os corpos dos protagonistas a idéia hegemônica na Idade Média de que homem e mulher eram diferentes corporalmente quanto ao grau, sendo os homens perfeitos e racionais e as mulheres incompletas e voltadas para o sensual.

O destaque dado ao corpo na hagiografia, ainda que discreto, aponta para o fato de que este era visto como o lugar de manifestação dos frutos da elevação espiritual e do milagre, porém esta descrição não permite realçar partes específicas do corpo, sobretudo das santas, pois negá-lo era um elemento fundamental na própria configuração de sua santidade.

Notas

* Professora Doutora (História Medieval), do Departamento de História e do Programa de Pós-graduação em História Comparada (PPGHC) da UFRJ; Co-coordenadora do Programa de Estudos Medievais (PEM) da UFRJ; Pesquisadora do CNPq. Site: www.ifcs.ufrj.br/~frazao

[1] MARCOS-MARIN, F. Masculine Beauty vs. Feminine Beauty in Medieval Iberia. In: DOUGHERTY, D., AZEVEDO, M. M. (Ed.). *Multicultural Iberia: Language, Literature and Music*. Berkeley: Universidade da Califórnia, 1999. p. 22-39.

[2] Idem, p. 35.

[3] Marcos-Marin não foi nem o único nem o pioneiro no estudo das descrições físicas em textos medievais. Edmond Faral, Edgar de Bruyne, D. S. Brewer, Peter Dronke também se dedicaram a questão. Todos estes estudos, tal como o de Marcos-Marin, situam-se nos campos da literatura e da retórica medievais; não analisam textos hagiográficos e não estão preocupados com o gênero. Cf. FARAL, E. *Les Arts poétiques du XII et du XIII siècle*. Paris: Champion, 1924; BRUYNE, E. Amour ou mépris de la beauté féminine. In: *Etudes d'esthétique médiévale*. Genebra: Slatkine Reprints, 1975. p. 173-202; BREWER, D. S. The ideal of Feminine Beauty in Medieval Literature, especially Harley Lyrics, Chaucer and Some Elizabethans. *Modern Language Review*, n. 50, pp.251-267, 1955; DRONKE, P. *Medieval latin and the rise of the european love lyric*. Oxford: Claredon Pres, 1965.

[4] LAQUEUR, T. *Inventando o Sexo. Corpo e Gênero dos gregos a Freud*. Rio de Janeiro: Relume-Dumará, 2001.

[5] Idem, pp. 14-5.

[6] SCOTT, J. Prefácio a Gender and Politics of History. *Cadernos Pagu*, n. 3, pp. 11-27, 1994; FLAX, J. Pós-modernismo e relações de gênero na teoria feminista. In: HOLLANDA, H. B. (Org.) *Modernismo e Política*. Rio de Janeiro: Rocco, 1991, pp. 217-50.

[7] ÚRIA MAQUA, I. Sobre la unidad del mester de clerecía del siglo XIII. Hacia un replanteamiento de la cuestión. In: GARCIA TURZA, C. (ed.) JORNADAS DE ESTUDIOS BERCEANOS, 3, Logroño, 3 a 5 de dezembro de 1979. *Actas...* Logroño: Instituto de Estudios Riojanos, 1981. pp.179-88; SILVA, A.C.L.F. da. Reflexões sobre a Educação Clerical no Reino de Castela durante o Medievo. *Plures – Humanidades*, Ribeirão Preto, ano 2, n. 1, pp. 27-45, 2001.

[8] DUTTON, B. Los moviles generales de la obra de Gonzalo de Berceo. In: GONZALO DE BERCEO. *Obras Completas*. Estudo e edição critica por Brian Dutton. 2 ed. London: Tamesis Books, 1984. V.1: Vida de San Millan de la Cogolla. pp. 177-83.

[9] Este poema foi transmitido por três manuscritos medievais. O **S**, datado de 1240, o **H**, de 1360 e o **E**, também do século XIV. Em nosso trabalho, utilizamos duas edições críticas e impressas da VSD: a elaborada por Aldo Ruffinato (1992) e a preparada por Brian Dutton (1978). RUFFINATTO, A. (ed.). Vida de Santo Domingo de Silos. In: GONZALO DE BERCEO. *Obra Completa*. Organizado por Isabel Úria Maqua. Madrid: Espasa-Calpe, 1992,

pp. 251-453; DUTTON, B. (ed.). *Obras Completas*. Estudo e edição critica por Brian Dutton. London: Tamesis Books, 1978. V.4: La vida de Santo Domingo de Silos.

[10] Cf. 292-4; 297cd; 538-541; 545-6; 581-2; 591-2; 597-8; 606; 608; 617; 621; 679-99.

[11] Úria Maqua defende que a VSO foi a última obra composta por Gonzalo de Berceo. Cf. ÚRIA MAQUA, I. Nota introductoria Poema de Santa Oria. In: GONZALO DE BERCEO. *Poema de Santa Oria*. Edição critica de Isabel ÚRIA MAQUA. Madrid: Castalia, 1992. pp. 493-6. p. 494.

[12] GIMENO CASALDUERO, J. La vida de Santa Oria de Gonzalo de Berceo: nueva interpretación y nuevos datos. *Anales de Literatura Española*, n. 3, pp. 235-281, 1984. p. 236.

[13] Este poema foi preservado por um único manuscrito medieval, o **F**, do século XIV. Em nossas investigações utilizamos duas edições críticas e impressas da VSO: as elaboradas por Isabel Úria (1992) e por Brian Dutton (1981). ÚRIA MAQUA, I. (ed.). Poema de Santa Oria. GONZALO DE BERCEO. *Obra Completa*. Organizado por Isabel Úria Maqua. Madrid: Espasa-Calpe, 1992, pp. 492-551; DUTTON, B. (ed.). *Obras Completas*. Estudo e edição crítica por Brian Dutton. London: Tamesis Books, 1981. V. 5: El Sacrificio de la Misa, La Vida de Santa Oria, El Martirio de San Lorenzo.

[14] COLBY, A.M. *The Portrait in Twelfth-Century French Literature: an example of the stylistic originality o Chrétien de Troyes*. Genebra: Librairie Droz 1965. p. 62; MARCOS-MARIN, F. op. cit.

[15] LAMBERT, E. Z. *A face do amor: a questão da beleza e a libertação da mulher*. Rio de Janeiro: Rosa dos Tempos, 1996. p. 62.

[16] Cf. II Coríntios 15.

[17] No Capítulo de 1266, a *Legenda de Boaventura* foi alçada a texto hagiográfico oficial de Francisco e ordenou-se que as demais legendas fossem destruídas, dentre elas, as 1 e 2 Cel.. Só em 1786 estas obras foram publicadas pela primeira vez, na *Acta Sanctorum*, a partir de manuscritos encontrados em casas não franciscanas. No início deste século foi feita uma nova edição, por Quaracchi, a partir de 20 manuscritos destas obras, sendo que 2 eram provenientes de conventos franciscanos. É este texto latino que empregamos em nossas investigações, além das traduções para o português de Pedroso, disponíveis em www.procasp.org.br. QUARACCHI (ed.). Tomás de Celano. Vita Prima S. Francisi e Vita Secunda S. Francisi. *Analecta Franciscana*, v. X, 1926-1941.

[18] COLBY, A.M. op. cit., p. 62.

[19] Sobre esta questão ver MAZZUCO, V. *Francisco de Assis e o modelo de amor cortês-cavaleiresco*. Petrópolis: Vozes, 1994.

[20] 1 Cel 95, 112-113, 115.

[21] 1 Cel 66, 67, 68, 132, 134, 139, 141, 147,149, 159.

[22] BARTOLI, M. *Clara de Assis*. Petrópolis: Vozes, 1998. p.17.

[23] Utilizaremos, em nossa pesquisa, a edição da LSC preparada por E. Pennacchi a partir do manuscrito 338 da *Biblioteca Comunal de Assis* e publicada em 1910,bem omo a tradução para o portugu6es elaborada por Pedroso. PENNACCHI, E. (Ed.) *Legenda sanctae Clarae virginis, tratta dal ms. 338 della Biblioteca Comunale di Assisi*. Assis: s.n., 1910; PEDROSO, J.C. C. (Org.). *Fontes Clarianas*. 3 ed. Piracicaba: Centro Franciscano de Espiritualidade, 1994.

[24] LSC 50, 51, 55, 56, 58.

[25] SILVA, A. C. L. F. Moda, santidade e gênero na obra hagiográfica de Tomás de Celano. In: COSTA, S., SILVA, A. C. L. F., SILVA, L. R. *A tradição monástica e o franciscanismo*. Rio de Janeiro: Programa de Estudos Medievais – Instituto Teológico Franciscano, 2003, pp. 230-239.

O CORPO DA PSICANÁLISE NO TERRITÓRIO DE DEUS E DA HISTÓRIA

Clara de Goés[1]

"Não somos anjos, temos corpo."

(Santa Teresa – Livro da Vida, capítulo 22, parágrafo 10)

Território é uma geografia. Uma geografia recortada de fronteiras. E fronteiras são todas de história... histórias que se inscrevem como relevos, distâncias, sumidouros, superfícies aflitas de silêncio... povoados de morte... corpo.

Até a Modernidade, o corpo foi o território de Deus. Habituado às etéreas regiões do espírito, das canções e das mitologias, e, provavelmente cansado delas, o Deus cristão se fez universal e habitou, em carne e osso, entre os homens. Diferente, e em ruptura com o judaísmo, o advento do Cristo põe, no centro da cena, o corpo: o corpo do Cristo crucificado, o corpo da Igreja, o corpo transubstanciado da comunhão; o corpo como articulação simbólica e *pathos* da fé.

O Deus cristão é um Deus encarnado.

"O verbo se fez carne e habitou entre nós", nos diz o Evangelho de São João.

No texto de fundação do cristianismo se escreve essa história: a história que funda, no corpo, o território de Deus. Esse território é fundado pela palavra cravada na carne, palavra que instaura o corpo da Igreja no qual os filhos e irmãos comungam o corpo do Pai. É uma operação de linguagem na qual a metáfora encarnada nasce do ventre de uma mulher. Abre-se, aí, um caminho, um modo de existência que é distância, ânsia, a experiência do corpo tida por Deus. A vontade de Deus não é imediata mas mediata; e a mediação é o corpo. A vontade de Deus se cumpre na experiência da humanidade do Filho, que nada mais é do que a experiência do corpo. Jesus se tornará demasiado humano; humano a ponto de clamar ao Pai que afastasse, dele, o cálice que lhe estava reservado... mas só o silêncio lhe responde e, como homem que se tornou, só lhe resta viver seu destino até o fim. Cumpre a sina de um deus entre mortais: o escárnio, a morte, o abandono, o desamparo. Abre, a ferro e fogo, o testemunho da imortalidade. Imortalidade que não se restringe à alma e que se estende ao corpo. A promessa de ressurreição, no

Juízo final, é de ressurreição da carne. Mas antes, o corpo do Deus encarnado deve padecer para redimir o pecado de Adão inscrito em todos os homens; em todos os homens e não somente nos crentes ou nos eleitos. A humanidade, tendo o mesmo pai, é tornada universal. São irmãos todos os homens do mundo, mesmo os não-batizados. Não importa se não conhecem a mensagem da Boa Nova, ou se furtam ao batismo, a condição de filho de Deus é irrecusável: não se escolhe o pai de quem se nasce.

Perde-se, com o cristianismo, a idéia de um povo eleito, escolhido por Deus, para receber sua Palavra, seu amor, seus castigos. A idéia de uma humanidade universal rompe com a herança tribal do judaísmo e faz da ligação entre os crentes, não uma marca de nascença confirmada e atualizada pelo ritual da circuncisão, mas uma ligação de amor. E o amor é uma experiência eminentemente corporal; diz o poeta,

> *"os corpos se entendem, as almas não."*[2]

O lugar do corpo no cristianismo tem uma implicação estrutural a que o próprio discurso obriga: se a ligação, o laço entre os homens, é de amor, torna-se necessário um corpo que possa suportá-lo. Se a nova religião propõe o amor como mandamento maior e forma de ligação entre os homens, é preciso que esse Deus experimente o corpo como lugar de inscrição desse amor. Através do padecimento do corpo, o perdão e a vitória da vida para além da morte são obtidos – o cristianismo é a religião da Paixão como testemunho da verdade. E a paixão se dá no corpo. Isso não quer dizer que apenas no cristianismo se encontre essa marca, a marca da paixão. O que nos parece é que em outras religiões, mormente as orientais, há certa tendência a negar a paixão e o desejo, por meio de práticas de ascese que apaguem a presença do corpo. Não há, no cristianismo, um desprendimento do corpo como no budismo. Aí, a ascese busca livrar-se do corpo, uma vez que ele é um elemento, um modo de inserção no mundo e na vida, e as religiões que têm esse tipo de matriz pretendem perder-se, justamente, do mundo. Embora nos percursos místicos, em geral, haja uma profunda implicação corporal, é necessária uma iniciação a mais entre os fiéis, pois a experiência corporal, mística, não é comum a todos. Ao contrário, no cristianismo, o corpo é o território de exercício da piedade de todo crente, ato de comunhão, campo de embates, embate entre a vida e a morte, *locus* privilegiado do pecado e da redenção... Talvez porque o cristianismo seja uma religião do mundo, e, no mundo, o corpo é. Nesse sentido, a cena do aparecimento de Cristo aos apóstolos depois da ressurreição é emblemática. Conta-nos Lucas,

> *"Falavam ainda, quando ele próprio se apresentou no meio deles e disse: 'A paz esteja convosco'. Tomados de espanto e temor, imaginavam ver um espírito. Mas ele disse: 'Por que estais perturbados e por que surgem tais dúvidas em vossos corações? Vede minhas mãos e meus pés: sou eu! Apalpai-me e entendei que um espírito não tem carne, nem osso, como estais vendo que eu tenho.' Dizendo isso, mostrou-lhes as mãos e os pés. E como, por causa da alegria, não podiam acreditar ainda e permaneciam surpresos, disse-lhes:*

'Tendes o que comer?'Apresentaram-lhe um pedaço de peixe assado. Tomou-o, então, e comeu-o diante deles" (Lucas, 24,16).

Nada mais prosaico como testemunho da divindade do que comer um pedaço de peixe.

O que se afirma aí, senão, o primado do corpo no reconhecimento do Cristo, do próprio Deus?

A partir desse evento, de encarnação da Palavra, o cristianismo instaura certa "tradição" no Ocidente. Tradição que articula e inscreve o corpo como campo simbólico. Os santos do catolicismo suportam, com padecimentos extremos, essa tradição. O corpo, reforçado em seu erotismo, é, constantemente, chamado a pagar os devaneios das tentações e os mistérios da carne. Sua presença é permanente: é açoitado, ferido, faminto. Há a exacerbação dos sentidos na agonia de uma guerra permanente. É o corpo que suporta os ardores de Deus.

Na Modernidade, paulatinamente, o corpo foi se inscrevendo, e sendo inscrito, em outras circunscrições: da natureza, da ciência, da biologia... da linguagem. Após o advento do *cogito* cartesiano, de Kant e de Hegel, da revolução industrial e de um Modo de Produção assente na produção de mais-valia, a possibilidade de rearticular o corpo como dimensão simbólica retorna. Subvertendo-a, inteiramente, a psicanálise chama, a si, a tradição que institui o corpo como texto a ser lido, como marca simbólica de inscrição do Outro, tradição de leitura do corpo que toma como herança. Há, de certa forma, aí também, a encarnação da palavra. Na psicanálise, o corpo se produz como efeito da linguagem, como efeito da operação de captura da natureza pelo significante, como território que se faz geografia a partir da história que lhe crava as marcas da existência humana: as marcas da linguagem.

O corpo torna-se uma escrita tecida pela história; história que é fio e sutura, recorte na costura de cada um. História que não é aleatória e, embora abrigue muito de contingência, segue os caminhos da estrutura da linguagem nas pegadas do inconsciente.

Na dimensão do corte, corte da palavra, corte pela palavra, o corpo se acomoda em fronteira. Fronteira que se instaura entre a carne (dimensão da natureza, objeto da biologia, da física, da química) e a palavra que, assim, traz à cultura, a natureza. Produz-se, nessa operação de "cercamento" da carne pela palavra, aquilo que Freud chamou de *"corpo pulsional"*.

Pulsão é um dos conceitos mais elementares da psicanálise e diz respeito a essa dimensão de corte (e de recorte, uma vez que falar em pulsão é falar em circuito pulsional, circuito que se constitui pela repetição) no qual o corpo é produzido.

A pulsão é uma força constante da qual é impossível se furtar, que impõe a busca de satisfação sempre deslocada e paradoxal, que recorta, produzindo os órgãos do corpo, pelos investimentos pulsionais (intensidades) na carne. Esses investimentos vão circunscrevendo regiões mais ou menos investidas, estabelecendo, entre elas, fronteiras de menor intensidade pulsional. É esse o processo de erotização e sexuação do corpo. Um processo simbólico porque o significante (entendido, aqui, como linguagem) aí está presente e implicado.[3] E como está presente e implicado, o significante? Por uma operação de interpretação. Ao grito imperativo do bebê, responde uma interpretação que lhe confere significação. Basta que haja essa escuta, escuta que é interpretação, para que o vivente se torne humano, vale dizer, um ser de linguagem. É esse ato de captura da carne pela linguagem que produz aquilo que a psicanálise chama de corpo. Não se trata do que é posto no mundo mas do que é capturado à natureza e que, de certa forma, a ela será devolvido passado um intervalo de tempo.

O corpo da psicanálise é herdeiro do cristianismo, mas também de sua negação. O corpo da psicanálise também é herdeiro do corpo cartesiano, do "corpo máquina". Descartes dá o passo essencial à Modernidade quando resgata o corpo à magia, ao pecado, à transcendência, separando-o definitivamente da alma. Essa cisão jamais será recomposta. O corpo funciona, e funciona como um mecanismo. Desprovido de injunções metafísicas, desnudo e cru, é retomado pelo campo simbólico, também este destituído de toda transcendência. Sem a ruptura cartesiana seria impossível conceber o corpo como efeito da linguagem porque ele precisava, antes disso, estar "liberto" da alma. Essa cisão produz, a partir daí, uma compreensão dualista que permanece no pensamento contemporâneo a respeito do cérebro, do chamado "emocional", e da consciência. Ainda que a psicologia postule a unidade da personalidade como horizonte terapêutico, esta unidade está rompida e perdida para sempre. Somente a psicanálise escapa a esse dualismo, tido como problemático por toda epistemologia que não reconheça o inconsciente, e escapa na medida em que toma a Descartes o "corpo máquina" mas o constitui como articulação de três dimensões. Senão vejamos: a psicanálise toma a Descartes o corpo como pura extensão, extensão mecânica e o articula como um nó.[4] Perde-se a compreensão dualista que permanece enfocando discussões científicas e médicas, referentes à mente e ao cérebro, ao psíquico e ao somático, em infindáveis "psicologizações". Afirma-se, o corpo, como um enodamento de três dimensões: a dimensão do real, a carne viva e irredutível ao simbólico; a dimensão da instância simbólica que é linguagem e corte, corte que é o modo de operação da própria linguagem; e, finalmente, a dimensão imaginária, responsável pela imagem unificada e unificante do corpo, ou melhor, da carne capturada e recortada em regiões erotizadas pela linguagem.

O corpo é, para a psicanálise, uma circulação de intensidades que compõem um circuito. Circuito regido por três princípios: o princípio do prazer; o princípio de realidade, e um para além do princípio do prazer que poderia ser tomado como contraponto ao princípio do prazer se não fosse a operação de amarração, de um ao outro, na forma de uma subsunção que, na amarração, se efetiva. Assim, a articulação entre os três princípios não é de simples oposição mas de subsunção – do princípio de realidade como retificação do princípio do prazer, retificação que produz os caminhos e trilhamentos que, pela repetição, formarão os ditames do gozo para além do princípio do prazer.

O circuito pulsional é um circuito de intensidades. É uma espécie de circulação e produção de excessos; excessos de intensidades. O sistema funciona numa economia de perda e de excesso, na qual a circulação é um momento da produção. O modelo de funcionamento do psiquismo que Freud esboça no "Projeto para uma psicologia científica" [5], e desenvolve no capítulo VII da Interpretação dos Sonhos,[6] é quase homólogo àquele que Marx produzira poucas décadas antes, quando escreve, em *O Capital*, a estrutura do capitalismo baseada na produção de mais-valia. Também, aí, o sistema oscila entre perda e excesso.

O circuito pulsional, essa circulação de intensidades que mapeia o corpo, circulação que é um momento da produção do próprio circuito, define, circunscreve, e estrutura, uma economia de gozo. Gozo entendido como excesso, uma intensidade a mais, que escapa à rede das equivalências simbólicas, ao "equivalente geral" (que é como Marx define dinheiro) que iguala todas as intensidades (assim como no capitalismo iguala as mercadorias) permitindo a rede das trocas, na horizontalidade indistinta do mercado. Ao escapar à rede das equivalências, o gozo se localiza como limite; como o que escapa e em torno do que, como o furo de um redemoinho, se dá a circulação. Institui-se, então, o gozo como fronteira, como limite à própria circulação (às trocas), das equivalências simbólicas; limite à própria linguagem que o constitui como gozo. Essa estrutura – que é uma estrutura de produção na qual a circulação está incluída – é efeito do significante e é fundada no instante em que o sujeito é inscrito na linguagem. Trata-se de uma operação que tem a sua temporalidade, a temporalidade do instante. Esse circuito que se institui como instante define uma estrutura que se produz, então, como operação temporal: uma operação de interpretação, portanto simbólica, cujo efeito se inscreve no real. Assim se efetiva a "entrada" do vivente na linguagem, o que o faz sujeito, na dimensão simbólica, própria ao que houver de humanidade em nós. A operação, no entanto, não se fecha em um circuito zerado. Dela fica um resto, resto que é marca de um real que insiste como irredutível, como ponto de fuga e de resistência à cadeia significante. O real da carne, cifrado pela palavra, se faz corpo.

É a operação própria ao simbólico que nos constitui. À inscrição simbólica no real, inscrição que produz o próprio real como fronteira e resto da operação de inscrição, uma vez que se trata de uma intensidade a mais, não capturável, inscrição simbólica que se dá na temporalidade do instante, a essa inscrição, ou melhor, nessa inscrição, se articula, ou se enoda, a dimensão imaginária que dá consistência à operação fundante de humanidades. A consistência é produzida por uma imagem que unifica, em um ponto de exterioridade (o espelho ou o olhar de um outro), o corpo que fora partido e recortado pelo significante. Ao simbólico e ao real vem enlaçar-se, na forma de um nó, o imaginário, quando (o advérbio implica o tempo da operação) há o reconhecimento daquilo que poderia ser suposto como o "reconhecimento de si" no outro, vale dizer, na imagem unificadora, fora do corpo, alienada em um outro. Eis, aí, na amarração do real ao simbólico e ao imaginário, sem prevalência de um ou de outro, sem qualquer tipo de hierarquia, a produção, como um nó, do corpo da psicanálise.

A operação que produz o corpo é, então, uma operação de linguagem. Podemos dizer que o que "causa" o corpo é o significante. Por isso uma interpretação não se restringe a uma comunicação ou à produção de um sentido em uma operação de significação. Na psicanálise, uma interpretação não é uma explicação ancorada na significação, no sentido, no significado do sintoma. A interpretação tem efeitos no real do corpo uma vez que opera pelo mesmo mecanismo que constituiu esse corpo. Por isso, a clínica, na cura analítica, é possível.

Definido o corpo, como efeito do significante, dimensão do inconsciente freudiano, por excelência, pode-se perguntar se seria possível ver na história, ou melhor, no acontecimento histórico, a estrutura de um corpo. Não se trata de um corpo como articulação orgânica, como organicidade, mas como enodamento do real, simbólico e imaginário, entendendo-se o nó como estrutura. Trata-se do corpo da psicanálise tal como o explicitamos. Corpo no qual a "consistência" imaginária, quer dizer, o sentido unificador do acontecimento – sentido, aí, como função de imagem, como função imaginária – estaria articulado em um campo simbólico no qual o real, como dimensão de gozo, de excesso, excesso que é limite, marco de fronteira, furo, na linguagem, estaria presente no paradoxo da presença que é ausência, como buraco e resistência à linguagem e à interpretação. Caberia, então, admitir que, no acontecimento, para além do sentido, da compreensão, e da totalidade buscada, há um gozo. Quais as implicações teóricas disso? A articulação, no campo da história, da pulsão de morte. A possibilidade conceitual e, portanto, metodológica, de articular a pulsão de morte ao acontecimento histórico. A possibilidade de articular história e psicanálise sem cair nas interpretações psicológicas que não têm nada a ver com psicanálise; ou ainda, na pura afirmação dogmática do mal-estar na civilização como se essa fosse uma condição ontológica e metafísica. É preciso pensar, enquanto historiador, na articulação singular de cada caso, caso a caso.

O que se vê na contemporaneidade? Como se enlaça e se produz o gozo nas circunstâncias contemporâneas? Diz-nos Lacan[7]: como mais-valia; que ele chama de mais-de-gozar. É na estrutura de produção de mais-valia, no estabelecimento de um certo tipo de gozo que enlaça os sujeitos na consistência do "social", que se pode buscar, é essa nossa hipótese de trabalho, o acontecimento histórico como implicação de gozo e, portanto, da pulsão de morte como esteio da história. Daí abrem-se outros caminhos à interpretação, à interpretação como práxis, como ação que interfere na formação e na transformação do acontecimento.

Assim, do corpo do cristianismo ao corpo da psicanálise, passamos pelo corpo como história. Há um terreno comum a esse percurso que é o corpo como encarnação da palavra, como efeito simbólico, mas há também profundas descontinuidades entre as referências aqui trabalhadas. Entre o cristianismo e a psicanálise há a instauração da própria modernidade com todas as implicações abismais que carrega consigo. Entre a psicanálise e a história o fosso é menor, embora ainda se tenha muito a percorrer na elaboração dessa homologia apontada por Lacan entre a mais-valia de Marx e sua própria invenção, o objeto a, que terá como função a produção do mais-gozar. O desenvolvimento dessa articulação conceitual fica para outra vez. Interessa-nos, aqui, apontar a via do discurso que, na Modernidade, permite-nos afirmar que os "males" do corpo são passíveis de interpretação e que essa interpretação não é fruto de diletantismo ou puro amor ao saber. Não. É uma práxis que se inscreve aí. Padecem, os corpos, do significante, por isso uma interpretação, um efeito de significação, pode retornar ao real do corpo e alterar esse padecimento. Há, então, um efeito para além do sentido; há então, um efeito de inconsciente. Trata-se de um retorno mas não do retorno do Mesmo. Há um retorno kiekergardiano, ou nietzschiano, da pura diferença; da repetição como inscrição da diferença; da encarnação do verbo como significante.

Notas

[1] Professora Doutora História Moderna e Contemporânea – TEMPO/PPGHC/IFCS/UFRJ.

[2] Verso do poema de Manuel Bandeira, ARTE DE AMAR, do livro Belo Belo.

"Se queres sentir a felicidade de amar, esquece a tua alma,/ A alma é que estraga o amor./ Só em Deus ela pode encontrar satisfação,/ Não noutra alma./ Só em deus __ ou fora do mundo./ As almas são incomunicáveis./ Deixa o teu corpo entender-se com outro corpo./ Porque os corpos se entendem, mas as almas não.

[3] No Seminário III, o Seminário das Psicoses, Laca nos diz:

> *"O significante pode se estender a muitos elementos do domínio do signo. Mas o significante é um signo que não reenvia a um objeto, mesmo no estado de um traço, ainda que o traço o anuncie em seu caráter essencial; Ele é o signo de uma ausência. Mas, uma vez que faz parte da linguagem, o significante é um signo que reenvia a outro signo que é, como tal, estruturado para significar a falta de um outro signo, em outros termos, para se opor a ele em um par."* Seminário III, ed. Du Seuil, Paris, 1981, pg. 188.

[4] Essa discussão se dá ao longo da obra de Lacan, particularmente do no Seminário R; S; I, de 1974-75

[5] Ver volume 1, das Obras completas de Freud, ed. Amorrortu, Buenos Aires, 1994.

[6] Ver volume V, op. cit.

[7] Seminários 16 e 17.

CORPO E CIDADANIA EM ATENAS CLÁSSICA

Fábio de Souza Lessa[*]

Este artigo representa o primeiro contato com um novo objeto de estudo que pretendemos desenvolver; qual seja, a prática esportiva na formação, interação e coesão dos grupos de cidadãos na Atenas Clássica, principalmente nos Jogos Olímpicos. Por isso, aqui não nos concentraremos no estudo de nenhuma modalidade de competição esportiva em especial. Propomos tão-somente a análise do espaço ocupado pelo treinamento físico na formação dos cidadãos atenienses no decorrer dos séculos V e IV a.C. e a importância dos ginásios e das *palaístrai* como um dos *lugares* públicos que permitiam aos jovens *tornarem-se homens*, parafraseando o título do artigo de Giuseppe Cambiano em *O Homem Grego*.

Neste sentido, estaremos apreendendo a dinâmica existente entre a construção de um ideal de corpo entre os cidadãos e a sua participação e integração cívica na *pólis*. Mais do que objetivos militares, o ideal de uma excelência atlética expressava o sistema de valores essencialmente competitivo dos helenos (Jones, 1997:177). O espírito agonístico é, segundo Mark Golden, uma característica bastante presente na sociedade grega (Golden, 1998:28). Vale enfatizar que as competições atléticas se inserem nas noções de cívico e ritual, pois os gregos antigos organizaram as relações com o sagrado através de ações como rituais, festivais, procissões, competições atléticas, oráculos, oferendas e sacrifícios animais (Neils, 1992:13). Diferente dos combates guerreiros, a violência e a rivalidade aparecem dentro do esporte[1] sob a forma de jogos, concursos, competições mais ou menos ritualizadas (Vanoyeke, 1992:15). Platão enfatiza que "importa, pois, encher a vida com certa espécie de jogos: sacrifícios, cantos, danças para podermos obter da parte dos deuses a graça de repelir os inimigos e alcançar a vitória nos combates" (Platão. *Leis*. VII, 803 c). A documentação inicial para tal estudo será a *Política* de Aristóteles e as *Leis* de Platão.

A relação entre corpo e gênero também se fará presente em nossa pesquisa. Isto porque "... gênero é o saber que estabelece significados para as diferenças corporais. Esses significados variam de acordo com as culturas, os grupos sociais e no tempo,...". Isto significa dizer que nada no corpo determina como a divisão social será definida (Scott, 1994: 13). Concordamos com os especialistas em História de Gênero quando defendem a necessidade de novos estudos sobre os grupos dos homens e as relações masculinas, enfatizando que a História de Gênero não se restringe somente às mulheres e que os grupos sociais se caracterizam pela heterogeneidade. Logo, não existe um grupo de homens e um de mulheres homogêneos. Neste sentido, oferecer uma releitura acerca dos grupos de homens na *pólis* se constituirá também em uma de nossas propostas[2].

Entendemos ser a prática esportiva um espaço para a análise das masculinidades e das relações de gênero. Esporte e masculinidade se apresentam intimamente atrelados nas sociedades ocidentais desde o mundo antigo até a contemporaneidade. Analisando as práticas esportivas no mundo contemporâneo, Donald Sabo destaca que "o esporte também influencia o modo como os homens e as mulheres se enxergam, e a maneira com que as relações de gênero se configuram na sociedade em geral" (Sabo, 2002:34-35).

Podemos neste momento nos questionar acerca do conceito de *masculinidades*. A construção da masculinidade não se restringe apenas ao esporte. Ela está presente em outros espaços de socialização, como a família, o trabalho, etc.(Rial, 1998:242). Um outro aspecto a ser enfatizado é que a *masculinidade* é uma construção cultural baseada na história e nas políticas das relações de gênero e não na biologia (Sabo, 2002:40). Entender o que vem a ser *masculinidade* pressupõe que adotemos uma perspectiva relacional, isto é, que nos aproximemos do que vem a ser culturalmente *feminilidade*. Assim sendo, defendemos que as identidades de gênero são relacionais; construídas culturalmente através de um processo de aproximação/identidades e distanciamentos/ diferenciação, alteridades (Lisbôa, 1998:134; Sabo, 2002:42).

Defendemos nesta pesquisa que o conceito de corpo excede qualquer exclusivismo biológico. Neste sentido, concordamos com o antropólogo José Carlos Rodrigues que o corpo porta em si a marca da vida social, ele é sempre uma representação da sociedade, isto porque ".... a experiência do corpo é sempre modificada pela experiência da cultura[3]" e que "no corpo está simbolicamente *impressa* a estrutura social; e a atividade corporal (...) não faz mais do que torná-la *expressa*" (Rodrigues, 1975:62 e 125 – *grifo do autor*). Até mesmo porque, "... uma sociedade só encontra existência nos corpos pulsantes dos seres humanos que a constituem..." (Rodrigues, 1999:177). Logo, desvendar os corpos pulsantes dos cidadãos se constitui em um recurso instigante para se conhecer a sociedade dos atenienses do Período Clássico. Neste sentido, acreditamos que buscar a compreensão da importância da prática esportiva na constituição do corpo cívico ático possa nos permitir *encontrar a existência* desta *pólis*. Neste momento podemos perfeitamente recuperar a afirmação de Richard Sennett de que as relações entre os corpos humanos no espaço é que determinam suas reações mútuas, como se vêem e se ouvem, como se tocam ou se distanciam (Sennett, 1997:17). Logo, devemos visualizar o corpo como ele tem sido vivenciado e expresso no interior de sistemas culturais particulares (Porter, 1992:295).

As práticas corporais, competitivas, lúdicas ou militares eram diferentes temporal e espacialmente; na medida em que a cultura dos corpos, seu conteúdo e suas características se modificam ao longo da história (Vanoyeke, 1992:13-14).

É interessante observar que a prática esportiva entre os helenos possuía uma dinâmica específica que atuava no sentido de explicitar o funcionamento da própria *pólis*. Esta, da mesma forma que o esporte, processava um tipo de coesão social que era mantida por processos de integração, interação sociais, exclusões e conflitos. Este processo de integração era plural e se constituía pela aceitação do *outro*, nos remetendo para as relações de construção e de desconstrução de alteridades e identidades. Ressaltamos que a aceitação do *outro,* na sociedade *políade,* pressupunha a existência de uma hierarquia social. Isto significa afirmar que a sociedade *políade* recorria a estratégias políticas de valorização da diversidade, favorecendo a formação de grupos com lugares hierarquizados, baseados em uma hierarquia jurídica, de prestígio e de honra e vergonha. A dinâmica *políade* pressupunha a aceitação do *outro* e das relações de alteridade à medida que o próprio *kósmos* era a harmonia das diferenças.

Como a religião e a guerra, o esporte também dispunha entre os atenienses de um campo para a criação e reforço das divisões entre grupos e ordenava hierarquicamente esses mesmos grupos. No esporte grego, o discurso da *diferença* tomou três formas específicas:

1ª. O esporte constrói fronteiras entre gregos e estrangeiros e entre grupos de gregos. Helenos competem, estrangeiros não. Dos jogos Olímpicos, por exemplo, os "não-gregos" estavam excluídos;

2ª. O inevitável resultado da competição também gerava diferenças entre vencedores e perdedores. A vitória permitia uma posição privilegiada no interior da estrutura social da *pólis*. Não nos esqueçamos de que a *pólis* era uma sociedade de honra e vergonha;

3ª. O debate acerca do valor relativo dos vários eventos e suas modalidades. Por exemplo, a rivalidade entre a corrida a cavalos e a corrida do atleta, tendo em vista que a primeira modalidade se encontrava associada a uma elite política e econômica (Golden, 1998:177-178). Cambiano reforça tal posicionamento quando destaca que eram os aristocratas aqueles que tinham maiores possibilidades de treinos preparatórios e também de arcar com os custos dos equipamentos no caso específico das competições eqüestres (Cambiano, 1994: 89).

Tanto para Aristóteles quanto para Platão, a *pólis* deve reservar uma atenção especial para a questão da formação física de seus cidadãos, que se inicia na infância. Se referindo ao mundo contemporâneo, J. C. Rodrigues observa que "... uma sociedade não pode sobreviver sem fixar no físico de suas crianças algumas similitudes essenciais que as identifiquem e possibilitem a comunicação entre elas" (Rodrigues, 1975:45). Certamente tal observação também é válida para o mundo antigo grego. Platão, ao refletir acerca da formação do cidadão, enfatiza que *"a boa educação se revela na capacidade de proporcionar ao corpo – sómata – e à alma – psikhás – toda a beleza – kállista – e excelências possí-*

veis..." (Platão. *Leis*. VII, 788c-d. Ver: Aristóteles. *Política*. VIII, 1336 a, 3-5). Aristóteles argumenta tal necessidade afirmando que a negligência das *póleis* a respeito da *paideía* é nociva aos governos – *tàs politeías* (Aristóteles. *Política*. VIII, 1337 a, 1-4).

São basicamente quatro as áreas que constituem a *paideía*[4] ateniense: gramática – *grámmata* –, ginástica – *gymnastikèn* –, música – *mousikèn* – e desenho[5] – *graphikèn* (Aristóteles. *Política*. VIII, 1337 b, 24-27). A prática da ginástica e a música apareciam constantemente associadas, isto porque "eram ingredientes reconhecidos pela *pólis* para a formação do cidadão como modelo de homem" (Cambiano, 1994:93). Platão associa a música ao benefício da alma e a ginástica ao corpo, subdividindo esta última em dança e luta (Platão. *Leis*. VII, 795 d-e). Já Aristóteles, além de enfatizar a importância do aprendizado da música na formação do cidadão, chama a atenção para o fato de que este estudo "... não deve constituir um obstáculo às atividades subseqüentes, nem amesquinhar o corpo ou inutilizá-lo para as ocupações marciais e cívicas do cidadão,..." (Aristóteles. *Política*. VIII, 1341 a, 6-9).

Já a ginástica, que entre os helenos era um verdadeiro sistema de educação (Coulet, 1996:80), era entendida sempre como uma prática que contribuía para a *andreía* do cidadão (Aristóteles. *Política*. VIII, 1337 b, 28). Assim como os concursos musicais, as competições de ginástica funcionavam também como demonstração, perante os cidadãos adultos, das capacidades adquiridas pelos jovens. Certamente era um momento em que os jovens experimentavam a sensação de se sentirem *isoí*. Nos jogos os concorrentes pertenciam a todos os grupos sociais, embora o desporto não se constituísse em um componente habitual das atividades de todos os jovens (Cambiano, 1994:89).

O treinamento físico era, em Atenas, supervisionado por um *paidotribés*[6] que era responsável pela instrução do jovem nas modalidades esportivas, como corrida, salto em distância, lançamento de dardo e disco, luta livre, etc. A educação recebida pelos jovens atenienses era, segundo V. Vanoyeke, mais esportiva que intelectual (Vanoyeke, 1992:36). Fazer com que os jovens aprendessem os valores viris de forma que eles se tornassem homens, em sua total masculinidade, também era de responsabilidade do *paidotribés* (Reis, 2002:49). Platão, no *Protagorás*, afirma que "... enviamos [os jovens] aos mestres de ginástica, com o objetivo de que, tendo o corpo são e robusto, possam executar melhor as ordens de um espírito varonil e são, e que a debilidade de seu temperamento não os obrigue a recusar a servir a sua *koinonía*,..." (Platão. *Protagorás*, 144). A prática dos exercícios físicos permitia aos jovens a obtenção de um corpo em forma, para que este não ficasse sujeito à fraqueza, o que poderia fazê-lo possuir características femininas, como a covardia, a não-virilidade, etc. (Reis, 2002:48). Bourdieu ressalta que a virilidade, em seu aspecto ético, isto é, enquanto questão de honra, mantém-se indissociável da virilidade física (Bourdieu, 2002:20). Assim sendo, os exercícios físicos para os helenos além de terem sido um meio de conservar a saúde ou de obtê-la, se constituíam no melhor meio para enrijecer os corpos (Vanoyeke, 1992:14-15). Semelhante posição também é defendida por C. Coulet quando diz que a ginástica não era praticada unicamente para fins de competição, mas como um exercício cotidiano que permitia o desenvolvimento corporal (Coulet, 1996:80). Inclusive, ser viril nos esportes, significa ser competitivo, bem-sucedido, dominador, ter um fim como objetivo e ser fisicamente forte (Sabo, 2002:39).

Os espaços por excelência para tal prática eram os ginásios e as *palaístrai* (Jones, 1997:177). Os dois termos não eram sinônimos, porém constituíam um só complexo; podendo ser o ginásio o conjunto formado pela reunião da palestra, campo de exercício cercado de edificações diversas, e do estádio, pista para corrida a pé (Marrou, 1990: 202-203).

Os ginásios, a partir do século VI a.C., se tornaram junto com os teatros os edifícios típicos das *póleis*. C. Coulet defende a hipótese de que o ginásio era um espaço de comunicação na *pólis*, um lugar de encontro, de atividades comuns e de cultura; tendo se tornado no século V a.C. um lugar onde foram difundidas novas idéias, inclusive as vinculadas ao movimento sofista (Coulet, 1996:82). Por volta dos 12 anos de idade, os jovens, orientados pelo *paidotribés*, executavam todos os exercícios de ginástica; treinando nus, ungidos de óleo[7] e com acompanhamento musical. Desta forma existia todo um ritual que acompanhava a ginástica (Vanoyeke, 1992:35). Além da prática da ginástica, os ginásios representavam um espaço onde a vida sexual dos jovens começava a se desenvolver (Cambiano, 1994:90). O ritual em torno das relações estabelecidas entre um *erômenos* e um *erastés* tinha seu início muitas vezes vinculado ao espaço social dos ginásios (Reis, 2002:48-51). Inclusive para Bremmer o atletismo e a pederastia passam a ser uma das principais áreas nas quais o espírito competitivo dos *áristhoi* podiam se realizar (Bremmer, 1995:143). Para além dos jovens, a freqüência aos ginásios também se dava por cidadãos adultos e *bem-nascidos*; isto é, aqueles que dispunham de tempo livre – *scholé* – para tal prática. Nos ginásios, os cidadãos adultos tinham a oportunidade de verem os jovens treinando e de conversarem com eles para provocarem o seu interesse (Cambiano, 1994:90). Porém, "no ginásio, ensinava-se como usar o corpo de forma que ele pudesse desejar e ser desejado com honra" (Sennett, 1997:42).

O convívio nos ginásios permitia também a constituição de relações de amizade. Concordamos com David Konstan de que a amizade é um entre os diversos relacionamentos que associam o indivíduo à sociedade *políade*, e que atuam no sentido de definir o mundo social da *pólis* (Konstan, 1997:92). Vernant enfatiza que a amizade liga e rege os espaços público e privado, pois a cada indivíduo cabe um círculo pessoal de amigos e este círculo constitui uma comunidade que pode ser entendido como uma imagem reduzida da *pólis* (Vernant, 2001:27).

Plutarco ressalta que a amizade exige três fatores: a virtude – *areté* –, a intimidade – *synétheia* – e a utilidade – *chreía*, que ao mesmo tempo pode significar relações ou desejos (Plutarco. *Obras Morais. Da pluralidade dos amigos,* 3.94b). Já os especialistas contemporâneos vêem a amizade como sendo sustentada por três bases: 1- a lealdade, 2- a confiança, 3- a reciprocidade, que não implica um imediatismo (Giner, 1996:30 e 52), mas que pressupõe um código de fidelidade pessoal (Herman, 1987: passim). Vernant acrescenta a igualdade como fundamental nas relações de amizade; isto porque, "quando se é amigo, mesmo se existir discordância ou rivalidade, é-se igual" (Vernant, 2001:28).

O termo ginásio deriva do grego *gumnoi,* que significa *totalmente* desnudo (Sennett, 1997:41). A nudez dos corpos entre os gregos antigos tinha significados específicos. Além de se distinguir os fortes dos vulneráveis, o corpo desnudo dos helenos evidenciava quem era civilizado. O atleta grego em qualquer idade se exercitava completamente despido, demarcando sua alteridade ante o *bárbaro* (Marrou, 1990:200). "A nudez simbolizava um povo inteiramente à vontade na sua *pólis*, expostos e felizes, ao contrário dos bárbaros, que vagavam sem objetivo e sem a proteção da pedra" (Sennett, 1997: 31). R. Sennet associa a nudez à forma de governo democrática adotada pelos atenienses, evidenciando que esta forma de governo dava à liberdade de pensamento a mesma ênfase atribuída à nudez, isto porque, o ato de se exibir confirmava a sua dignidade de cidadão, reforçando os laços cívicos (Sennett, 1997:30).

A prática esportiva nas suas diferentes modalidades permitia a interação dos diversos grupos de homens/cidadãos no interior da sociedade *políade*, explicitando suas alteridades: helenos e bárbaros, vencedores e derrotados, ricos e pobres, e também a própria heterogeneidade que caracterizava esses grupos. Para além da vitória, as competições esportivas entre os gregos antigos nos remetem à noção do *belo.* Segundo Platão, "... belos são todos os gestos próprios para dar expressão à virtude da alma ou à do corpo ou a qualquer de suas imagens,..." (Platão. *Leis*. II, 655 b).

Na convivência nos ginásios, os atenienses aprendiam que o corpo era parte de uma coletividade maior, a *pólis*, e que pertencia à *koinonía* (Sennett, 1997:42). O corpo se tornava um dos elementos de integração dos *isoí* na *pólis*; marcando sua identidade como cidadão. Não nos resta dúvidas de que o corpo humano é socialmente concebido e que a análise da sua representação social nos fornece uma das possíveis vias para a compreensão da sociedade em seu conjunto. O corpo possibilita o enraizamento dos seres humanos no mundo comunitário, se remetendo a si próprio e aos outros corpos ao mesmo tempo, sendo essencialmente no plural (Rodrigues, 1975:44; Rodrigues, 1999:179 e 191), assim como a própria *pólis*.

Era através da música, da dança, das competições esportivas, dos rituais cívicos, dos combates, da comensalidade, das trocas simbólicas, dos mitos, da arte e etc., que os gregos antigos – e por que não nós mesmos – davam aos corpos um *existir humano*. Os corpos como um complexo de símbolos não vivem simplesmente; eles convivem, interagem (Rodrigues, 1999:192). Eles revelam a própria dinâmica da forma de organização política e cultural inventada pelos helenos: a *pólis*.

Notas

* Professor Doutor (História Antiga), LHIA/PPGHC/ IFCS/UFRJ

[1] Carmem Silva Rial define esporte como uma prática que "proporciona a descarga de energia libidinal constrangida por um processo civilizatório, é uma atividade substitutiva para a guerra, diverte, dá prazer, ensina obediência a regras, fortalece e disciplina o corpo, serve para construir identidades pessoais, locais ou nacionais, etc." (Rial, 1998:242).

[2] No que se refere à Antigüidade Clássica, Lin Foxhall e John Salmon podem ser apontados como referências para os estudos acerca do gênero masculino. Esses dois especialistas publicaram como editores e em parceria duas obras sobre o gênero masculino na Antigüidade: *When Men Were Men: Masulinity, Power & Identity in Classical Antiquity* e *Thinking Men: Masculinity and its Self-Representation in the Classical Tradition*, ambas em 1998.

[3] José Carlos Rodrigues define cultura como um mapa que orienta o comportamento dos indivíduos em sua vida social (Rodrigues, 1975:11).

[4] As implicações acerca do conceito de *paideía* são complexas e não serão discutidas nesta comunicação. Sempre que necessário, traduziremos *paidéia* como educação, mas tendo sempre em mente que os gregos não conheceram nada parecido com o conceito contemporâneo de educação. Peter Jones destaca que em Atenas o "ensino" era uma assunto particular, combinado e pago pelos pais e que estes não eram obrigados a proporcionar uma educação formal a seus filhos (Jones, 1997:174; Cambiano, 1994:88).

[5] De acordo com Aristóteles, o estudo do desenho leva o homem a prestar maior atenção à beleza corporal (Aristóteles. *Política*. VIII, 1338 b, 41-44).

[6] Segundo Marrou, "... era este muito mais que um monitor de ginástica: um verdadeiro educador que, à sua competência esportiva, devia reunir profundo conhecimento das leis da higiene e de tudo o que a ciência médica grega elaborava quanto a observações e prescrições relativas ao desenvolvimento do corpo, os efeitos dos diversos exercícios, os regimes convenientes aos diversos temperamentos" (Marrou, 1990:196).

[7] Talvez a prática mais característica da ginástica grega seja a das fricções com unção de azeite (Marrou, 1990:200).

BIBLIOGRAFIA

1. Documentação:

ARISTOTLE. *Polítics*. Trad. H. Rackham. Cambridge: The Loeb Classical Library, 1990.

PLATO. *The Laws*. Trad. R.G. Bury. London: William Heinemann, 2 vols., 1984.

PLATON. "Protagoras". In: *Oeuvres Complètes*. Paris: Les Belles Lettres, 5ª. Ed., 1951.

PLUTARQUE. *Oeuvres Morales*. Paris: Belles Lettres, 1989.

2. Bibliografia:

BOURDIEU, P. *A Dominação Masculina*. Rio de Janeiro: Bertrand Brasil, 2002.

BREMMER, J. "Pederastia Grega e Homossexualismo Moderno". In: *De Safo a Sade: Momentos da história da Sexualidade*. Campinas: Papirus, 1995.

CAMBIANO, G. "Tornar-se Homem". IN: VERNANT, J.P. (dir.). *O Homem Grego*. Lisboa: Presença, 1994.

COULET, C. *Communiquer em Grèce Ancienne*. Paris: Les Belles Lettres, 1996.

GINER, J.C. *La Amistad: Perspectiva Antropológica*. Barcelona: Icaria, 1996.

GOLDEN, M. *Sport and Society in Ancient Greece*. Cambridge: Cambridge University Press, 1998.

HERMAN, G. *Ritualised Friendship and the Greek City*. Cambridge: Cambridge University Press, 1989.

JONES, P.V. *O Mundo de Atenas*. São Paulo: Martins Fontes, 1997.

KONSTAN, D. *Friendship in the Classical World*. Cambridge: Cambridge University Press, 1997.

LISBÔA, M.R. A. "Masculinidade: as críticas ao modelo dominante e seus impasses". IN: PEDRO, J.M. & GROSSI, M.P. (org). *Masulino, Feminino, Plural: gênero na interdisciplinaridade*. Florianópolis: Editora Mulheres, 1998.

MARROU, H-I. *História da Educação na Antigüidade*. São Paulo: EPU, 1990.

NEILS, J. *Goddess and Pólis: The Panathenaic Festival in Ancient Athens*. New Jersey: Princeton University Press, 1992.

PORTER, R. "História do Corpo". IN: BURKE, P. (org.). *A Escrita da História: novas perspectivas*. São Paulo: UNESP, 1992.

REIS, R.C.L. *Erastés, erómenos e os aristocratas atenienses*. Rio de Janeiro: PPGHIS, 2002 (Dissertação de Mestrado).

RIAL, C.S.M. "Rúgbi e judô: esporte e masculinidade". IN: PEDRO, J.M. & GROSSI, M.P. (org). *Masulino, Feminino, Plural: gênero na interdisciplinaridade*. Florianópolis: Editora Mulheres, 1998.

RODRIGUES, J.C. *Tabu do Corpo*. Rio de Janeiro: Achiamé, 1975.

_______________. *O Corpo na História*. Rio de Janeiro: Editora Fiocruz, 1999.

SABO, D. "O Estudo Crítico das Masculinidades". IN: ADELMAN, M. & SILVESTRIN, C.B. *Coletânea Gênero Plural*. Curitiba: Ed. UFPR, 2002.

SCOTT, J. "Prefácio a Gender and Politics of History". IN: *Cadernos Pagu: desacordos, desamores e diferenças*. Campinas: PAGU/UNICAMP, 1994, v. 3.

SENNETT, R. *Carne e Pedra*. Rio de Janeiro/São Paulo: Record, 1997.

VANOYEKE, V. *La Naissance des Jeus Olympiques e le Sport dans l'Antiquité*. Paris: Les Belles Lettres, 1992.

VERNANT, J-P. *Entre Mito & Política*. São Paulo: EDUSP, 2001.

AS REPRESENTAÇÕES DOS *AGÔNES* MUSICAIS NA PINTURA DOS VASOS ÁTICOS: OS ATRIBUTOS ICONOGRÁFICOS, OS INSTRUMENTOS MUSICAIS, AS VESTIMENTAS, A IDADE, O GÊNERO E O CORPO DOS MÚSICOS

Fábio Vergara[1]

Histórico dos *agônes* musicais

Na primeira metade do séc. VI, ocorreu uma importante reformulação das grandes festividades com vocação pan-helênica, iniciando pelos Jogos Píticos, em Delfos, em 586, com a instituição de jogos regulares. Em 581, a mesma regulamentação chegou aos Jogos Ístmicos, em 573, aos Nemésios, e, finalmente, em 566, às Panatenéias em Atenas, sob o arcontado de Hippokleides. A reorganização dos Jogos Píticos inclui o estímulo às manifestações musicais, com a efetivação da *kitharoidía*, que já era realizada nas homenagens a Apolo, e o acréscimo da *aúlesis* e da *auloidía*, a qual foi retirada quatro anos depois, apesar do sucesso do *auloidós* Echembrotos, por ser considerada muito triste. Em 558, foi introduzida a *psillis kithárisis*, o solo instrumental para *kithára*.[2]

A reforma das Panatenéias atenienses, em 566, consistiu, a princípio, na regularização de disputas atléticas como forma de homenagear a deusa Atena. Não há nenhum registro escrito que nos garanta, peremptoriamente, que tenham sido introduzidos *agônes* musicais, durante a tirania, como provas oficiais dessa festividade, que em sua origem consistia apenas na oferenda do *peplos* à divindade. Heródoto, no entanto, afirma que uma particularidade da política cultural de Pisístrato foi a introdução das recitações homéricas, ausentes em Delfos e Olímpia.[3] A cerâmica ática do terceiro quartel do séc. VI apresenta, no entanto, provas muito consistentes para a realização de certames musicais durante as Panatenéias. Durante os quinze anos de governo dos filhos de Pisístrato, Hiparco dedicou-se a criar em Atenas um corte ilustrada, aos moldes daquela existente na Samos de Polícrates que tanta projeção alcançara na geopolítica do Mediterrâneo e Oriente Próximo ao longo de muitas décadas do séc. VI. Os tiranos tinham consciência da importância de uma política cultural bem dirigida, como forma de firmar sua hegemonia, baseados no demos urbano, contra a aristocracia tradicional que lhes fazia oposição. Convidou poetas e músicos famosos, como Anacreonte e Simônides, para se estabelecerem em Atenas.

Nesse momento, o gosto pela música parece ter se destacado entre os atenienses, fator que deve ter valorizado e engrandecido os *agônes* musicais, como registra o grande volume de material iconográfico remanescente do governo dos Pisistrátidas.[4]

O fortalecimento dos *agônes* musicais durante os grandes festivais revela de uma política cultural bem dirigida, baseada no princípio de que essas apresentações musicais constituíam uma das formas mais piedosas de se louvar uma divindade, uma vez que a música, acreditava-se, "toca de perto os deuses", já que, sendo uma expressão da harmonia cósmica, como propugnavam os pitagóricos e mais Platão, constituía ela mesma uma obra divina. Nessa medida, o músico que realizava uma performance no interior de um santuário, diante de um templo, durante uma grande festa em homenagem de alguma divindade, era visto quase como um sacerdote, como uma figura sagrada, de modo que uma agressão a um músico, durante esses concursos, era tida como ofensa à divindade, como foi o caso de um músico assassinado numa cidade da Grécia oriental, durante um concurso realizado em honra de Hera, que sentiu-se pessoalmente ofendida com esse ato, conforme relata o texto antigo.[5]

Assim, a reorganização dos festivais, com a valorização dos *agônes* musicais, possui um caráter muito particular, pois combina o contexto de religiosidade com o desenvolvimento das formas mais eruditas de apresentação musical.

A iconografia dos vasos áticos permite-nos acompanhar, em Atenas, (*i*) o desenvolvimento da música culta, (*ii*) a relação da arte musical com a divindade e (*iii*) o tratamento iconográfico dado ao músico.

Interpretação iconográfica dos *agônes* musicais

A sistematização dos dados revelados pela série icononográfica do *agón* musical permitiu-nos avaliar os seguintes aspectos:

a) As modalidades de música erudita praticadas nos concursos atenienses.

b) As formas de vaso associadas a essa série iconográfica.

c) Os instrumentos musicais utilizados.

d) A relação desses com a faixa etária dos músicos.

e) Os atributos de contextualização da cena e as atitudes e atos canônicos dos músicos.

f) A presença da Nike, implicando uma idealização da abordagem conferida ao concurso musical.

Os grandes concursos musicais e os concursos escolares

O material iconográfico referente ao *agón* musical foi subdividido entre duas subséries: (*i*) *agón* realizado durante os grandes festivais públicos com provas musicais (em Atenas, as Panatenéias, e, em Delfos, os Jogos Píticos) e (2) o *agón* escolar.

A identificação do *agón* escolar nem sempre é segura. Em muitos casos, no entanto, não nos deixa muita margem para incertezas, baseados nos tipos de personagens, na indumentária, na idade dos músicos, nos instrumentos utilizados e na relação com a cena do lado oposto do vaso. Sabemos da realização oficial de *agônes* musicais, nas escolas, porventura das Apatúrias e das Teséias.[6] No que respeita ao período helenístico, dispomos de inscrições que revelam a existência de detalhados catálogos agonísticos escolares, além de elogios a magistrados que os instituíram, o que era considerado muito proveitoso para completar a educação dos jovens e estimular o espírito agonístico. Esses dados, porém, retratam uma realidade do séc. II a.C., das *póleis* de Cos, Priene e Pérgamo. A iconografia, como veremos, dá mais solidez ao solitário testemunho de Platão, indicando a instituição de concursos musicais escolares esporádicos, em Atenas, desde o século VI, que se tornam mais freqüentes na segunda metade do séc. V.[7]

Essas duas subdivisões são, por sua vez, subdivididas entre cenas com ou sem alegoria, denotando a diferença entre um tratamento mais realista ou mais idealizado.

No que se refere à forma dos vasos utilizados como suporte à representação do *agón*, percebemos um amplo predomínio das ânforas que representam 36% do total de cenas inventariadas, seguidas de perto pelas *kýlikes*, correspondendo a 16%. Esses números precisam ser nuançados, pois revelam significativas diferenças históricas.

A preponderância da ânfora não é averiguada no conjunto da série iconográfica: ela corresponde a 51% das cenas de concursos realizados por ventura dos grandes festivais, principalmente as Panatenéias, mas equivalem a apenas 14% das cenas de *agón* escolar; no que se refere à *kýlix*, ocorre a situação inversa, correspondendo a 0,5% das cenas de grandes concursos e a 48% dos concursos escolares. Do mesmo modo, as crateras, com discreta participação de 10% nas cenas de grandes concursos musicais, sobe para 24% nas cenas de *agón* escolar.

O caso da ânfora panatenaica é ainda mais revelador. Devemos lembrar que essa forma especial de ânfora, de grandes proporções, constituía o prêmio conferido aos atletas vencedores nas Panatenéias; no seu interior, armazenava-se o azeite de oliva produzido a partir das oliveiras sagradas pertencentes à deusa, o qual podia ser comercializado com grande valor comercial. Os músicos, no entanto, eram condecorados com *stéphanoi* e com moeda em metal precioso, sobretudo os muito bem remunerados *kitharoidói*.[8]

Entre os vasos que serviam de suporte para iconografia do *agón* musical, encontram-se alguns poucos exemplares de ânforas panatenaicas verdadeiras, conferidas excepcionalmente a músicos, e um certo número de imitações de ânforas panatenaicas, incluindo várias miniaturas. Nas cenas dos *agônes* realizados nas grandes festividades públicas, compreendem 19% do total; nas cenas de *agón* escolar, não existe um único exemplo de ânforas panatenaicas.

Essas diferenças correspondem a duas ordens de realidade. Em primeiro lugar, o recorte cronológico: as cenas sobre ânforas representando os grandes *agônes* predominam sobre as figuras negras, até o primeiro quartel do séc. V, apesar de perdurarem regularmente até o fim desse século, sobre os vasos de figuras vermelhas do Grupo de Polygnotos e de pintores do fim do século, ligados principalmente ao Pintor de Meidias. No caso das *kýlikes*, ocorre uma absoluta concentração do uso dessa forma nos vasos com cenas de *agón* escolar, com 11 exemplos, contra um único vaso com uma possível cena de grande concurso musical: o músico toca *kithára* entre dois personagens com características mais de comastas do que de público de apresentação musical – afora a indumentária de músico profissional, a cena não parece retratar um *agón* musical.

Em segundo lugar, a relação entre a forma e o conteúdo traduz uma realidade social: as ânforas, somadas às *pelíkai*, totalizam 61% das representações dos grandes *agônes*, porque essa forma se vincula diretamente às ânforas panatenaicas premiadas aos atletas nas Panatenéias. A forma reforça inclusive a hipótese, defendida por Konrad Schauenburg: as cenas de *kitharoidoí* entre colunas encimadas por galos devem ser interpretadas como referências aos concursos musicais realizados durante as Panatenéias, haja vista repetir o modelo de representação de Atena Promachos existente sobre todas as ânforas panatenaicas, mostrando a deusa, paramentada como guerreira, entre duas colunas, encimadas normalmente por corujas, com a inscrição ao canto identificando o vaso como prêmio a um vencedor em prova atlética das Panatenéias, a qual é indicada na outra face do vaso. Como prova cabal, lembra uma ânfora conservada em Berlim, que mostra, de um lado, Atena, entre duas colunas encimadas por galos, tocando *kithára*, diante de um altar, e, do outro lado, um músico, com *khitón* poderes de *kitharoidós* profissional, tocando *kithára* diante de um altar, também entre colunas encimadas por galos.[9]

Nesse sentido, o registro iconográfico traz uma grande contribuição ao conhecimento dos concursos musicais da principal comemoração da *pólis* ateniense – as Panatenéias, rivalizadas em popularidade somente pelas Grandes Dionisíacas –, pois as referências literárias informam da existência desses concursos tão-somente a partir de 446 a.C., quando Péricles, conforme Plutarco, fez erigir um Odeon em Atenas. Essas referências recebem um detalhamento mais minucioso nos dados revelados por uma inscrição do início do séc. IV, regulamentando as modalidades e prêmios das Panatenéias, numa provável reorganização desses jogos após as crises institucionais resultantes dos últimos anos da Guerra do Peloponeso e dos golpes oligárquicos do final do século V.[10]

O uso das *kýlikes* como suporte preferencial do *agón* escolar guarda também uma realidade social. A educação escolar era um dos pilares do universo masculino do grupo dos cidadãos atenienses; não somente a escola era um preparo para o exercício da cidadania, para a capacitação do corpo às atividades militares e para a destreza musical nos instrumentos que os divertiam durante os banquetes, como as próprias palestras e ginásios constituíam, eles mesmos, espaço de lazer para adultos e jovens, oportunizando relações amorosas pederásticas entre eles. Ora, a *kýlix*, e em segundo lugar a cratera, são os vasos mais associados à iconografia masculina da festa (o *sympósion* e o *kômos*); além disso, a *kýlix* constituía a forma de vaso preferencial nas cenas de educação. A opção da *kýlix* para trazer imagens do *agón* escolar liga-se à inserção dele nesse universo masculino, como comprova inclusive a eventual presença de erastas nessas cenas – afinal, os principais compradores potencias dessas *kýlikes* eram esses homens livres, da elite ateniense, que os utilizavam durante os banquetes, e tinham um filho freqüentando a escola ou eles mesmos se recordavam com saudades de seus bons tempos de juventude na escola.

Interpretação social e cultural da seqüência cronológica da iconografia dos concursos musicais nos vasos áticos, enfocando a tipologia dos instrumentos musicais, o contexto e os gêneros das competições e a questão etária

Baseados na análise do conjunto dos vasos inventariados da série referente aos *agônes* musicais, percebemos que os primeiros exemplos datam de poucos anos depois das reformas das Panatenéias em 566, quando foram aprofundadas por Hippokleides as regulamentações de récitas homéricas que teriam sido inicialmente introduzidas por Sólon.[11] Encontramos uma cena de aulética pouco anterior à metade do séc. VI (cat. 460), e um bom número de vasos datados da década 550-40. O interesse dos pintores pela temática dos concursos musicais aumentou na mesma medida em que a tirania ateniense implementava uma política cultural visando à sua sustentação no demos urbano, estimulando o culto à deusa Atena, veiculada também como protetora do artesanato, enquanto a elite oposta a Pisístrato encontrava refúgio no santuário apolíneo de Delfos. O interesse desses pintores pela temática, enquanto membros de demos urbano, pode se inserir dentro de uma política cultural mais ampla dirigida pelos Pisistrátidas.[12]

De um exemplar de *agón* musical no segundo quartel do séc. VI, salta para 13 no terceiro e 26 no último quartel desse século. Esse pronunciado crescimento, no fim do século, reflete o grande interesse de Hiparco pela vida cultural, fato comprovado inclusive pelo estabelecimento em Atenas de poetas de renome como Anacreonte e Simônides, que vieram para Atenas na segunda metade dos anos 20.[13]

No primeiro quartel do séc. V, constatamos um pequeno declínio do número de vasos retratando o *agón* musical, baixando de 26 para 21. Essa relativa queda reflete com certeza a desestruturação dos festivais no período do entre-guerra, somando-se a isso a possível influência de Temístocles, conhecido por um certo desprezo pela arte musical.[14]

Essa diminuição acentua-se sensivelmente no segundo quartel do séc. V, época em que a cidade de Atenas estava se reestruturando militar, econômica e politicamente. Trata-se de um período de reacomodação de forças políticas, como exemplificam as reformas antiaristocráticas de Efialtes, de fortalecimento militar por meio do estabelecimento de Liga de Delos, e de recrudescimento do poder público da constituição democrática, como atesta a instituição dos funerais público. Nesse contexto, é possível que os *agônes* musicais fossem ideologicamente conectados à antiga ordem pisistrátida, motivo pelo qual sofrem essa sensível diminuição, sobretudo no que respeita à arte do *aulós*, que cai de nove exemplos no primeiro quartel do séc. V, para um único exemplo no segundo quartel – essa drástica diminuição parece concordar com o testemunho de Aristóteles, segundo o qual, poucos anos após as Guerras Pérsicas, os atenienses teriam se percebido que o *aulós* era inadequado para a sua cultura, sendo tachado como mais apropriado aos tebanos, rotulados pela população ática como gente de pouca inteligência.[15] Nas décadas subseqüentes, a arte do *aulós* permaneceu relegada a um segundo plano nos concursos musicais atenienses, conforme retrata a iconografia que revela uma razão de 17 cenas de citaródia contra apenas quatro da arte do *aulós*. Não foi porém abandonada, revelando a preocupação de Péricles em manter o *aulós* no programa oficial das Panatenéias.[16]

Na verdade, apesar do registro mais antigo da aulética remontar aos anos 560-50, e portanto anterior aos exemplos de citaródia ou citarística, percebemos, ao longo de todo o período estudado, uma sensível preferência em Atenas pela arte da *kithára*, diferentemente de Delfos, onde a aulética desfrutava de enorme prestígio, com o *Pythikós aúlema*. É possível que uma certa influência tebana se fizesse sentir na administração do santuário de Apolo, dada a proximidade entre Delfos e Tebas – influência que se traduziria no gosto pelo *aulós*, tão apreciado pelos beócios.

Na segunda metade do séc. VI, a relação mantém uma média de 2:1 favoravelmente aos instrumentos de corda. No primeiro quartel do séc. V, confirmando a interpretação histórica de Aristóteles, ocorre uma significativa proximidade entre o *aulós* e a *kithára*, com uma sutil vantagem de 4:3 em favor da *kithára*. A profunda alteração ocorre na segunda metade do séc. V, quando evidenciamos uma relação de 13:1 em prol da citaródia ou citarística, traduzindo um profundo descrédito no gosto ateniense em face do *aulós*. Isso evidencia que as críticas do jovem Alcibíades a esse instrumento, proferidas na sua infância ou juventude, em torno de 440, tratavam-se não de uma excentricidade de um jovem que, segundo alguns autores modernos, teria influenciado os atenienses no desapreço ao *aulós* – ele estaria, outrossim, sob influência de uma tendência "anti-*aulós*", que se desenvolvia desde os anos subseqüentes às Guerras do Peloponeso, a qual pode na verdade ser pré-datável aos primeiros anos do séc. V, quando Prátinas advertia dos excessos do *aulós* no ditirambo.[17]

A grande desvantagem do *aulós* na segunda metade do séc. V, numa razão de 4:1, deve ser ambientada no ensino, contexto em que os mitos referentes ao conflito musical entre Apolo e Mársias se tornavam populares, estabelecendo uma divisão de opiniões, a qual pode ser constatada ao longo de toda Antigüidade: de um lado, aqueles que advogam a superioridade da *kithára* e da *lýra*, delatando o caráter orgiástico, malemolente e temulento do *aulós*; de outro, os que preconizam os méritos estéticos do *aulós*, aos quais se agregam suas qualidades mágico-místicas e apotropaicas.

No que respeita aos instrumentos musicais, o *aulós* é o único instrumento de sopro documentado; quanto aos cordófonos, identificamos, porém, uma certa diversidade, havendo registro do uso da *lýra*, da *kithára*, bem como de variações da *phórminx* e de uma forma muito particular de *kithára*, denominada pelos autores modernos "cítara de Tamíris".[18]

O uso da *lýra* está registrado em duas situações bastante distintas. Aparece nas representações mais antigas do *agón* citaródico: predomina no terceiro quartel do séc. VI, numa razão de 5:2 de vantagem sobre a *kithára*. Já no último quartel do séc. VI, ocorre uma notável inversão, ocorrendo o predomínio da *kithára* sobre a *lýra* numa razão de 13:1. Esses números documentam o processo de afirmação da *kithára* como instrumento profissional e virtuosístico na Ática; a *lýra*, sendo afastada progressivamente do contexto dos grandes recitais públicos, tornou-se a protagonista do processo de educação musical conferido aos jovens atenienses a partir da época da corte de Hípias, como registra a *hydría* de Phintias, conservada em Munique (cat. 1). Seguramente, as renovações musicais introduzidas em Delfos ressoavam em Atenas poucos anos depois – nessa época, tornou-se muito popular, nos Jogos Píticos, a performance da *psillis kithárisis*, constituindo um solo instrumental de grande virtuosismo, que possibilitava a execução do *Pythikós nómos*, com todos os recursos técnicos necessários à produção dos efeitos sonoros demandados para essa peça de resistência do repertório citarístico. A popularização da *kithára* em Atenas ocorreu bem mais tarde do que em outras cidades da Argólida, onde a arte da *kithára* projetou as cidades de Sícion no séc. VII. Conforme estudo de Ghislaine Vandensteendam, entre os séculos VII e VI, provêm de Sícion seis grandes citaredos que se notabilizaram nos concursos da época.[19]

O avanço do virtuosismo e a proliferação dos grandes concertistas de carreira, inspirados nos relatos lendários dos antigos citaredos lesbianos Terpandro e Arion, os quais ambicionavam a condição de *periodoníkes*, trouxeram consigo a disseminação da *kithára* como a grande estrela dos *agônes* realizados nas Panatenéias, substituindo no gosto ateniense a preferência que se mantinha, até o terceiro quartel do séc. VI, pela música do *aulós* e sobretudo da tradicional *lýra*. Se considerarmos as atribuições de etnicidade que os gregos antigos conferiam aos instrumentos e formas musicais, a disseminação da *kithára*, também denominada *Asia*, em detrimento da *lýra*, tida como instrumento autóctone e nacional (apesar de sabermos de sua origem igualmente asiática), revela uma abertura ao elemento cultural estrangeiro, característica do século VI e das tiranias, as quais estimulavam a vinda de estrangeiros como forma de fortalecer o demos urbano e, assim, contrabalançar a influência da elite terratenente.

A segunda situação em que a *lýra* se destaca é como instrumento preferido nos *agônes* escolares. Do total de cenas com *agón* escolar representadas após as Guerras Pérsicas, entre 480-400, a *lýra* é amplamente preferida em relação à *kithára*, numa razão de 13:2. Isto é absolutamente previsível, dada a condição da *lýra* como instrumento escolar.

A *kithára*, como afirmamos acima, passou a ocupar, ao longo da segunda metade do séc. VI, o lugar do instrumento de concerto por excelência. Dado o aprimoramento organológico de seus recursos técnicos, desde a introdução do solo instrumental para *kithára* em Delfos, em 558 a.C., quando Agelaos de Tegéia foi coroado vencedor[20], a *kithára* possibilitou o desenvolvimento do virtuosismo, com destaque às notáveis inovações de Lisandro de Sícion, um *psilokitharistés* que devia fazer uso dos harmônicos, recurso identificado segundo Andrew Barker pelo termo *syrigmos*, por meio do que conseguia fazer a *kithára* soar como *aulós* (*tèn énaulon kithárisin*).[21]

Os vasos áticos são uma prova da projeção social que a arte da *kithára* passou a usufruir. No último quartel do séc. VI, como dissemos, temos um exemplo de *lýra* para 13 de *kithára*. A partir de então, até o final do séc. V, não encontramos nenhum exemplo de uma prova dos grandes *agônes* musicais com a *lýra*. O único instrumento encontrado é a *kithára*, salvo as cenas com atributos de concurso escolar, que se tornou muito comum na segunda metade do séc. V.

Num vaso do Pintor de Goluchow (cat. 403), datado dos anos 525-20, encontramos o único exemplo de uma récita de *phórminx*. A particularidade desse vaso é a discussão suscitada pelo gênero de quem toca a *phórminx*. Segundo Beazley, um citaredo; para Lullies, trata-se de uma musicista.[22] Um jovem imberbe? Ou uma moça, como sugere o desenho da vestimenta na altura do peito? Uma musicista ateniense, inspirada na famosa Safo? A princípio, a associação entre a *phórminx* e o gênero feminino é bastante plausível, pois se tornou bastante comum no séc. V. Por outro lado, uma mulher, num concurso parece bastante improvável. Afora as informações sobre a participação de Corinna num concurso tebano, rivalizando com Píndaro[23], dispomos de poucas referências à possibilidade da atuação feminina em concursos. Há que se observar que a roupa da musicista difere daquela usada pelos músicos (*khitón* e *khlaína*), podendo ser comparável com o *leukopéplos* usado por Corinna[24] – sem dúvida nenhuma, constitui uma forma especial de indumentária, pertinente a um músico ou musicista profissional. Um modelo ateniense para a musicista tebana Myrtis, nascida nos mesmos anos em que este vaso foi pintado?[25]

Annie Bélis analisa a questão da participação de mulheres nos concursos, apontando a existência de documentos epigráficos que testemunham a atuação de mulheres nos concursos. Isso constituía uma exceção, tratando-se, provavelmente, de meninas, não sendo interditado que mulheres casadas atuassem como musicistas em público. No entanto, a documentação epigráfica não testemunha esse costume para período anterior ao séc. II a. C.[26] Sabemos da interdição generalizada à participação de mulheres nos *agônes* musicais, fato evidenciado quando o general fócio Phayllos tentou em vão introduzir sua *auletrís* favorita na celebração dos Jogos Píticos.[27] No entanto, nos *agônes* musicais realizados em Mileto, Heródoto encontrou *auletaí* e *auletrídes* competindo lado a lado.[28] A *pelíke* de Missouri (cat. 475) parece representar uma *auletrís* tocando diante de um juiz, identificado pela vara bifurcada que traz na mão. Desse modo, a *oinochóe* de Goluchov (cat. 403) e a *pelíke* atribuível ao Pintor de Teseu (cat. 474) constituem indicativos iconográficos para pensarmos na eventual participação de mulheres em concursos musicais. A análise da iconografia das mulheres musicistas no gineceu, produzida na segunda metade do séc. V, já nos comprovou que, naquele período, muitas mulheres atenienses bem-nascidas tinham acesso a uma intensa vida intelectual. No caso da *auletrís* protegida do general Phayllos, o fato de ela ser uma cortesã, uma mulher impura, com certeza impediria de atuar em qualquer festival, no qual o ato musical significasse uma das formas mais louváveis de homenagear os deuses, haja vista conhecermos as restrições que o ritual grego impunha aos seus participantes quanto ao critério de pureza.

Na segunda metade do séc. V, a pintura de vasos testemunha uma inovação organológica na *kithára*. Surge uma variação, que parece misturar elementos da *kithára*, da *phórminx* e da *lýra*. Os autores modernos a alcunharam "cítara de Tamíris", em decorrência da associação desse personagem, na pintura de vasos, a essa forma de instrumento.

Os textos do período não indicam nenhum termo que possamos identificar com esse instrumento. Em alguns vasos, ele guarda mais semelhança com a *phórminx* (cat. 442), em outros, parece um híbrido da *lýra* e da *kythára* (cat. 439, 440, 441). Seu registro iconográfico na cerâmica ática situa-se entre os anos 450-40 e os anos 400-390, desaparecendo a partir de então. Mesmo que nenhuma menção literária identifique seu nome, conhecemos as profundas renovações musicais que ocorreram em Atenas na segunda metade do séc. V, sob efeito da chamada 'Nova Música'. A invenção de uma forma mista de instrumento ficaria bastante bem contextualizada.

Há, porém, um dado concreto que deve ser analisado: esse instrumento é sempre tocado por efebos, e principalmente por meninos. Apesar da idade, o contexto não é o de um *agón* escolar: ao invés de simples *himátia* ou da nudez escolar (cat. 443), esses meninos usam trajes de músicos profissionais bastante sofisticados, de onde concluímos que, embora garotos novinhos, já eram lançados numa carreira musical: numa *pelíke* de 440-30 (cat. 439), o jovem citaredo, além do *khitón* plissado com *apóptygma*, veste um *ependýtes* bordado; numa *oinochóe* ligada ao Pintor de Meidias (cat. 440), o menino veste um *khitón* completamente enfeitado com bordados. Essas vestes não costumavam ser usadas por citaredos, integrando a indumentária característica dos *auletaí* que atuavam nos palcos, desde que Ésquilo havia trazido essa introdução, provavelmente adotada por seu filho, que era um *auletés*.[29] A iconografia representa esses tipos de vestes em alguns *auletai* famosos, como em Pronomos. Numa *oinochóe* conservada no Museu da Ágora de Atenas (cat. 441), datada do início do séc. IV, vemos um menino com um instrumento semelhante, com um vestido que não encontramos em nenhum outro músico; o estilista parece ter sido ousado, fazendo o jovem citaredo vestir um *khitón* preso abaixo dos braços, deixando peito e ombros livres, lembrando nosso "tomara-que-caia".

Como dissemos acima, esse instrumento é usado por meninos durante concursos que devem ser identificados com as Panatenéias, como indicam as ânforas representadas na *oinochóe* de Munique (cat. 440).

Percebemos, então, que há uma correspondência desse instrumento com a *lýra*: no mesmo período em que foi produzida a maior série de meninos com *lýra* nos *agônes* musicais, surge em paralelo a série dos meninos ou efebos com "cítara de Tamíris" nas Panatenéias ou outros festivais. O exemplo mais esclarecedor está sobre uma *pelíke* conservada em Plovdiv (cat. 438), descoberta numa tumba, num sítio arqueológico búlgaro. Sobre as duas faces do vaso o Pintor de Epimedes representou o mesmo músico, identificado como Alkimachos. Na face subsidiária, o jovem está vestindo um simples *khitón*, segurando uma *lýra* e sendo coroado por duas Nikes. Trata-se seguramente de alusão aos *agônes* musicais que vencera quando freqüentava a escola, época em que já manifestava seu grande talento musical.

Na outra face do vaso, o mesmo Alkimachos é representado como um *periodoníkes*, gloriosamente acumulando as premiações nos Jogos de Maratona, Jogos Ístmicos, nas Panatenéias e nos Jogos Nemésios. Adequando-se à ocasião dessas grandes festividades e assumindo a postura de um músico profissional, abandonou seu *himátion* simplório e adota um *khitón* com *apóptygma* e *kolpós*, coberto por um manto. Ao mesmo tempo, constatamos que a *lýra* escolar cede lugar a um instrumento de concerto, a *kithára*, mas uma forma especial, a "cítara de Tamíris", a qual parece ter sido um instrumento de concerto adaptado para as disputas musicais para efebos e meninos, testemunhada para a época de Péricles, bem como para o início do séc. IV.

Como o vaso de Plovdiv documenta duas etapas na vida de um jovem, sua vida escolar e seu sucesso como músico, ele está testemunhando que muitos meninos podiam aprender música na escola, com o objetivo de se tornarem músicos profissionais, o que foi condenado décadas mais tarde, por Aristóteles, que dizia que o ensino musical não devia visar à profissionalização:

" (...) se os estudantes de música se abstiverem de participar de competições de caráter profissional e das maravilhosas exibições de virtuosismo hoje incluídas em tais competições, e que passaram das competições para a educação." [30]

Quanto aos músicos adultos, identificados pela barba, tocam sempre a *kithára* entre os instrumentos de corda, com exceção do período entre 550-525, quando a *lýra* ainda era empregada pelos músicos concertistas durante os *agônes* atenienses.

O *bárbitos* aparece num único exemplo de concurso escolar, sendo tocado por um adulto nu, que acompanha um garoto nu que está cantando, observado por um juiz (cat. 443).

No que respeita à arte do *aulós,* temos grande dificuldade em diferenciar uma performance realizada num contexto escolar ou no âmbito de um grande festival. Sobre uma cratera de *Euphrônios,* datada dos anos 20 do séc. VI (cat. 468), vemos um jovem subindo sobre um *bema*, com os tubos do *aulós* na mão, observado por outros três rapazes, que não podem ser confundidos com juízes, pois o *agonothétes* é um magistrado escolhido pela Assembléia, portanto, um adulto. Os vasos retratam, em todos períodos, tanto *auletaí* adultos (cat. 463; 470), quanto jovens (cat. 469; 471) e até mesmo meninos (cat. 472;474).

Nas cenas de *auloidía,* é comum a atuação de duplas mistas quanto ao aspecto etário. A ânfora de Londres (cat. 478) apresenta um duo executando uma *auloidía:* ambos são adultos, com trajes profissionais – o *auloidós* veste-se como um cantor da mesma forma que os *kitharoidoí;* já o *auletés* trás o *ependýtes* típico dos músicos profissionais que se dedicam a essa modalidade. Sobre uma *pelíke* de Leyden (cat. 487), ambos são novos: o *auletés* é um efebo, o *aulóidos* um menino, ambos vestidos de modos mais simples, como convém a jovens atenienses, cujos pais não querem vê-los confundidos com músicos profissionais. Já na ânfora de Andókides (cat. 486), um efebo atua como um *auletés,* acompanhando um *auloidós* adulto; ao contrário dos garotos da *pelike* de Leyden (cat. 487), os personagens da ânfora da Basiléia (cat. 486) usam todos roupas finamente confeccionadas – os *himátia* do duo são adornados com motivo em cruz. Numa *pelike* nova-iorquina (cat. 482), um adulto atua como *auletés,* acompanhando um menino que está cantando, com o rosto voltado para cima e a boca aberta.

Atributos de contextualização do concurso musical, incluindo a caracterização física e gestual do músico

Um aspecto muito importante da iconografia do *agón* são os atributos de contextualização e a caracterização do músico, com seus gestos, suas características físicas e sua indumentária.

Os atributos de contextualização básicos são o *bema,* as colunas, o juiz e o observador, além de alguns atributos particulares, como a vara bifurcada de alguns juízes e a indumentária especial dos músicos. Altares, *phialai* e *oinochóai* sugerem componentes religiosos dos sacrifícios que devem ser cumpridos pelo vencedor.

No vaso mais antigo (cat. 460), com uma performance musical alusiva a uma apresentação em público, além da referência ao público, pelos observadores, nenhum outro atributo caracterizador do *agón* musical está colocado. É possível que os concursos musicais ainda não tivessem um lugar garantido nas Panatenéias que, com sua reformulação em 566, sob o arcontado de Hippokleides, tiveram introduzidas modalidades atléticas. Nos vasos produzidos entre 540 e 530, torna-se mais freqüente o *bema*, o pódio, sobre o qual os músicos se apresentavam indicando uma maior estruturação dessas competições. Esses pódios eram de dois tipos: um estrado de madeira (cat. 478; 479), na primeira fase de estruturação desses concursos, cedendo lugar a uma base cúbica, que inicia simples (cat. 404; 415; 416; 461; 484) e mais tarde ganha mais degraus (2 degraus: cat.408; 416; 439; 440; 442; 466; 469; 471; 481; 482; 487; 488. – 3 degraus: cat. 417; 419; 421; 468; 480. – 4 degraus: cat. 422; 438; 472).

A incrementação do *bema* – predominantemente um estrado até os anos 550-530, e progressivamente uma estrutura de pedra que ganha mais degraus – traduz o avanço da instituição dos concursos musicais já no séc. VI, apesar da referência literária mais antiga remontar a Péricles, ao ano de 466 a.C.[31]

Outro atributo é convencionado pelos pintores para indicar o contexto espacial da performance musical: as colunas. Os primeiros exemplos de colunas são, na verdade, contemporâneos ao *bema* em forma de estrado, datados de 550-530 (cat. 399; 400.1-2). Tratam-se de colunas muito específicas: com exceção de uma ânfora de Londres (cat. 400.2), em que vemos duas colunas encimadas por galos. Os galos conotavam o enfrentamento, o desafio, pois eram associados aos galos de rinha, entretenimento que estava na moda em Atenas. A posição do músico, entre duas colunas, repete o modelo das ânforas panatenaicas, premiadas aos atletas vencedores, com a imagem de Atena Promachos armada, entre colunas encimadas por galos ou principalmente corujas. Com base nesse elemento, Konrad Schauenburg propôs, de forma consistente, que essas imagens devem aludir à introdução da citaródia nas Panatenéias, durante o regime de Pisístrato, confirmando o testemunho de Heródoto de que havia introduzido as recitações homéricas, devido ao seu caráter ideológico.[32]

Podemos dizer, então, que, no terceiro quartel do séc. VI, Atenas já contava com provas musicais em Panatenéias, com as modalidades de citaródia (executada predominantemente com a *lýra*) e aulódia, apesar da rejeição a essa modalidade em Delfos, por ser muito triste e lamentosa e não ter o caráter festivo apropriado.[33] Os designadores espaciais, *bema* e colunas, sugerem que essas competições devem ter ganho algum espaço definido; as colunas podem indicar o próprio templo, diante do qual esses concursos podiam ocorrer.

A partir do último quartel do séc. VI, além das referências espaciais, as imagens ganham outros elementos, os quais indicam o avanço institucional do evento, com a presença do magistrado responsável, o *agonothétes*, e do público, simbolizado por observadores. Há uma certa alternância de elementos: às vezes o músico está flanqueado pelos juízes, de pé (cat. 415; 420; 421; 464; 466; 480; 485; 487) ou sentado (cat. 416; 418; 461; 484), às vezes entre um juiz e um observador que simboliza o público (cat. 417; 419; 450; 451; 462; 467; 478; 479; 486; 489), e, finalmente, às vezes acompanhado somente pelo público (cat. 411; 414; 426; 453; 466). Uma atitude típica para o juiz é apoiar seu cajado sobre o *bema*, como forma de denotar sua superioridade hierárquica (cat. 442; 484).

Em torno de 530, o Pintor de Amásis (cat. 412; 413) e o Pintor de N (cat. 414) apresentam um tratamento muito particular do *agón* que não se repetirá nas décadas seguintes: uma figura feminina áptera se faz presente. A figura feminina que entrega *lýra* ao concorrente no *kyathos* do Pintor de Amásis (cat. 413) pode ser identificada como uma Musa ou como uma figuração mais antiga de uma Nike, desprovida das asas que os pintores de figuras vermelhas lhes darão décadas mais tarde. Na *oinochóe* de Amásis (cat. 412) e na ânfora do Pintor de N, temos provavelmente um *agón* musical realizado em Delfos, onde se haviam exilado os inimigos políticos da tirania: a pequena corça (cat. 412) e o pássaro negro (cat. 414) são atributos apolíneos.

O olhar dos pintores, voltado para os detalhes faciais e institucionais, traduz seu interesse maior pela afirmação dos festivais públicos, do que pela pessoa do músico, retratado apenas como um componente a mais, apesar da atenção a sua indumentária. Os vasos produzidos nas primeiras décadas do séc. V introduzem um tratamento completamente distinto. Os pintores retiram o público, os juízes e os atributos espaciais, deixando o músico como protagonista absoluto da cena. O Pintor de Berlim é o mestre desta arte. Prestam então atenção aos detalhes da atuação do músico, representando-o sozinho (cat. 405; 406; 407; 408; 409; 469), mesmo em vasos que comportariam mais personagens (cat. 470). Os *auletaí* são representados na vivacidade do movimento com que embalam seus corpos (cat. 469) e com o requinte de um *khitón póderes* (cat. 470) ou de um *khitón* plissado e de um *ependýtes* bordado com motivos quadriculados.

Os *kitharoidoí* são representados realizando ações distintas: subindo o *bema*, enquanto afina a *kithára* (cat. 408); cantando e tocando seu instrumento, enquanto balança o corpo (cat. 405); ou numa posição mais contida, própria a um citaredo adulto e obeso (cat. 407; 409); ou sendo aclamado vencedor (cat. 406). O imponente *khitón póderes* dos citaredos adultos cede lugar, nos jovens, a um delicado *khitón* semitransparente, colado ao corpo (cat. 405) – lembrando-nos de que muitas vezes os poetas cômicos usavam o termo *kitharoidós* como sinônimo de efeminado –, ou a um *khitón* pregueado com *kolpós* coberto com o manto (cat. 406).

A obesidade é um traço marcante dos músicos profissionais, devidamente destacado pelos pintores, fato que devia estar ligado à realidade, pois esses músicos precisavam manter-se afastados dos treinamentos físicos, o que devia ser julgado como malemolente e efeminado. Tanto na indumentária como na obesidade, a cidade identifica o músico como um tipo à parte em relação à ideologia viril predominante entre os cidadãos, o que era agravado pela freqüente origem estrangeira dos músicos (cat. 400; 407).

Essa obesidade podia ser vista também como um signo de potência para um cantor, pois a gordura era característica dos *kitharoidoí*, sendo ausente entre os *auletaí*. Devemos lembrar que os citaredos eram os músicos mais valorizados na Antigüidade, fato que se repetia em Atenas, como revela a auto-estima manifestada nas estátuas com dedicatórias que os citaredos Ophsíades, Alcíbios e Heortios oferecem a Atena na Acrópole.[34] Soma-se a isso a regulamentação dos *agônes* panatenaicos, registrados sobre uma inscrição do início do séc. IV. O primeiro colocado na modalidade da *kitharoidía* recebia uma coroa no valor de 1000 dracmas, mais 500 dracmas de prata; o primeiro na *auloidía* recebia uma coroa valendo trezentos dracmas, valor inferior ao prêmio para quarto colocado na citaródia, além de uma complementação de 50 dracmas em prata, equivalente à complementação recebida pelo segundo lugar na citaródia. As formas de solo instrumental, *aúlesis* e *psillis kithárisis* recebiam apenas coroas, ficando sem prêmios.[35] Fica evidente a preferência pela voz, em detrimento da música instrumental, considerando os instrumentos apenas subsidiários do canto.

Apesar da evidência escrita da preferência pela *kitharoidía* nos *agônes* remontar ao início do séc. IV, a iconografia comprova que isso já era uma realidade em Atenas desde os últimos decênios do séc. VI, tendo em vista o fato de os pintores preferirem cenas com citaródia, numa vantagem de 69:27 sobre a arte do *aulós*.

A forte presença da Nike, premiando os músicos nos vasos produzidos a partir do segundo quartel do séc. V, acompanha uma tendência crescente na cerâmica ática de, por meio das alegorias e da presença de divindades, tratar as cenas de forma idealizada, na medida em que mistura, de forma paradigmática, o elemento humano e o divino.

Contudo, é preciso constatar que, na mesma medida em que se intensifica a associação da Nike aos *agônes* musicais, os pintores desenvolveram uma preferência pela juvenilização dos músicos. De aproximadamente 550 a 450, temos um certo equilíbrio, baseados nos vasos em que conseguimos identificar a faixa etária dos citaredos: um total de 17 jovens contra 13 adultos. No período em que surge a representação da Nike, no segundo quartel do séc. V, temos, no total da iconografia do *agón* musical, a razão de três jovens para quatro adultos – porém, especificamente nas cenas com Nike, três jovens para um adulto.

Na segunda metade do séc. V, quando praticamente todos vasos de *agón* musical conservados integralmente representam a figura de uma Nike premiando um músico, temos 12 jovens contra um adulto.

Apesar da supracitada inscrição ateniense revelar a existência nas panatenéias de provas infantis, não devemos interpretar que essa oclusão do citaredo adulto, na imagética, corresponda a uma descrição da realidade concreta. Os citaredos adultos continuavam atuando, fazendo sucesso e acumulando riquezas, como revela a própria inscrição. Continuavam agradando o público. O problema era mais uma questão de imagem social, pois os músicos estrangeiros se adonaram de boa parta da cena musical ateniense, sendo Cinésias um dos poucos compositores atenienses de destaque no final do séc. V, apesar do desprezo que um Aristófanes nutria por ele, acusando-o de ser popular somente entre o populacho urbano.[36]

Os pintores da segunda metade do séc. V, ao representar os músicos como jovens e ao divulgar a imagem de cenas de *agôn* escolar, dissociam os concursos musicais retratados na cerâmica do profissionalismo e virtuosismo que avançava em Atenas, protagonizado por estrangeiros. Ao mesmo tempo revelam-nos uma tendência curiosa: meninos, ainda crianças, iniciavam carreira musical, assumindo adereços e atitudes de profissionais adultos. No mesmo período, de forma correlata os mesmos pintores de vasos áticos tendiam a infantilizar a imagem de Apolo citaredo: ao invés de adulto ou efebo, um *paîs*; no lugar da *kithára*, a *lýra*.

Notas

[1] Professor Doutor (História Antiga) do Departamento de História da Universidade Federal de Pelotas.

[2] Pausânias VII.7. Estrabão IX.421-2.

[3] Heródoto 6.127.

[4] Platão *Hiparco* 228b. Aeliano *Varia Historia* VIII.2.

[5] Sobre o conteúdo religioso dos festivais, ver: DILLON, Mathew. Pilgrams and pilgrimage in Antient Greece. Nova Iorque, Routledge, 1977, p. 94-121.

[6] SCHEIBLER, Ingeborg. "Bild und Gefäss.", *JdI* 102, 1987, p. 108-9, fig. 35a e 36, nota 183. *Cf.* Platão *Timeu* 21b.

[7] DELORME, Jean. "Gymnasion. Études sur les monuments consacrés à l'éducation, dès l'origine à l'Empire.", *Bibliothèques des Écoles Françaises d'Athènes et de Rome*. Paris: Boccard, 1960, p. 317, 322, 323.

[8] *Syll.*^{3} 1055. Sobre as informações reveladas por inscrições, atinentes ao funcionamento das Panatenéias, ver: PREUNER, E. "Amphiaraia und Panathenaia.", Hermes, 57, 1922, p. 91-101. Mais recentemente: TRACY, Stephen V. "The Panathenaic Festival and Games: an epigraphic inquiry.", *Nikephoros* 4, 1991, p. 133-53.

[9] Ânfora. Figuras vermelhas. Pintor de Nikóxenos. (ARV^2 221/7). Berlim, Antikensammlung, 2161. Ver: SCHAUENBURG, Konrad. 'Herakles mousikos.", *JdI* 94, 1979, p. 49-76; "Eine neue Amphora des Andokidesmalers.", *JdI* 1961, p. 48-71.

[10] Plutarco *Péricles* 13.9. *Syll.*^{3} 1055.

[11] Diógenes Laércio I.57.

[12] Sobre opiniões favoráveis e contrárias à interpretação ideológica da força da série iconográfica do *agón* musical, interpretação capitaneada por Boardaman, ver: BOARDMAN, J. "Herakles, Peisistratos and Eleusis.", *JHS*, 95, 1975, p. 10-2. DAVISON, J. A. "Notes on the Panathenaea.", JHS, 78, 1958, p. 23-41; *JHS*, 82, 1962, p. 14-2. CORBETT, P. E. "The Burgon and Blacas tumbs.", *JHS*, 80, 1960, p. 57-60. KOLB, Frank. "Bau-, Religions- und Kulturpolitik der Peisistratiden.", *JdI*, 92, 1977, p. 133-4.

[13] Platão *Hiparco* 228b. Aeliano *Varia Historia* VIII.2.

[14] Plutarco *Temístocles*.

[15] Aristóteles *Política* 1341b e sq.

[16] Plutarco *Péricles* 13.11.

[17] Aulus Gellius XV.17. Plutarco *Alcibíades* 2-3. Ateneu IV.184.

[18] CILLO, Paola. "La 'cetra di Tamiri.': Mito e realità musicale." *AION* 1993, p. 205-43, pr. 19-22.

[19] VANDENSTEENDEM, Ghislaine. "Regards sur la musique de la prehistoire à la protohistoire celtique.", Bulletin Préhistoir du Sud-Ouest, Nouvelles Études, nº 5, 1998, 2, p. 123-30.

[20] Pausânias VII.7. Estrabão IX.421-2.

[21] Ateneu 637-8. BARKER, Andrew. "The innovation of Lysander the kitharist.", *Classical Quarterly* 32, 1982, p. 266-9.

[22] LULLIES in: CVA Munique 2, pr. 84.

[23] Suda "Sobre Corinna", K 2087. Aeliano *Varia Historia* XIII.25. Pausânias IX.22.3.

[24] Papiro Oxyrrhincos 2370.

[25] Suda "Sobre Píndaro.", Π 1617.

[26] BÉLIS, Annie. *Les musiciens dans l'Antiquité*. Paris: Hachette, 1999, p. 52-3.

[27] Theopompos *FGrH* F 248. VER: STARR, Ch. "An evening (...)", p. 402, nota 4.

[28] Heródoto I.17.

[29] Philostratos *Vida dos Sofistas* IX.492. Ver: BIERBER, Margarete. "A tragic chorus on a vase of 475 b.C.", *AJA* 45, 1941, p. 531. BEAZLEY, J. D. "Hydria-fragments in Corynth." *Hesperia* 24, 1955, p. 307-319, pr. 85-88.

[30] Aristóteles *Política* 1341 a-b.

[31] Plutarco *Péricles* 13.9

[32] Heródoto 6.127; 5.67. Platão *Hiparco* 228; *Ion* 53.06 Aeliano *Varia História* VIII.2 Isócrates *Orações* IV.159.

[33] Pausânias VII.7

[34] RAUBITSCHEK, Anthony. *Dedication from the Athenian Akropolis*. Cambridge/ Massachussets: Archaelogical Institute of America, 1949, inscrições n. 7, 41, 86, 84.

[35] *Syll.*³ 1055.

[36] Aristófanes *Aves* 1373-1409.

OS CORPOS NA ANTROPOLOGIA

José Carlos Rodrigues[1]

O estudo do corpo sempre foi uma das preocupações centrais da antropologia. Por dentes, crânios, ossadas, colorações de peles, caracterizações antropométricas, posturas... a disciplina tornou-se conhecida do grande público e teve primeiro reconhecida sua legitimidade científica. Mesmo nos dias de hoje não é perfeitamente unânime para o senso comum a imagem do antropólogo como um cientista social. Em ambientes leigos ou eruditos, embora de modo cada vez mais tênue, ainda tem prevalecido a representação do antropólogo como a de alguém preocupado em buscar a explicação dos comportamentos, pensamentos e sentimentos dos seres humanos nas origens primatas de suas características corporais.

Fortemente influenciada pela herança de Darwin, que ainda não compreendia bem a vida coletiva de primatas humanos e não-humanos, esta perspectiva, conhecida como antropologia biológica (ou física), enfatizou os traços hereditários do corpo, colocando entre parênteses e na prática ignorando os seus aspectos sociais. Sobretudo, este tipo de antropologia praticamente desprezou as dimensões aprendidas e culturais da corporeidade – de modo que ainda hoje pode soar estranho, tanto em domínio leigo quanto em território científico, que uma abordagem sociológica das mesmas seja reivindicada.

É claro que uma certa preocupação com a "influência" dos fatores ambientais em que vivem animais e plantas sempre esteve presente na tradição darwiniana e com força ainda maior nos estudos sobre os hominídeos. Por este caminho atingiram os estudos antropológicos sobre o corpo. Mas até recentemente estes fatores ambientais foram identificados mais como as circunstâncias físicas da existência (temperatura, umidade, altitude, disponibilidade de alimentos, etc.) do que como o envolvimento coletivo que preside a coexistência dos organismos.

É igualmente notório que uma atenção importante votada aos aspectos "comportamentais" dos seres vivos deve ser atribuída a esta tradição. Também deve ser reconhecido que esta preocupação de algum modo afetou a antropologia do corpo. Contudo, este olhar não enfatizou sistemas holísticos de organização social. Somente nas últimas três ou quatro décadas uma consideração mais orgânica e sistemática tem sido pretendida e praticada, especialmente por algumas vertentes do pensamento biológico que se inspiraram na noção de ecossistema e que se materializaram em abordagens como a da etologia e a da zoossemiótica. Como se sabe, o olhar comportamentalista sempre se limitou a direcionar seus holofotes para ações e reações de organismos individuais, com vistas a adaptações diante de situações específicas, tais como cortejamento, reprodução, predação ou defesa.

Ontem

Franz Boas foi um dos pioneiros dos estudos socioculturais que tomaram o corpo humano como objeto específico. O seu *Relatório sobre as mudanças na forma corporal dos descendentes de imigrantes*, publicado em 1911, foi um dos primeiros estudos antropológicos a mostrar que características corporais que eram tidas por fixas, já que determinadas pela "natureza", revelavam-se passíveis de influência pelo ambiente social. Em um texto no qual se detém na minúcia de comparar as posições de dormir de crianças de diferentes nacionalidades (para excluí-las, aliás, como fator explicativo), Boas, entre outras características corporais, pôs em destaque o formato da cabeça de descendentes de imigrantes em Nova Iorque.

O índice cefálico sempre havia sido considerado um dos mais estáveis e permanentes traços das populações humanas. Mas Boas aponta as transformações que por razões "ainda obscuras" (1974:339) o formato do crânio sofria nos descendentes daqueles que se transferiam do solo europeu para o norte-americano: "Por exemplo, os judeus da Europa oriental, que têm a cabeça muito redonda, se tornam de cabeça mais alongada; os italianos do sul, que na Itália têm cabeça extremamente alongada, passam a ter cabeça mais curta..." (Id: 322). E um pouco mais adiante: "quanto mais tempo os pais estão na América, maior é a divergência dos descendentes em relação ao tipo europeu" (id: 324).

Ao receber no mesmo ano uma versão mais acessível ao grande público, diluída em seu livro *The mind of primitive man*, que foi reeditado em 1922 e 1938, o *Relatório* obteve importante repercussão acadêmica e extra-acadêmica. Publicado também em alemão em 1914 com o título de *Kultur und Rasse* e incluído no índice de publicações desaprovadas pelo regime nazista, esta reverberação se concentrou sobretudo nos pontos em que Boas tematizou de modo específico a questão racial na sociedade moderna. Um dos pontos a ressaltar é que a partir de então, em vez de artigos e manifestações esparsos, aqueles que se posicionavam contra as teorias racistas passaram a dispor de um livro referencial de feitura científica, baseado em medidas e em análise objetiva.

Estudando traços corporais como estatura, peso, largura e comprimento da cabeça, Boas chamou a atenção para os erros subjacentes à teoria que sustenta que a origem racial determine os comportamentos social e mental. E contra aqueles que imagina(va)m que os homens sejam produtos de seus corpos, com palavras categóricas cujo sentido se enriquece se considerarmos o contexto em que foram proferidas, o grande antropólogo advertia que o oposto é que era verdadeiro: "... nem mesmo aquelas características de uma raça que se provaram mais permanentes no seu antigo domicílio permanecem as mesmas em novas vizinhanças; somos compelidos a concluir que quando estes traços do corpo mudam, todo o corpo e a disposição mental dos imigrantes pode mudar" (Id: 322).

*

Seria impossível minimizar o valor desta experiência americana, tendo em vista tantos frutos materializados na preocupação com o corpo sempre presentes em obras de antropólogos importantíssimos que Boas influenciou, como Ruth Benedict, Margaret Mead, Cora Du Bois e Clyde Kluckhohn, nos Estados Unidos, e Gilberto Freyre, no Brasil. Não obstante, as contribuições mais efetivas e orgânicas para a constituição de uma antropologia do corpo resultaram, no meu entender, talvez meio indiretamente, do esforço sistemático desenvolvido pela Escola Sociológica Francesa no sentido de constituir o social como domínio autônomo e legítimo de investigação científica.

Como se sabe, Durkheim, Mauss e seus companheiros empenharam-se arduamente na tarefa de convencer o mundo acadêmico das primeiras décadas do século passado de que os fenômenos coletivos eram regidos por uma lógica própria, irredutível à do psiquismo individual ou à da natureza biológica. De modo involuntário ou proposital, muitos dos temas escolhidos para as investigações da Escola (religião, educação, suicídio, morte, sacrifício, individualização, categorias mentais, noção de pessoa, reciprocidade...) parecem ter sido eleitos de forma a obedecer a uma estratégia especial. Esta estratégia consistia em evidenciar do modo mais cristalino possível o quanto uma ciência específica do social teria de importante a dizer sobre fenômenos tradicionalmente tidos como atinentes a outras disciplinas, especialmente a biologia e a psicologia.

Ora, no âmbito dessa estratégia, a corporeidade humana e suas manifestações encontraram, quase naturalmente, um lugar bastante previsível, coerente e particular. Um espaço que se materializou em trabalhos – escassos, talvez, mas muito preciosos – que são até hoje verdadeiros clássicos da antropologia do corpo e que constituem referências fundamentais para qualquer praticante deste campo, neófito ou mesmo experiente. Tais estudos, interrompidos em parte durante a primeira grande guerra, vieram à luz entre 1897, com o aparecimento de *O suicídio*, de Émile Durkheim, e 1936, quando Marcel Mauss publicou *As técnicas corporais*.

Entre as datas mencionadas, encontramos pesquisas que começavam a descobrir que o corpo humano era muito mais do que um dado biológico: estudos que punham em evidência as diferenças gigantescas entre o humano e o corpo simplesmente animal. Com grande ousadia intelectual, tais trabalhos defendiam que o corpo não se reduzia a uma propriedade privada individual e que ele não se limitava a ser o domicílio particular de uma consciência subjetiva. Fundamentalmente, essas investigações, algumas das quais valerá a pena rememorar nas páginas seguintes, perseguiam a idéia de que seria possível fazer uma reflexão de índole sociológica e simbólica sobre o corpo humano.

*

Em *O suicídio*, por exemplo, Durkheim (1971) contestou a possibilidade de explicação desse fenômeno por fatores do meio físico (clima, por exemplo), da constituição orgânica (origem racial, predisposição genética) ou da disposição psicológica (loucura, depressão, alcoolismo, etc.). Recusando-se a se conformar com a idéia de que constituíssem acontecimentos isolados que deveriam ser considerados separadamente, Durkheim procurou demonstrar que, em vez de resultar das profundezas misteriosas do psiquismo, um fenômeno tão individual e tão psicológico, como a extinção voluntária da própria vida, exibia em cada sociedade européia uma admirável constância estatística dentro de um intervalo determinado de tempo.

Segundo Durkheim, aquela constância estatística se dava não apenas quanto à sua tipologia sociológica de suicídios (individualistas, altruístas ou anômicos). Podia também ser demonstrada no que diz respeito à forma de execução (afogamento, envenenamento, enforcamento, armas de fogo, queda, asfixia, etc.), muito particularmente quando essa forma fosse valorizada de maneira positiva ou negativa dentro de um determinado grupo social. De acordo com os dados que Durkheim apresentou, em cada sociedade européia o suicídio se relacionava também de modo coerente, consistente e razoavelmente persistente com as variáveis socioeconômicas de idade, gênero, profissão, renda, estado civil, situação familiar, religião, instrução, moradia rural ou urbana... Até mesmo os ritmos do calendário social, como as estações do ano, os dias da semana, os meses, as horas diurnas ou noturnas e as datas festivas mostravam-se atuantes nas práticas de auto-extinção.

O argumento principal de Durkheim lastreava-se na constatação de que, embora os indivíduos que compõem uma sociedade mudem de ano para ano, o número de suicidas e suas categorias permanecem os mesmos enquanto esta sociedade não se transforma (Id: 247). Observou que existem circunstâncias nas quais por dever moral a sociedade pede e até mesmo obriga que este ato extremo seja praticado, como é o caso do *sati* das viúvas hindus e de algumas formas de suicídio ritual no Japão. Sustentou que a auto-extinção é função da maior ou menor intensidade ou efervescência da vida social, variando "em razão inversa ao grau de integração dos grupos sociais de que o indivíduo faz parte" (Id: 164). Em suma, Durkheim procurou demonstrar que "em cada sociedade existe uma tendência específica para o suicídio, que não se explica nem pela constituição orgânico-psíquica dos indivíduos nem pela natureza do meio físico" (Id: 107).

O raciocínio de Durkheim continha vários pontos que estavam destinados a exercer importância crucial na constituição da antropologia do corpo. Entre eles, a idéia de que a até mesmo a vida individual seja um valor – isto é, o pensamento de que cada sociedade oferece a seus membros as razões pelas quais vale a pena viver ou deixar de viver – veio a permitir que as noções de corpo, morte, saúde, doença, etc. fossem relativizadas culturalmente. Por outro lado, a constatação de que o suicídio é característica humana exclusiva, presente em todas as sociedades – embora extremamente rara em crianças não inteiramente socializadas e em pessoas que apresentem afetação importante das funções intelectuais – veio a propiciar que uma reflexão antropológica sobre a vida humana se estabelecesse a partir de novas premissas.

*

É de 1909 a publicação de *A preeminência da mão direita*, de Robert Hertz (1980). O propósito desse texto, como está bem claramente explicitado no subtítulo, era constituir um estudo sobre a polaridade religiosa entre o sagrado e o profano. Portanto, a despeito do enunciado no título principal, no seu conjunto o trabalho não tinha ainda o objetivo manifesto ser especificamente uma investigação a respeito do corpo humano. Não obstante, isso não impediu que viesse a representar um dos eventos fundadores da antropologia do corpo – um daqueles trabalhos em que, como dizíamos linhas atrás, a corporeidade humana e suas manifestações encontraram o lugar mais importante, ainda que indireto, nas preocupações do grupo reunido em torno da revista *Année Sociologique*.

Apoiado em abundante material etnográfico, Hertz toma o próprio corpo humano como domínio no qual se pode comprovar a tese durkheimiana de precedência e exterioridade do social com relação ao individual – psíquico ou orgânico. Sua curiosidade fundamental: por que razão a imensa maioria dos seres humanos é destra, enquanto apenas alguns poucos são canhotos? E mais: como explicar a desigualdade entre a destra e a sinistra, que se observa em todas as sociedades? A que atribuir as honras, prerrogativas e lisonjas destinadas à primeira, que contrastam com o desprezo e a humilhação de que padece a segunda? Por que, para a direita, "a idéia do poder sagrado, regular e benéfico, o princípio de toda atividade afetiva, a fonte de tudo que é bom, favorável e legítimo" e, para a esquerda, "esta concepção do profano e do impuro, o fraco e incapaz que é também maléfico e temido"? (Id: 111).

Para atacar essas questões, Hertz não precisou se contrapor frontalmente às teorias, então vigentes e ainda hoje hegemônicas, que procuram explicar a preferência pelo lado direito do corpo com base na preeminência do hemisfério cerebral esquerdo. Admitiu tranqüilamente que uma conexão regular deveria existir entre desteridade e o desenvolvimento da parte esquerda do cérebro. Nestes termos, Hertz concordou com a formulação, atribuída a Broca, segundo a qual somos destros na mão porque canhotos no cérebro.

Sua reflexão introduziu, entretanto, um questionamento fundamental (Id: 101), que definia um quase completo redirecionamento do raciocínio: "Mas, destes dois fenômenos, qual é a causa e qual é o efeito?". O que nos impede de dizer que os homens são canhotos do cérebro por serem destros do corpo? E aduziu: "Se abstrairmos os efeitos produzidos pelo exercício e pelos hábitos adquiridos, a superioridade fisiológica do hemisfério esquerdo reduz-se a tão pouco que pode no máximo determinar uma leve preferência em favor do lado direito" (Id: 101).

Tal desconfiança se reforçava ainda pela consciência do fato de que "se um acidente priva um homem de sua mão direita, a esquerda adquire depois de algum tempo a força e a habilidade que não tinha" (Id: 103). Portanto, algo mais deveria estar atuando na lateralidade humana, principalmente quando se considera que, diferindo da predileção superior a 90% entre os seres humanos pela mão direita, os animais mais próximos destes ou são ambidestros ou apresentam uma distribuição estatística muito mais proporcional e "democrática" nas suas opções por um dos lados.

Com base em documentos etnográficos, Hertz chamou a atenção para o fato de que a preferência pela mão direita não se limita a ser uma tendência natural. Por toda parte, em vez de um esforço educativo que procurasse redimir a esquerda de suas fraquezas – como seria bastante razoável esperar – esta última é, pelo contrário, subjugada, reprimida, mantida em inatividade e tem seu desenvolvimento metodicamente frustrado. Pode-se constatar, então, que em nenhum lugar a desteridade é aceita como uma necessidade natural apenas: representa também um ideal ao qual todos devem se conformar, uma meta moral que a sociedade nos força a respeitar. Sem esta pressão coletiva, argumenta Hertz, é bastante duvidoso que a destra obtivesse esta maioria tão consagradora. E, conseqüentemente, é provável que o número de canhotos fosse expressivamente maior.

Nesta linha de raciocínio, em contraste com a verdadeira apoteose de que é objeto a mão direita, Hertz cita sociedades em que as crianças são repreendidas e punidas por permitirem atividade à sinistra, ou têm a mão esquerda amarrada para aprenderem a dela não se servirem senão para tocar as coisas impuras. Relembra povos em que os canhoteiros são encarados como feiticeiros ou demônios e faz referência a grupos em que as refeições podem ser feitas apenas com a destra. Evoca populações em que a esquerda não deve ser lavada ou ter as unhas aparadas, de forma que "a crença na profunda disparidade entre as duas mãos às vezes chega até a produzir uma assimetria física visível" (Id: 107). Em toda sociedade, diz Hertz, o mancinismo é uma transgressão, "que traz para o infrator uma reprovação social mais ou menos explícita' (Id: 104), pois "o poder da mão esquerda é sempre algo oculto e ilegítimo, que inspira terror e repulsa" (Id: 117).

Não é necessário, entretanto, permanecermos neste domínio de símbolos religiosos, por assim dizer, macrocosmológicos da reflexão de Hertz, em que a mão esquerda sofre uma verdadeira amputação. Em adição a isto, por toda parte as sociedades cuidam de se municiar de todo um dispositivo de práticas e de disposições microscópicas que no dia-a-dia façam do canhoto um verdadeiro *gauche*. Um simples olhar em nossas vizinhanças o demonstra: para realçar o mutismo da mão esquerda, abridores de latas, cadernos com espiral, relógios de pulso, carteiras escolares, maçanetas de portas, tesouras, saca-rolhas, instrumentos musicais, acessórios de computador e até colheres entortadas feitas para uso de bebês, parecem ter sido concebidos apenas para a mão direita.

Eis nesses poucos exemplos uma repressão silenciosa, presente até mesmo em pleno cenário das sociedades ocidentais contemporâneas que, por obra do individualismo nelas reinante, crêem ser bastante mais tolerantes com relação aos canhotos do que o foram seus ancestrais. De fato, esta tolerância maior talvez seja efetiva, pois parece que os canhotos estão crescendo em número (como Hertz havia prefigurado provável em uma sociedade sob esse aspecto menos repressiva). Parece também que estão se fazendo mais nitidamente presentes nos palcos públicos, nos quais cada vez mais ocupam posições de primeiro plano. Em vários casos, os canhotos se jactam, citando estatísticas que reivindicam uma pretensa superioridade para esta condição, e se comprazem em arrolar nomes de congêneres famosos ou conhecidos por possuírem talentos acima do normal.

Esta última observação nos ajudará a precisar um ponto muito importante para o desenvolvimento da antropologia do corpo. A tese de Hertz concebia, em síntese, que a lateralização do corpo não era senão um reflexo da polaridade religiosa e social. Sustentava: "Como pode o corpo do homem, o microcosmo, escapar da lei da polaridade que governa tudo? A sociedade e todo o universo têm um lado que é sagrado, nobre e precioso e outro que é profano e comum: um lado masculino, forte e ativo, e outro feminino, fraco e passivo; ou, em duas palavras, um lado direito e um lado esquerdo" (Id: 108). Portanto, direita e esquerda estariam para sempre e em todos os contextos condenadas a exprimir respectivamente a cultura e a natureza, a ordem e o caos, o sagrado e o profano, o puro e o impuro, o conformismo e o desvio, o masculino e o feminino...

Talvez seja importante ressaltar que este último pensamento constitui uma generalização que, no meu entender, em mais de um aspecto a antropologia atual deixou de acolher. Especificamente do ponto de vista da antropologia do corpo, a proposição é ousada e excessiva, sobretudo por atribuir significados fixos, absolutos e universais aos lados direito e esquerdo – algo que não pode ser confirmado pela etnografia. Também não pode ser acolhido pelas teorias do simbolismo mais aceitas nos dias atuais, pois estas, influenciadas pela lingüística saussureana, em geral tendem a admitir que toda significação é de posição em relação a outras significações e dependente dos contextos em que se dá.

Não obstante, é também preciso registrar que o ensaio sobre a mão direita foi um episódio muitíssimo especial na história dos estudos sociológicos sobre o corpo. Ele constituiu um momento a partir do qual ficou patenteado, para sempre e de maneira bastante vívida, o quanto a educação, os valores e os simbolismos diretamente interferiam sobre o comportamento corporal. Apesar de pretender "um estudo sobre a polaridade religiosa", com *A preeminência da mão direita* Hertz demonstrou que esta interferência da cultura sobre o corpo se dava de modo muito mais incisivo e muitíssimo mais arraigado do que a antiga antropologia e as disciplinas vizinhas poderiam supor.

*

Obedecendo à mesma linha de questionamento, lembremos que Hertz havia publicado, em 1907, um estudo particularmente instigante, do ponto de vista da antropologia do corpo, com o título de *Contribuição para um estudo sobre as representações sociais da morte* (1970). Raciocinando de acordo com a proposta durkheimiana, este ensaio partiu da observação de que os fenômenos fisiológicos não dizem tudo quando se trata da morte de um ser humano. Registrou, em primeiro lugar, que o desaparecimento dos homens não é sempre e em todas as sociedades representado e sentido como entre nós. Constatou que a morte é um processo muitas vezes lento e que o simples desenlace físico não basta para configurá-la de modo instantâneo nas mentes humanas. Procurou colocar em evidência o fato de que ao evento orgânico se somava sempre um conjunto complexo de crenças, de emoções e de atos, que atribuíam à morte dos homens um caráter sempre singular. "O corpo do defunto não é considerado como o cadáver de um animal qualquer: é necessário lhe dar cuidados definidos e uma sepultura regular, não simplesmente por medida de higiene, mas por obrigação moral" (Id: 1).

Do ponto de vista da antropologia do corpo, a questão fundamental que Hertz levantou incidia sobre a razão pela qual – diferentemente do que acontece com os animais – os seres humanos manifestam aversão, verdadeiro horror em relação ao cadáver de seus semelhantes. Destacou que esta emoção assumia características extremadas sobretudo quando se tratasse de um cadáver em decomposição. Os defensores de uma explicação inspirada em argumentos de ordem biológica ou higiênica citavam com freqüência o fato de que universalmente se observam práticas culturais, como o sepultamento, a cremação, a mumificação etc., que objetivam afastar a putrefação e proteger os vivos das influências deletérias que a decomposição comporta.

No âmbito dessa teoria os costumes preventivos encontrariam uma explicação "natural", baseada em instintos humanos universais. Contudo, na contracorrente dessa perspectiva teórica, como explicar, por exemplo, o fato de que em algumas culturas os ritos façam com que as pessoas convivam longamente com cadáveres em decomposição, ou o de que a cabeça putrefata do inimigo possa exalar um odor sentido como particularmente agradável por certos povos indonésios?

Hertz pretendeu, portanto, trazer à tona uma problematização muito mais refinada e sutil desse assunto. Apoiando-se em dados que levantou entre os Dayak de Bornéu e fazendo recurso à literatura etnográfica especializada, observou primeiro que as emoções associadas à decomposição do corpo não eram as mesmas segundo as culturas. Em seguida, constatou também que estes sentimentos variavam inclusive no próprio âmbito de uma mesma sociedade. O perigo e o asco universalmente percebidos, que a teoria atribuía a uma reação natural instintiva contra as mudanças que o corpo sofre, deveriam ser relativizados e repensados em função das significações particulares que cada grupo humano atribui a estas transformações.

Hertz argumentou ainda que – uma vez que os sentimentos variam de acordo com o gênero de morte e de morto – não se poderia falar em reação instintiva: aqueles que morrem de modo violento ou acidental, os afogados, os suicidas, os fulminados por raios, as mulheres virgens, as que falecem no parto... suscitam sentimentos específicos, oferecem perigos mágicos especiais e requerem cuidados rituais particulares. De maneira análoga, reforçando sua posição contrária à teoria da origem instintiva dos sentimentos, Hertz ressaltou que também não se repetem os sentimentos de repulsa aos resíduos fúnebres quando variam as posições sociais dos cadáveres. Em muitas sociedades, por exemplo, as mortes de fetos, de recém-nascidos, de estrangeiros, de escravos, de indigentes... porque incidem sobre seres pouco socializados, pouco valorizados ou significativos, quase não provocam qualquer emoção. Em contraste, a decomposição do corpo do rei suscita verdadeiras convulsões coletivas, produzindo pânico e comoção desproporcionais, como nas ilhas Fidji e Sandwich. Por conseguinte, os perigos que a morte e a decomposição contêm não caracterizam todos os corpos de modo igual.

Neste mesmo espírito, Hertz vai um pouco mais longe, registrando que estas emoções – que não são instintivas – rigorosamente também não são individuais. Lembra, por exemplo, que entre alguns grupos Dayak, os líquidos provenientes da decomposição devem ser recolhidos cuidadosamente em um recipiente, com a finalidade de serem misturados com arroz e de serem comidos durante o período fúnebre pelos parentes próximos do falecido (Id: 8 e 38). Os Dayak alegam que o afeto que sentem pelo morto e a tristeza de que são vítimas por o haverem perdido não permitiriam fazer diferente. Mas Hertz observa que esta alegação não basta para dar conta do rito, uma vez que as punições em caso de omissão são tão severas que, na prática, o costume resulta estritamente obrigatório. Portanto, conclui Hertz, a aversão, ou a ausência dela, é função dos valores a que o cadáver está associado, não o resultado de sentimentos individuais. Em suas palavras, "não se trata, pois, simplesmente da expressão espontânea de um sentimento individual, mas de uma participação forçada de alguns sobreviventes à condição presente do morto" (Id: 34).

Para Hertz, toda sociedade comunica o seu próprio caráter de perenidade aos indivíduos: "porque ela se sente e se quer imortal, não pode normalmente acreditar que seus membros, sobretudo aqueles em que se encarna e com quem se identifica, estejam destinados a morrer... Assim, quando um homem morre, a sociedade não perde apenas uma unidade; ela é ferida no princípio próprio de sua vida, na sua fé em si mesma" (Id: 71). Hertz entende, de acordo com esse raciocínio, que todo atentado ao corpo é uma ameaça contra a vida da sociedade. Desse modo, a explicação que fornece para o horror ao corpo em decomposição é em grande parte uma explicação simbólica. O corpo é um símbolo da sociedade, razão pela qual os seres humanos em geral não podem suportar sua decomposição. A derrocada do símbolo evocaria a da coisa simbolizada.

Com isso, Hertz lançou duas idéias fundamentais, vocacionadas a orientar uma boa parte dos estudos posteriores da antropologia do corpo. Primeiro, a de que o corpo humano é por excelência uma expressão simbólica da própria sociedade, de cada sociedade. Depois, a de que qualquer sociedade se faz fazendo os corpos daqueles em que ela se materializa. Em sua perspectiva, a primeira e mais fundamental tarefa da educação em qualquer sociedade seria forjar, sobre os organismos mais ou menos amorfos dos recém-nascidos, os corpos de que uma sociedade necessita para viver: reproduzir a sociedade, reroduzindo os corpos dos homens e das mulheres que a concretizam – corpos de guerreiros, ou de pescadores, ou de operárias...

*

A questão da espontaneidade dos sentimentos individuais, tão presente nas preocupações de Hertz, também foi considerada por Marcel Mauss (1981). Em 1921, em comunicação dirigida à Sociedade de Psicologia, publicada com o título sugestivo de *A expressão obrigatória dos sentimentos*, Mauss se propunha a mostrar, com base no estudo dos rituais funerários orais australianos, que não apenas os choros, mas todos os tipos de expressões orais dos sentimentos não são fenômenos exclusivamente psicológicos ou fisiológicos. São fatos sociais, que "carecem no mais alto grau de todo caráter de expressão individual de um sentimento sentido de maneira puramente individual" (Id: 327). São fenômenos "marcados eminentemente pelo signo da não-espontaneidade" (Id: 325).

Os dados são tão inúmeros, que chegam a configurar o que Mauss chamou de "clichê etnográfico". São narrações sobre como a rotina diária das ocupações triviais é burocraticamente interrompida, para dar lugar a uivos, gritos, cantos e invectivas, destinados a apaziguar a alma de um morto ou a afastar um inimigo cósmico; mas estas narrativas também mostram como este frenesi é subitamente quebrado, para que seja retomado o cotidiano tribal. São relatos dando conta de como essas manifestações exaltadas são realizadas, não por indivíduos isoladamente, mas em grupo, em uníssono, em compasso ritmado, em horas e tempos precisos, previstos e designados. Os testemunhos etnográficos atestam que essas manifestações algumas vezes se dão em clima competitivo a propósito de quem atingirá o clímax mais extremo e exagerado na expressão da dor e da tristeza.

Assim, os indivíduos não uivam e não berram apenas para exprimir cólera, ou medo, ou pesar, "mas porque são encarregados, obrigados a fazê-lo" (Id: 328). Ao contrário do que se poderia esperar, as emoções não são expressas pelos parentes do morto que Mauss chama de "parentes de fato", próximos, como pai e filho, mas pelos parentes "de direito". Desse modo, se a descendência for uterina, o pai ou o filho podem não participar enfaticamente do luto um do outro. Ademais, essas emoções não são comuns a todos os parentes: na Austrália, na maioria das vezes apenas as mulheres choram nos ritos fúnebres – mas nem todas elas têm razões autênticas para o fazer. A documentação também nos fala das flagelações que as mulheres se infligem, ou que lhes são aplicadas, com a finalidade de alimentar os gritos e os choros. A conclusão a se retirar desses dados, portanto, seria simples: emoções tão naturais, tão individuais, tão privadas e tão profundas não seriam nem tão naturais, nem tão individuais, nem tão privadas, nem tão profundas.

Contudo, no contrafluxo dessa conclusão, o que dizer da dinâmica emocional das carpideiras, tão comuns em tantas e tantas sociedades? À primeira vista, estas mulheres – que, como se sabe, em geral são como atrizes remuneradas para com seu choro alimentar de tristeza o contexto fúnebre – confirmariam a inautenticidade das emoções. Mas, como Durkheim já havia observado, muitas vezes as carpideiras acabam se contaminando pela superexcitação, pela efervescência e pela tristeza artificialmente aumentadas do ambiente. E passam a verter lágrimas efetivamente tristes, sentindo as emoções que foram pagas para fingir – lágrimas que expressam e que suscitam tristezas "verdadeiras". Recordando e parodiando as palavras do grande poeta, neste caso não terminam todos, carpideiras e seus públicos, fingindo tão completamente que fingem ser dor a dor que deveras sentem?

Portanto, não é nada simples a questão relativa à veracidade dos sentimentos individuais – questão que parece apresentar fisionomias diversas quando considerada pelo prisma do antropólogo ou pelo ângulo de seu informante nativo. Mas não seria possível integrar ambas as perspectivas? Mauss coloca este problema ponderando sabiamente que o convencionalismo e a regularidade "não excluem de modo nenhum a sinceridade" (Id: 330)... e que "este caráter coletivo em nada prejudica a intensidade dos sentimentos, *muito pelo contrário*" (Id: 331-2 – grifo meu). Argumenta que as manifestações emotivas padronizadas são expressões compreendidas, isto é, são mensagens que constituem uma linguagem. "Estes gritos são como frases e palavras. É preciso dizê-las, mas se é preciso dizê-las é porque todo o grupo as compreende. A pessoa faz mais do que expressar seus sentimentos. Ela os manifesta para outrem... Ela os manifesta para si mesma, exprimindo-os para os outros e por conta dos outros. Trata-se essencialmente de uma simbólica" (Id: 332).

Neste ponto Mauss assina um capítulo crucial para a antropologia do corpo: a sua concepção de "homem total". Esses uivos, os gritos, as lágrimas, os risos, são simultaneamente manifestações orgânicas, extroversões de sentimentos, além de exteriorizações de idéias e de símbolos coletivos. Não estão em relação de causa e efeito, sua lógica é a do simbolismo. Com este conceito, Mauss corrige uma ênfase anterior, talvez necessária até aquele momento, mas certamente excessiva, da Escola Sociológica Francesa nas separações e nas oposições indivíduo/sociedade e orgânico/social. Ao mesmo tempo, entreabre portas e janelas para a possível e desejável convivência com a antropologia biológica. E aponta que o caminho mais frutífero está na interpenetração dos três aspectos: "Sociologia, psicologia, fisiologia, tudo aqui deve misturar-se" (Id: 334).

*

A demonstração da fertilidade desse itinerário que procura no homem a ligação direta entre o físico, o psicológico e o social, o próprio Mauss tratou de realizar em 1926, com a publicação de uma investigação que trazia o título bastante revelador de *Efeito físico no indivíduo da idéia de morte sugerida pela coletividade*. Neste trabalho, Mauss (1974) tematiza o fato estranho, que a comunidade científica muitas vezes considerou inadmissível, conhecido como "morte vudu" – um tipo de falecimento envolvendo pessoas que, em virtude de haverem quebrado um tabu, foram condenadas à morte por um feiticeiro, ou que morreram pura e simplesmente pelo fato de acreditarem que iriam morrer.

Sem lesão aparente ou conhecida, sem que qualquer outra causa possa ser apontada para o óbito e sem que qualquer medicamento ou esforço médico possa impedi-lo, essas pessoas efetivamente vêm a falecer ao cabo de alguns dias ou de poucas semanas. Entretanto, quando se trata de condenação, o destino fatal algumas vezes pode ser revertido pela interferência do mesmo ou de um feiticeiro mais poderoso. O fenômeno é bem conhecido na literatura etnográfica e tem sido reportado por antropólogos, médicos e missionários, entre outros que viveram com populações nativas nas mais diversas regiões do Planeta. Também tem sido estudado por cientistas naturais – dentre os quais Walter Cannon (1974), um dos mais distintos fisiologistas norte-americanos.

Os casos citados por Mauss a partir da etnografia da Austrália e da Nova Zelândia e, de modo aparentemente independente (apesar de sua correspondência com Lévi-Bruhl), por Cannon, em 1942, com base em informações provenientes de áreas geográficas ainda mais amplas, são como que variações em torno do mesmo tema. Trata-se sempre de pessoas que padecem de um intenso e persistente temor à morte, de proveniência puramente moral ou religiosa. Pessoas que acreditam que este será o inelutável destino, após haverem inobservado um tabu que acarrete esta punição. A consciência dessas pessoas é inteiramente subjugada por idéias de origem coletiva que lhes incutem sentimentos de culpa. As dores de consciência provocam-lhes estado de melancolia, depressão, apatia, prostração, falta de vontade de viver...

A comunidade reduplica a certeza da morte. Ela também crê nos poderes do feiticeiro. Igualmente acredita que tais pessoas são culpadas e delas se afasta. Cônjuges, parentes e amigos mudam de atitude e de comportamento. Agora os infratores são vistos como pertencentes a uma nova categoria de seres: são classificados no reino do que é sagrado e tabu e não mais enquadrados junto com as pessoas normais que constituem a comunidade terrena. Assim, a organização da vida social desses condenados entra em colapso: os pecadores doravante estão sós, não mais fazem parte do grupo. Coerentemente, não é raro que ritos fúnebres sejam até mesmo praticados para uma pessoa ainda viva. Isto porque é mister que o destino seja cumprido, que as coisas voltem para os seus devidos lugares, que o quase-cadáver seja logo expulso. Por sua vez, os sacrílegos não fazem qualquer esforço para voltarem a ser parte do grupo ou para viver. Cooperam para sua própria retirada do mesmo. Morrem de "ruptura de comunhão", segundo a significativa expressão de Marcel Mauss (Id: 190).

Trata-se, pois, de barreiras puramente imaginárias, cuja transgressão produz a morte efetiva. De fato, não há qualquer outro distúrbio, além do mal-estar produzido pela consciência. O condenado morre sem febre, sem dor, sem sintomas ou sinais de doença prévia e, muitas vezes, sem que exames *post mortem* possam revelar algo que tenha sido a causa do desenlace. Mas, após o ato de sacrilégio, ele vive sob extremo terror, em constante estado de fadiga e de insônia. Sem apetite, recusa comida e bebida. Ele se consome. A resistência se esvanece. O sistema nervoso se descontrola. Respiração e pulsação se aceleram. Distúrbios de pressão arterial aparecem. Em síntese, em uma só morte, quatro mortes acontecem: cultural, pela crença; social, pelo abandono da comunidade; psicológica, pela melancolia e perda da vontade de viver; biológica, enfim, pela desintegração do ser.

Restringindo-se por razões de método apenas aos casos de morte produzidas por sugestão da coletividade, Mauss dedicou atenção comparativamente menor a uma questão da mesma natureza, porém muito mais geral, freqüente e próxima da experiência cotidiana de cada um: se a feitiçaria pode matar, por que razão não poderia curar? Como compreender os relatos sem conta, sobre pessoas de quem se diz que teriam sido curadas pela fé, por rezas, benzeduras, passes ou exorcismos? Aqui estamos diante de um filão de fatos centrais para a antropologia do corpo, que Lévi-Strauss (1967) viria mais tarde a desenvolver em dois artigos magistrais, *O feiticeiro e sua magia* e *A eficácia simbólica*, ambos publicados em 1949.

Incursionando muito mais profundamente pelos caminhos que Mauss havia desbravado, nestes trabalhos as oposições místico/racional, orgânico/psíquico, normal/patológico, afetivo/intelectual e indivíduo/sociedade são radicalmente relativizadas. E, em lugar das contradições que a Escola Sociológica Francesa sempre considerou difíceis de conciliar, entre os pólos dessas oposições emergem agora mediações e complementaridades. Esta foi uma façanha teórica da qual a antropologia do corpo é visceralmente devedora e da qual, mesmo meio século após a publicação dos trabalhos mencionados, não é possível aquilatar com inteira justiça a importância.

Normalmente as doenças são superadas pela ação do próprio organismo. Mas, além disso, pela via da análise acurada de alguns casos específicos de tratamentos xamanísticos, Lévi-Strauss considera que feiticeiros, xamãs, médicos, psicanalistas e terapeutas de todo gênero, geralmente não estão completamente desprovidos de conhecimentos objetivos e de técnicas experimentais. Sustenta também que todos os curadores proferem mitos e praticam rituais, quer estes se alimentem dos poderes de divindades, espíritos ou forças cósmicas, quer se nutram da mística do poder da ciência, da tecnologia ou da racionalidade. Dessas crenças participam não apenas os doentes, mas também as comunidades de que doentes e terapeutas fazem parte. A densidade significacional da doença e a eficácia simbólica do tratamento se insinuam, por conseguinte, no interior de todo processo de cura: no xamanismo como na medicina científica, misticismo e racionalidade se combinam para constituir, juntos, elementos ao mesmo tempo imanentes e transcendentes dos procedimentos de superação da doença.

*

Foi bem antes desses trabalhos, em 1936, com a publicação de *As técnicas corporais* (1974), que se pode finalmente dizer que a Escola tomou o corpo como objeto específico e direto de estudo cultural. Nesse texto, uma comunicação que havia feito à Sociedade de Psicologia em 1934, Mauss de certo modo formalizou a fundação da antropologia do corpo, ao expressar seu inconformismo com o fato de que os fenômenos associados à corporeidade humana persistissem sendo relegados à rubrica "diversos". Argumentou que não mais seria aceitável que tais fatos continuassem sendo desprezados e que as ocorrências deles persistissem não sendo agrupadas de modo sistemático. Para Mauss, não mais seria admissível que os fenômenos corporais continuassem sendo vistos como formando um domínio mal partilhado, como constituindo terreno cientificamente baldio, em que reinasse a ignorância. Recusou com veemência essa situação de abandono dos fatos sociais do corpo, que lhe parecia uma verdadeira "abominação" (Id: 212).

Apoiando-se sobretudo em experiências e observações pessoais, Mauss se dispõe a expor uma parte de seu ensino, que "não é encontrada em outros lugares" (Id: 211), e a formular uma "teoria *da* técnica corporal a partir... de uma descrição pura e simples *das* técnicas corporais" (Id: 211). Com este propósito, o artigo é essencialmente a pintura de uma ampla paisagem em que despontam costumes corporais contrastantes com aqueles que em geral observariam os seus ouvintes franceses. Uma estratégia de convencimento, talvez. De qualquer forma, a um antropólogo de hoje não deixa de causar admiração que em 1936 fatos desse gênero ainda constituíssem novidade até mesmo em ambiente científico, como o constituído pelos ouvintes de Mauss. Mas, já seriam familiares hoje para cientistas em geral e para leigos em antropologia?

Mauss observa como variam as técnicas de nadar entre gerações de franceses e como essas são distintas da dos polinésios. Registra as dificuldades que os ingleses apresentam para cavar com as pás dos franceses, pois essas lhes exigiam um giro inabitual da mão. Detém-se nos diversos estilos de marcha militar de acordo com os vários exércitos europeus e aponta como são diversificadas as maneiras de cada um dar a meia-volta. Destaca como o olhar fixo para alguém pode ser expressão de descortesia na vida corrente, mas é gesto cortês e obrigatório na vida militar. Aprecia os incontáveis modos de correr, de andar e de permanecer em pé, que não são absolutamente os mesmos segundo as culturas. Realça como é possível diferenciar uma criança inglesa de uma francesa pela simples posição dos cotovelos e das mãos enquanto comem. Também não é o mesmo o controle corporal a que meninos e meninas devem se habituar. Evoca as diferentes maneiras de dormir (com ou sem travesseiro, em camas, em bancos, em redes, em esteiras, em pé, a cavalo), os modos de descansar (em pé, sobre uma só perna, sentado, acocorado, etc.), as técnicas de parto (em pé, deitada sobre as costas, acocorada, de quatro, na água, por exemplo). Os diversos jeitos de carregar as crianças, os desmames, as ginásticas, os modos de respirar e assim por diante.

Seria possível ir muito além nesse inventário panorâmico que Mauss apenas esboçou. E lembrar que segundo as culturas não são as mesmas as gesticulações, as expressões faciais, as posturas corporais, as proibições de tocar esses ou aqueles pontos do corpo. Variam as distâncias corporais que devem ser guardadas entre as pessoas, variam também os ritmos e os movimentos das diversas partes de seus corpos. Divergem as utilizações práticas dos produtos e componentes do corpo, como a saliva para colar selos, para definir a direção do vento ou para verificar vazamento de ar, os dedos dos pés como auxiliares na tecelagem, as orelhas para segurar pequenos objetos, etc. Poderíamos recordar igualmente que é necessário aprender coisas aparentemente tão simples como cuspir, gargarejar, engolir comprimidos, beber cafezinho sem queimar a boca...

Mas o inventário seria incrivelmente detalhado, além de rigorosamente interminável. Mauss propôs a noção de "técnicas corporais" para fugir ao enquadramento desses fatos na categoria "diversos" em que eles são, quando muito, apenas descritos mas nunca organizados. Por "técnica", entendia a "maneira pela qual os homens e as sociedades sabem servir-se de seus corpos" (Id: 211). A técnica, segundo Mauss, é um ato tradicional eficaz, "que não difere do ato mágico, religioso ou simbólico" (Id: 217). Haveria técnicas particulares de andar, nadar, correr, dançar, comer, descansar, dormir, parir, copular...

Assim o corpo entraria no domínio da história, da sociologia e da antropologia: "Não há técnica e tampouco transmissão se não há tradição. É nisso que o homem se distingue sobretudo dos animais: pela transmissão de suas técnicas e muito provavelmente por sua transmissão oral" (Id: 217). Como toda técnica, os usos do corpo são aprendidos: "Em todos esses elementos da arte de utilizar o corpo humano, os fatos de *educação* dominam" (Id: 215). Por conseguinte, para Mauss, os fenômenos corporais não mais serão exclusivos da biologia ou da psicologia: uma visão clara dos mesmos exigirá uma tripla, em vez de única, consideração, seja ela fisiológica, psicológica ou sociológica: "É o tríplice ponto de vista, o do 'homem total' que é necessário" (Id: 215).

Hoje

Hoje em dia existe uma já considerável bibliografia antropológica, histórica e sociológica incidindo diretamente sobre o corpo como fenômeno cultural. Isso talvez explique a admiração a que acima me referi, que penso experimentar um antropólogo de nosso tempo sobre ter constituído novidade para os ouvintes de Mauss, nos anos 30, a dimensão cultural da corporeidade. Com efeito, alguns conhecimentos, objeto de discussão acirrada entre especialistas de variadas disciplinas, e que empenharam as melhores energias da Escola Sociológica Francesa, parecem em nossos dias bastante esclarecidos e assentados. No mesmo sentido, descontando o desconhecimento empírico de aspectos específicos das dimensões culturais do corpo – que ainda é amplo e que em muitos pontos constitui desafio a superar –, talvez se possa afirmar que as polêmicas remanescentes se devem na atualidade menos a questões de ordem teórica que a razões de natureza corporativa entre as especialidades científicas envolvidas.

Alguns desses conhecimentos relativos à antropologia do corpo foram estabelecidos de modo tão cristalino, que podem inclusive ser enunciados de maneira inequívoca e categórica. Em primeiro lugar, como a Escola Sociológica Francesa nos ensinou, o corpo humano é muito menos biológico do que se pensava. Em segundo lugar, também pudemos aprender que o corpo humano é muito menos individual do que costuma postular o pensamento influenciado pela visão de mundo de nossa cultura individualista. Sabemos hoje claramente que o procedimento tradicional de retirar um corpo de seu ambiente de coexistência, interná-lo em um laboratório, submetê-lo a dissecações e vivissecções, pensando que com isso se possa surpreender, no íntimo dessa interioridade, aquilo que faz desse corpo algo vívido – como se a vida fosse propriedade privada do organismo individual – dista muito de ser satisfatório para o entendimento de animais, de plantas e até de microorganismos. Com muitíssimo menor razão podemos continuar a admiti-lo como procedimento que pretenda conhecer o corpo humano.

Sabemos hoje, com toda tranqüilidade, em terceiro lugar, que o corpo humano é socialmente construído. Nessa direção, poderíamos meditar, por exemplo, sobre o significado antropológico do fato de que alguns meninos selvagens, que haviam sobrevivido convivendo com animais até terem sido reencontrados, além de beberem água por lambidas e de farejarem os alimentos não apresentavam postura ereta e se locomoviam sobre os quatro membros, talvez imitando seus companheiros (Malson, 1964). Quer dizer: algo tão fundamental e característico, algo tão "natural" ao homem, algo tão presente nos manuais de antropologia física, como a posição ereta e o andar bípede, não resulta apenas de uma natureza humana biologicamente dada, mas também de uma construção social. É obra da presença de outrem e de seu estímulo.

Quarto ponto: sendo em grande medida uma construção social, o corpo humano apresenta as características dos fenômenos culturais. Principalmente, ele é relativo: varia entre as sociedades e, dentro de cada uma delas, segundo os grupos, segundo os indivíduos, segundo os contextos e de acordo com os vários momentos das biografias. Também é histórico: não é o mesmo segundo os diferentes tempos de indivíduos, grupos e sociedades. Quinto ponto: como queria a Escola, as sociedades constroem os corpos. Mas, como sabemos principalmente depois da publicação de *Vigiar e Punir*, de Michel Foucault (1975), no início dos anos setenta, a recíproca é verdadeira – pois uma sociedade se faz fazendo os corpos em que existe. Mais radicalmente, talvez fosse mesmo possível afirmar que os corpos de seus membros constituem a única materialidade efetiva de qualquer sociedade. Ela só existiria nos corpos em que adquire vida: em músculos, fibras, tendões, nervos, neurônios, sensibilidades, resistências, habilidades, desejos, temores...

*

Também é possível registrar em nossos dias um considerável progresso das dimensões que poderíamos considerar "aplicadas" da antropologia do corpo – dimensões que alguns preferem designar como antropologia "médica", ou "da saúde", entre outras designações disciplinares quase sempre problemáticas. Há muito tempo os antropólogos sabem que as medicinas variam de sociedade para sociedade. Assim, por exemplo, está bastante assentado que as culturas chinesa e indiana, o Ocidente contemporâneo e o medieval, bem como as sociedades tribais espalhadas pelos continentes, dispõem de suas próprias medicinas e de suas respectivas concepções e técnicas terapêuticas. Também está bastante estabelecido que as diferentes medicinas apresentam interpretações próprias do corpo e das doenças, colocando em ação técnicas e terapêuticas muito específicas, casos em que se encaixam a homeopatia, a alopatia, a osteopatia, a quiroprática, a acunpuntura...

Igualmente se reconhece que estas medicinas e terapêuticas em geral apresentam razoável eficácia. Sem isso dificilmente elas conseguiriam se manter por longo tempo. A observação das doenças e dos tratamentos, que os diferentes povos com freqüência vêm realizando durante séculos ou milênios, bem como os intercâmbios de experiências que as culturas continuamente mantêm, propiciam que as sabedorias médicas quase nunca estejam completamente desprovidas de conhecimentos objetivos. Contudo, é muito importante observar – e isto também está razoavelmente aceito hoje em dia – que nenhum saber médico é constituído apenas por conhecimentos autônomos e objetivos.

Entenda-se bem este último ponto. Além de expressarem as concepções, experiências e observações específicas relacionadas à saúde, às doenças e aos tratamentos vigorantes em uma sociedade determinada, as medicinas também traduzem inevitavelmente em cada cultura particular, os princípios e crenças cosmológicos que presidem os demais domínios da experiência nesta sociedade. Em outras palavras, em vez de saber autônomo, objetivo e neutro, em vez de pura prática, toda terapêutica é também dispositivo de transformação de doenças em narrativas nas quais estas adquirem sentido. Por conseguinte, toda medicina ao mesmo tempo absorve e irradia religião, moral, política, parentesco, economia, sistema jurídico... E esses fatores "exteriores" se tornam dramaticamente evidentes, sobretudo nas situações de carência de recursos, em que seja imprescindível definir prioridades. É preciso lembrar, porém, que esta característica em nada diminui a eficácia das várias medicinas.

Não obstante os progressos da antropologia do corpo, tem sido comum entre leigos e até mesmo entre especialistas de áreas da saúde a pressuposição de que as doenças, porque "biológicas" ou "naturais", sejam aproximadamente as mesmas através das diferentes culturas. A conseqüência dessa presunção é a crença de que as diferentes medicinas se limitariam a diagnosticar e a tratar – apenas com graus diferenciados de sucesso – doenças que são mais ou menos universais e coincidentes segundo as diferentes populações. Ora, aqui é preciso lembrar que uma das contribuições importantes da difusão do estudo das dimensões culturais do corpo humano foi o crescimento da consciência de que não apenas as medicinas e as formas de tratamento são relativas, mas a certeza de que também as doenças e seus diagnósticos são passíveis de variação segundo os tempos e as sociedades.

Com efeito, pelo menos estatisticamente, podemos hoje estar razoavelmente seguros de que existem enfermidades bastante características de certas épocas e de grupamentos humanos definidos. Penso, por exemplo, nas mortes mais ou menos rápidas de recém-viúvos e de recém-aposentados no Ocidente contemporâneo. Penso também em certas doenças recorrentes em alguns profissionais, como as afecções de ouvido e a obesidade entre motoristas de caminhão no Brasil. Da mesma maneira, sabe-se que a incidência de determinadas doenças está freqüentemente associada a costumes, a valores, a saberes, a modos de vida, bem como a desconhecimentos específicos por parte de culturas particulares. Na mesma linha, a freqüência de algumas doenças está ligada às identidades sociais: como as marcas da sífilis e da blenorragia em relação à masculinidade no Brasil tradicional, é preciso muitas vezes exibir determinados componentes "patológicos" como signos que permitam a uma pessoa ser socialmente identificada como "grávida", "velha", "adolescente", etc. Na mesma linha, a incidência específica das doenças também costuma estar associada às atitudes existenciais e aos posicionamentos filosóficos de cada sociedade a respeito de o que sejam a natureza, a vida, a morte, a saúde e o bem-estar.

Alguns exemplos tornarão este ponto mais claro. O câncer de pulmão é uma doença muito rara entre os aborígines australianos; mas os que vivem nas cidades são acometidos por taxas muito semelhantes às verificáveis no geral das populações urbanas daquele país. Talvez associando-se ao costume de ingerir alimentos defumados, o câncer de estômago é extremamente freqüente no Japão e o de esôfago bastante peculiar ao Rio Grande do Sul. De modo análogo, provavelmente relacionado com a presença ou deficiência de fibras na alimentação, o câncer do cólon, relativamente pouco existente na África (até recentemente pelo menos), tornou-se bastante comum nos Estados Unidos. Antes dos Descobrimentos, a cárie, tipicamente européia, associada a determinados costumes, entre eles, como se sabe, o de ingerir elevadas quantidades de açúcar, não era conhecida na América, nem pelos aborígines australianos.

Que dizer, então, da hipertensão, da obesidade, do estresse, da dependência de drogas químicas sintéticas? Todas derivam diretamente de determinados estilos de vida culturalmente viabilizados. E o que falar da anorexia, tipicamente contemporânea, feminina, urbana e adolescente, fortemente relacionada a certos ideais de estética corporal (que, aliás, já não se limitam mais às mulheres jovens)? E das prisões de ventre crônicas, que podem ter a ver com a escolha dos alimentos, com o uso de conservantes na alimentação, com os tabus em relação à excreção e com o ritmo vertiginoso da vida nas sociedades modernas? As epidemias também estão relacionadas a determinados tipos de organização social: pelo menos do ponto de vista estatístico, são favorecidas por grandes aglomerados populacionais e por contatos sociais densos entre pessoas e populações. Esta é a razão pela qual sociedades de caçadores e coletores nômades, que vivam dispersos, apresentam probabilidade menor de as contrair e de as transmitir ao conjunto de sua população.

Nesse sentido, a Aids é tipicamente uma doença de transmissão facilitada pela cultura da globalização. Contudo, do ponto de vista estatístico, ela está ou esteve também associada a certas práticas e costumes muito bem definidos e bastante localizados em segmentos populacionais específicos, tais como o uso de drogas injetáveis, acompanhado de compartilhamento de seringas e de agulhas, a transfusão de sangue e a liberalização das relações sexuais. Seria, aliás, um bom exercício, verificar a incidência estatística da Aids em universos sociais culturalmente diferenciados, como, por exemplo, entre os Testemunhas de Jeová, que sabidamente não admitem transfusão de sangue e que costumam ser conservadores no que diz respeito ao consumo de drogas e ao comportamento sexual.

O conhecimento da dimensão cultural da corporeidade humana também tem permitido colocar em pauta alguns valores freqüentemente tidos por inquestionáveis. A higiene, por exemplo, sempre costuma ser apresentada apenas pelos seus lados positivos. Em geral, tende a ser tratada como um valor quase transcendental, desconsiderando-se inclusive o gigantesco aparato de repressão política e psicológica que requereu para se impor historicamente (Vigarello, 1985; Rodrigues: 1995 e 2000). Acontece que nem mesmo do ponto de vista estritamente sanitário a higiene pode ser compreendida como um absoluto, dispensando contextualização social.

Uma pequena ilustração desse último ponto: nos anos 50, uma epidemia de poliomielite em Detroit, nos Estados Unidos, atingiu com maior freqüência crianças das classes altas, que tinham sido criadas sob rígidos padrões higiênicos; por seu turno, as crianças dos guetos e as negras permaneceram comparativamente inatingidas, por estarem "naturalmente" mais protegidas que as primeiras. É claro que isso se deu antes da descoberta da vacina contra a poliomielite, pois após este evento a coisa se inverteu: os brancos de classe alta foram vacinados, de modo que os negros e os pobres passaram a liderar as estatísticas (Leach: 1967). Outro breve exemplo: o preservativo masculino é quase unanimemente considerado instrumento higiênico e de elevada eficácia para prevenir doenças sexualmente transmitidas, entre elas a infecção por HIV – mas como convencer imensos contingentes populacionais africanos a tratar o esperma, um líquido tão rico em potências e significados para a maioria das culturas africanas, como se fosse um mero dejeto descartável e, à maneira ocidental, tranqüilamente destinável ao lixo ou à descarga do vaso sanitário?

No mesmo espírito, seria bem possível fazer um diagnóstico parcial da qualidade de vida (e, portanto, também da saúde) de segmentos de uma sociedade a partir desses verdadeiros sintomas sociológicos que são os medicamentos que se consomem. Quem usa analgésicos? Quais são os que adquirem remédios para o fígado? Quem ingere fortificantes, calmantes, estimulantes, digestivos, emagrecedores, antidepressivos? Até que ponto esses medicamentos desempenham um papel político no sentido de tornarem viável um gênero de vida que de outro modo seria insuportável? Os calmantes não nos permitem ficar calmos sem saber que estamos nervosos? Os que tomam analgésico sistematicamente não fariam melhor se mudassem de vida, em vez de continuar sofrendo sem saber que estão sofrendo? Enfim, soluções individuais para problemas em geral coletivos, em que medida os digestivos tornam digeríveis alimentos indeglutíveis, os analgésicos transformam em indiferentes rotinas de vida na verdade dolorosas, os calmantes fazem razoáveis ritmos e situações de arrepiar os cabelos? Esses poucos exemplos, entre muitíssimos possíveis, são suficientes para colocar questões muito sérias e muito "aplicadas" sobre o que são ou o que devem ser, saúde, tratamento e cura.

*

Correndo o risco de um certo exagero, poderíamos ir um pouco adiante no raciocínio e levantar a hipótese de que os fatores culturais não apenas "influenciam" doenças, como uma espécie de "variável ambiental". Em muitos casos, principalmente associados às guerras e às injustiças sociais, pode-se mesmo falar de uma óbvia, verdadeira e proposital produção coletiva delas. Mas há casos menos perceptíveis a olho nu. Este é certamente o de certas moléstias degenerativas, que são estatisticamente possibilitadas por uma cultura que descobriu meios de prolongar a vida individual média muito além do que a história já havia conhecido. Talvez seja igualmente a situação de doenças favorecidas por estereótipos e por idéias preconcebidas a respeito dos idosos e da velhice. Pode ser também o caso de certas modalidades de impotência sexual masculina, associadas a ansiedades geradas pelo medo do fracasso diante de quase olímpicas expectativas culturais de desempenho sexual.

De modo semelhante poderiam ser assim consideradas as "dificuldades" relativas à adolescência. Esta é uma categoria de fase de vida desconhecida em tantas e tantas culturas e mesmo no Ocidente até os finais do século XIX (Ariès:1981). Como se sabe, pelo menos desde os trabalhos de Ruth Benedict e Margaret Mead, em muitas sociedades, por meio de ritos bem específicos e localizados, os jovens são diretamente promovidos à vida adulta, com os direitos e os deveres bastante definidos que se esperam dessa condição. Se existe, a famosa "explosão hormonal", com que atualmente se procura entre nós biologizar e naturalizar a adolescência, encontra nessas sociedades canalizações culturais bastante diferenciadas da que escolhemos em nossa sociedade. A propósito, até meados do século XX, passar direto para a vida adulta não era o destino socialmente aceito e um ideal almejado por muitas mulheres brasileiras nas cidades e nos campos (Freyre:1977 e 1985), que se transformavam em esposas e mães muitas vezes antes de completarem os quinze anos?

Talvez este seja também o caso de certas enfermidades pouco conhecidas ou escassamente mencionadas na literatura sobre doenças em outras épocas e culturas. Por exemplo, o enjôo matinal na gravidez é desconhecido das mulheres arapesh, como Margaret Mead (1969: 56) observou. Especulo sobre se não seria assim com a tensão pré-menstrual, pouco referida na literatura médica ocidental até apenas poucas décadas atrás, provavelmente por ter sido menos freqüente. Como se sabe, as mulheres passavam longos períodos de suas vidas gestando e amamentando. Certamente isso se devia em parte à impossibilidade de evitar gravidez com o uso de contraceptivos eficazes. Mas principalmente resultava de estímulos culturais muito potentes no sentido de que as proles fossem numerosas (freqüentemente superiores à dezena). Havia talvez pouca oportunidade para grande incidência de TPM: as mulheres, quase sempre grávidas ou amamentando, talvez menstruassem menos. Na mesma direção, e dando asas à imaginação, caberia conjeturar sobre se a menopausa não faria parte desse mesmo quadro, em uma sociedade na qual a valorização da extensão da vida torna a existência individual cada vez mais longa. Com efeito, onde o culto da vida extensa não existe, ou onde não pode ser culturalmente viabilizado, há razoável probabilidade de que a vida da maioria das mulheres se esgote antes mesmo que tenham esgotado os seus óvulos.

Em que medida, para continuar nossos exemplos, a conhecida "dor do parto" seria também função de fatores culturais? Em algumas culturas são os maridos que observam resguardo quando da gravidez ou do parto de suas esposas. Estará a dor associada a técnicas obstetrícias praticadas por determinada cultura (posição deitada, relativamente contrária à gravidade)? Ou à experiência específica da mulher (primeiro, ou sétimo filho)? Ao gênero predominante de vida, que tem a ver com a força muscular e a resistência física (burocrata, camponesa, atleta...)? A determinadas implicações mitológicas ("Parirás com dor!")? A certas dramatizações apresentadas como modelos pelos meios de comunicação de massa? Ou, ainda, ao sentido atribuído por uma cultura à dor em geral ou à dor de parto em particular – sentido que algumas vezes pode fazer toda a diferença entre sofrimento e prazer?

Embora este não seja ainda um ponto plenamente consagrado, estamos em vias de poder sustentar que para um conhecimento mais efetivo das doenças, dos sofrimentos e dos tratamentos torna-se cada vez mais impositiva a consideração de hipóteses sobre suas possíveis dimensões simbólicas e comportamentais. Esta consideração é particularmente relevante quando estão em jogo enfermidades de elevada incidência estatística em determinada população. Penso, como exemplo – mas eles poderiam ser tantos! – nos cânceres de próstata e de mamas em nossas sociedades atuais: além dos tabus que dificultam o diagnóstico precoce, que hábitos (sexuais, alimentares, de rotinas de vida, de consumo, etc.) podem lhes estar fazendo companhia?

Enfim, os trabalhos nessa direção "aplicada" devem prosseguir. Só teremos benefícios a receber se eles se diversificarem por múltiplos caminhos empíricos, tematizando conexões sempre novas entre fatores culturais, doenças e tratamentos. A antropologia do corpo nos ensina que não há saúde em si, passível de definição normativa, e que talvez valha a pena considerar a hipótese de que a experiência da doença, como Nietzsche (1950: 165) observou, possa ter o seu lado saudável e talvez mesmo indispensável do ponto de vista antropológico. Em síntese – e sobretudo – a esta altura dos conhecimentos da antropologia do corpo, pode-se tranqüilamente afirmar que não basta estudar apenas o aspecto laboratorial das enfermidades e que não é satisfatório compreender delas somente aquilo que é possível perceber através do microscópio.

Amanhã?

Há ainda muito espaço para o alargamento horizontal e empírico dos estudos de antropologia do corpo. Mas encontramos hoje um desafio talvez maior, que é o de verticalizar a reflexão sobre o que seja o corpo humano. Trata-se de aproveitar todos os dados e todos os conhecimentos que vieram sendo acumulados ao longo da história dessa especialidade, para recolocar, agora, porém, em bases certamente muito mais sólidas e com novos instrumentos, algumas indagações literalmente fundamentais e constitutivas da reflexão neste campo. A estas perguntas, naturalmente, talvez venham corresponder respostas bastante distintas das que foram possíveis nos tempos primordiais e heróicos dos fundadores dos estudos antropológicos sobre o corpo.

Por exemplo, o que é uma vida humana? Que diferença existe entre a de um ser humano e a vida de uma planta ou de um animal? Nestes últimos, como no homem, existe algo como uma força, um *élan* que os impulsiona a viver. Neles há o que faz os galhos se estenderem, os corações baterem, os neurônios se conectarem, os olhos enxergarem, os pulmões inspirarem e expirarem... Aquilo, enfim, que leva animais e plantas a crescer e a encontrar seus destinos. E isto de certa forma independente de suas vontades; talvez, às vezes, mesmo contra suas vontades. Esta "força" é o que constitui qualquer vida, botânica ou zoológica. E a humana, na medida em que o homem também é um animal.

Entretanto, somente esta dimensão de existência biológica é de todo insuficiente para explicar a vida humana, em seu sentido propriamente antropológico. A vida de um homem não é apenas impulsionada por uma força ou *élan* vital. Não é somente um impositivo biológico. Ela é a vida do único ser consciente de ser mortal, do único ente comprovadamente capaz de se matar, do único corpo habilitado a se extinguir pela própria vontade. A vida humana é a de um existente que sempre tem as suas razões muito especificamente humanas para viver ou para deixar de viver. E o que a antropologia ensina é que estas razões residem exatamente naquilo que o raciocínio puramente biológico consideraria acessório, superficial ou mesmo frívolo: na dança, na música, na fala, nos mitos, nos rituais, nos sistemas de parentesco... Razões encontráveis, em suma, em tudo aquilo que só existe entre os seres humanos. Por conseguinte, compreender a vida humana em sentido vertical significa incorporar na reflexão esses elementos "fúteis", mas especificamente humanos. Significa entender que a vida humana tem suas razões (amor, ódio, honra, vergonha, orgulho, etc.) que a biologia desconhece.

No meu entender, a antropologia gira em torno de uma questão ao mesmo tempo central e geral. E esta questão é o desafio de compreender como os seres humanos são simultaneamente animais e algo diferente de animais. Esta indagação geral se materializa, no caso específico da antropologia do corpo, em saber como os homens têm uma vida e um corpo animais, porém diferentes de vidas e de corpos de animais. Um corpo animal, que pulsa, que transpira, que se reproduz, que se alimenta, que elimina... mas que no mesmo ato não transpira como um animal, não se reproduz da mesma forma, não se alimenta de modo igual, não elimina de maneira semelhante. Um corpo animal – todavia, sempre adornado, vestido, treinado, medicalizado. Um corpo objeto de intervenções rituais que culturalizam o biológico, ao mesmo tempo em que biologizam e muitas vezes visceralizam o cultural.

Algumas breves ilustrações.

O humano é um corpo que se alimenta, como o de todo animal. Mas, de alimentação omnívora, os homens são capazes de devorar tudo o que seja quimicamente definível como alimento, não estando biologicamente obrigados a consumir esta ou aquela comida. Esta é a razão pela qual os esquimós optam por serem quase exclusivamente carnívoros; os hindus, vegetarianos e os aborígines australianos escolhem abastecerem-se de proteínas ingerindo insetos. Por isso também, sendo capazes de colocar para dentro de si até mesmo o que poderia ser definido como o exato contrário de alimento (fumaças, tóxicos e venenos, por exemplo), algumas vezes os seres humanos "alimentam-se" daquilo que dificilmente poderia caber na definição química de alimento. Nem mesmo um mamífero se pode garantir que os homens estejam biologicamente determinados a ser, pois há culturas em que o leite humano é rigorosamente negado aos bebês. Enquanto isso, em outras, como a nossa (na qual seria melhor dizer que os bebês sejam "mamadeiríferos"), realizam-se campanhas de esclarecimento público com a finalidade de que as mães amamentem seus filhos. Aprendemos, assim, com a alimentação, que os humanos são dotados de corpos destinados a variar de cultura para cultura, de corpos constituídos para diferir. Aprendemos também que, muito além de químico, o alimento incorpora valor de símbolo. E compreendemos por que é possível que cada homem retire prazer gastronômico de alimentos que, do ponto de vista de outros, seriam tidos como os mais estapafúrdios e mesmo como inimagináveis.

Como o de muitos animais, o humano é um corpo que tem relações sexuais. Contudo, não está biologicamente restrito a copular com "x" ou com "y". Não lhe está organicamente determinado obedecer ou transgredir proibições de incesto. A biologia não lhe impõe cópulas em tal ou qual momento dos ciclos de fertilidade, na gravidez ou fora dela, por prazer ou por obrigação, de modo freqüente ou escasso, com esta ou com aquela finalidade, estimulando este ou aquele ponto erógeno. Segundo as sociedades, o sexo pode ser praticado a sós, com um ou vários parceiros, com animais, com pessoas de outro ou do mesmo sexo, nesta ou naquela posição... De modo análogo ao que acabamos de ver a propósito da alimentação, entre os humanos o sexo passa a ser imediata e simultaneamente significação: transforma-se em conformismo, desvio, imaginação, padrão estético, aliança entre grupos, gesto religioso, obrigação moral e assim por diante. De novo encontramos aqui um terreno corporal propício à diferença, um campo fértil para que cada cultura faça as suas opções e plante a árvore de sua sexualidade própria. Esta sexualidade, ao contrário do que se polemizava acaloradamente algumas décadas atrás, não pode mais ser considerada nem como apenas biológica, nem como somente cultural.

*

Desde sempre os antropólogos biológicos estiveram preocupados em descrever este ser comparativamente livre das determinações do ambiente, que é o humano. Viver nas temperaturas mais elevadas ou nas mais geladas, nas florestas, nos desertos, nas montanhas ou nos vales, no mar e até no espaço extraterrestre... Nenhum ser é capaz de tanto. Mas, para os propósitos da antropologia do corpo, é necessário que caminhemos bem além da perspectiva adaptacional, que sempre prevaleceu na reflexão da antropologia física sobre este assunto. Mais ainda: também é preciso forcejar os limites comparativamente muito mais ousados da antropologia cultural, que quase sempre sustentou que os homens "inventam" seus ambientes. Ambos os pontos de vista são válidos, sem dúvida, em seus níveis específicos. Entretanto, para a constituição plena da antropologia do corpo é necessário compreender – e levar até suas conseqüências últimas – que, muito mais do que seus ambientes, o que os homens "criam" na verdade são os seus próprios corpos.

Os homens inventam seus corpos, esses híbridos construídos com adornos e com próteses, com disciplinas e com treinamentos, com automatismos adaptados aos mobiliários, às ferramentas e às máquinas, com prazeres e sofrimentos corporais físicos, simbólicos e imaginários. Inventam-no porque o humano é o corpo de um ser votado à diversidade, de um ente destinado a diferir inclusive de si mesmo. Portanto, é necessário aos antropólogos, físicos ou culturais, enfrentar o desafio de incluir na reflexão sobre o corpo esses princípios de variabilidade e de adaptabilidade radicais – princípios que, aliás, não são senão casos particulares do próprio princípio geral da diversidade. Isso significa que é preciso correr o risco de relativizar inclusive a própria biologia humana, para compreender como o corpo deste animal da cultura é dotado de uma natureza especial: nele, qualquer detalhe biológico pode se ver imediatamente envolvido por convenções simbólicas, com todas as conseqüências jurídicas, políticas ou éticas que isto acarreta.

Seria igualmente relevante, por outro lado, que os antropólogos culturais, especialmente quando tratassem do corpo, se lembrassem de que em muitos casos é possível e mesmo necessário colocar em mais enfática evidência a concretude às vezes esquecida da cultura, indo além das "representações" e dando alguns passos na direção do biológico. Assim, por exemplo, quando se diz que os indivíduos da nossa cultura têm nojo da maioria das secreções corporais, não se está referindo apenas ao que "pensam" sobre os produtos do corpo, mas também a automatismos, a reflexos, a hormônios, a tensões musculares, a estados nervosos, a movimentos de vísceras, a humores... Quando se diz que os Suyá (Seeger: 1980:129) acreditam que a doença e o tratamento envolvam os parentes próximos, de mesma "substância", certamente não se está falando apenas de uma teoria abstrata, mas também da própria evolução das doenças e das condições de eficácia dos procedimentos terapêuticos. Em vez de uma barra separando a natureza da cultura, seria importante pesquisar em cada experiência corporal os gradientes contínuos, diferenciados e inúmeros que estão a amalgamar a globalidade da experiência humana, que é ao mesmo tempo simbólica e biológica.

Quando se diz que os Arapesh (Mead: 1969, 153) consideram atraentes mulheres com seios grandes e caídos, alegando que são superiores às ainda demasiado crianças, que os têm duros e levantados, é preciso entender que eles não apenas "pensam" isso, mas também que todo um conjunto de tabus, de sentimentos, de sensações e de sensibilidades está associado a este pensamento. Eles efetivamente sentem a mulher mais velha como mais atraente. Os praticantes de candomblé que "viram no santo" não apenas possuem crenças específicas sobre suas relações com os orixás, não somente as "representam", mas as experimentam e vivenciam de maneira intensamente corporal. Entre os homens de algumas culturas, muitos não se limitam a pensar que uma mulher de nádegas acentuadas seja particularmente atraente: experimentam isso – e de tal maneira que todo um conjunto de movimentos e de automatismos dos olhos, do pescoço e da cabeça imediatamente se põe a funcionar. Portanto, muitas vezes não se trata apenas de "representação" social, de "concepções", de "visões de mundo", de idéias mais ou menos intangíveis, voláteis e imateriais. As representações do corpo – principalmente – não se limitam a serem apenas acontecimentos intelectuais: com freqüência são violentamente viscerais e não raro se traduzem em entusiasmos, em medos, em prazeres, em rancores, em sensibilidades... É sempre necessário saber como ecoam e reverberam na carne.

*

Contra o etnocêntrico dualismo cartesiano de nossa herança intelectual, nunca nos esqueçamos de que "biológico" e "cultural" são apenas conceitos. O corpo humano não tem dois lados – um fixo e biológico, outro variável e cultural – mas apenas um. Conseqüentemente, a cada cultura corresponde uma corporeidade própria. A antropologia do corpo precisaria ser tão radicalmente relativizadora que incitasse à relativização da própria biologia humana. Apenas ilusoriamente se pode continuar considerando que morfológica, anatômica ou fisiologicamente os órgãos humanos sejam universalmente os mesmos, pois "naturais": porque os ascos e os prazeres são diversos, as resistências à dor são diferentes, as sensibilidades estéticas não se repetem, as doenças variam... E os órgãos respondem a estas variações, ao mesmo tempo em que as tornam possíveis.

A natureza humana não é "natural". De cultura para cultura, dor e prazer podem simplesmente se inverter. Como Bruno Latour sugeriu (1994:104), para entender a corporeidade humana seria necessário passar "do relativismo cultural ao relativismo natural". Existiria, então, em cada sociedade uma *natureza-cultura* própria: uma confluência singular, um hibridismo particular, que não se repete em outra sociedade. Esta natureza-cultura talvez pudesse ser mais bem compreendida como análoga à fita de Moebius: nesta, uma torção em uma das pontas antes de colá-la à outra faz com que a oposição entre interior e exterior desapareça e que a fita não tenha mais lados, podendo ser descrita como dotada de um interior-exterior.

Sem repetir os erros – cujos perigos estão sempre à espreita – de um reducionismo biológico determinista, talvez fosse estratégico para a antropologia do corpo desenvolver estudos que tentassem aprender em novíssimas bases com as rupturas e continuidades presentes naqueles aspectos da vida humana que encontram correspondência aparente em outros animais: alimentação, limpeza, menstruação, sono, acasalamento, aleitamento, ritualização, cuidado com os pequenos, etc. Talvez seja uma boa inspiração retornar ao conselho de Marcel Mauss e desenvolver os métodos de estudar com cuidado aqueles fatos em que a natureza biológica encontra bem diretamente a natureza social do homem, em que o individual e o coletivo se interpenetram e em que, como Durkheim costumava repetir, os homens vibram em conjunto, contagiam-se e entram em efervescência coletiva: em mulheres que nunca conceberam, mas que produzem leite quando se dispõem a amamentar filhos de outras; na tendência das que vivem em estreita proximidade física a menstruar mais ou menos simultaneamente; no orgasmo, que depende estreitamente de crenças específicas sobre a sexualidade; nas cócegas, que não podem ser provocadas por alguém em si mesmo; na lágrima, no choro, no riso, no sorriso e na gargalhada, que são manifestações corporais suscitadas pela combinação de idéias muito sutilmente particulares; nos placebos, que não-raro realizam curas surpreendentes e extraordinárias; na dor, que às vezes se converte em prazer pela ação de reinterpretações simbólicas e de recompensas culturais; nos membros fantasmas dos amputados, que por um tempo continuam a se fazer presentes mesmo não existindo mais; no transe, que depende da presença de certas idéias muito definidas sobre o sagrado; nos alucinógenos, que fazem se enevoarem as fronteiras entre percepção e imaginário; nas mortes, nas doenças, nos tratamentos e nas curas vudus; em algumas expressões corporais de emoções, que parecem ser universais em crianças muito pequenas e que progressivamente vão se particularizando nos adultos; no aparente contágio dos bocejos em público; no paladar, no nojo, na vergonha, no medo, na dança, na música, na hipnose, no humor, no sonho...

Nota

[1] Professor Titular de Antropologia da PUC do Rio de Janeiro.

BIBLIOGRAFIA

ARIÈS, Philippe. *História social da criança e da família*. Rio de Janeiro: Jorge Zahar, 1981.

BOAS, Franz. "Changes in bodily form of descendants of immigrants". In: A. Montagu (org.), *Frontiers of anthropology*. Nova Iorque: G. P. Putnam's Sons, 1974.

__________*The mind of primitive man*. Nova Iorque: The MacMilland Company, 1963.

CANNON, Walter. "Voodoo Death". In: A.. Montagu (org.), *Frontiers of anthropology*. Nova Iorque: G. P. Putnam's Sons, 1974.

DURKHEIM, Emile. *El suicidio*. Buenos Aires: Schapire, 1971.

FOUCAULT, Michel. *Surveiller et punir*. Paris: Gallimard, 1975.

FREYRE, Gilberto. *Casa Grande & Senzala*. Rio: José Olympio, 1977.

___________ *Sobrados e Mucambos*. Rio: José Olympio, 1985.

HERTZ, Robert. "A preeminência da mão direita". *Religião e Sociedade*, 6. pp 99-128. Rio de Janeiro: Novembro de 1980.

__________. *Sociologie religieuse et folklore*. Paris: Presses Universitaires de France, 1970.

LATOUR, Bruno. *Jamais fomos modernos*. São Paulo: Ed. 34, 1994.

LEACH, Richard. Socioeconomic status, race and poliomyelitis in Detroit, Michigan: a sociological analysis. MA thesis. Wayne State University, 1967.

LE BRETON, David. *Anthropologie de la douleur*. Paris: Métailié, 1995.

LÉVI-STRAUSS, Claude. *Antropologia Estrutural*. Rio de Janeiro: Tempo Brasileiro, 1967.

MALSON, Lucien. *Les enfants sauvages*. Paris: Union Générale d'Editions, 1964.

MAUSS, Marcel. *Sociologia e antropologia*, v. 2. São Paulo: Edusp, 1974.

___________ *Ensaios de sociologia*. São Paulo: Perspectiva, 1981.

MEAD, Margaret. *Sexo e temperamento*. São Paulo: Perspectiva,1969.

NIETZSCHE, Frederik. *Le gai savoir*. Paris: Gallimard, 1950.

RODRIGUES, José Carlos. *Higiene e ilusão*. Rio de Janeiro: Nau, 1995.

_______________. *O corpo na história*. Rio de Janeiro: Ed. Fiocruz, 2000.

SEEGER, Anthony. *Os índios e nós*. Rio de Janeiro: Ed. Campus, 1980.

VIGARELLO, Georges. *Le propre e le sale*. Paris: Seuil, 1985.

O SOFRIMENTO E A SALVAÇÃO DO CORPO: TRABALHO E PUNIÇÃO NAS REGRAS MONÁSTICAS DE ISIDORO DE SEVILHA E FRUTUOSO DE BRAGA[1]

Leila Rodrigues da Silva[2]

Durante a Idade Média, a atenção dedicada ao corpo pelas autoridades religiosas revelou-se de modo singular nas regras monásticas. Nelas, com certa regularidade, simultaneamente à imposição de conjuntos reguladores que norteavam todos os aspectos da vida comunitária, uma dada concepção acerca do prazer fora veiculada. Sua condenação no ambiente cenobítico se fazia sob a alegação, explícita ou não, de que mantinha uma associação direta com o vício e o pecado.

A lógica geral da argumentação pressupunha corpo e alma inseparáveis, sendo os erros cometidos por um inequivocamente compreendidos como prejudiciais ao outro. Em decorrência, impunha-se o disciplinamento dos corpos, objetivando sua purificação, assim como a da alma. Como parte de tal disciplinamento, indicou-se com freqüência, entre outras iniciativas, que a preguiça e o ócio fossem eliminados, já que se constituíam como fontes de prazeres mundanos, origens de vícios e pecados. Com este fim, recomendou-se, pois, o envolvimento infatigável dos monges com o trabalho, seja em sua expressão material, o que garantia a manutenção do cenóbio e de suas funções assistenciais, seja em sua dimensão espiritual, o *opus Dei* que promovia a salvação dos homens.

Interessa-nos neste trabalho, a partir da análise de dois textos escritos no século VII, as regras de Isidoro de Sevilha e Frutuoso de Braga, verificar aspectos do controle do corpo, com destaque às penalidades prescritas, ou sua ausência em tais documentos, para os monges que, desejando evitar o trabalho, conferiam ao corpo um uso compreendido como inadequado. Assim, identificaremos aspectos da argumentação dos dois autores para os que não estivessem absolutamente convencidos de que o trabalho elevava e poderia garantir indulgência às almas. Ou seja, o que deveria ser feito, segundo Isidoro e Frutuoso, se, a despeito das recomendações, dos anúncios de vantagens espirituais e materiais e dos benefícios individuais e coletivos, os religiosos não se empenhassem na realização do seu trabalho?

Antes de nos debruçarmos mais especificamente nos pontos acima mencionados, identifiquemos as duas regras.

Regula Isidori

A *Regula Isidori* foi escrita, entre os anos de 615 e 620, pelo bispo de Sevilha, Isidoro. De acordo com a dedicatória presente em alguns manuscritos,[3] teria sido produzida para o mosteiro honorianense.[4] Fora adotada, entretanto, também em alguns mosteiros da Bética que não dispunham de um conjunto regulador particular. Segundo o próprio autor, a sua regra não aspirava à originalidade como marca, resultava da seleção e sistematização do já exposto pelos Santos Padres.[5]

A *Regula Isidori* se divide em vinte e cinco capítulos. Entre os temas tratados, além da especial atenção consagrada ao perfil moral dos monges, com condenações aos vícios mais comumente identificados, como ira, avareza, amargura, preguiça, vaidade, orgulho, luxúria e gula, destacam-se: a clara definição da autoridade do abade; a descrição do trabalho a ser realizado; o detalhamento do ofício divino; o cuidado com a administração e as propriedades do mosteiro; o tratamento diferenciado aos anciãos, doentes e hóspedes; a relação com o mundo exterior e a deferência concedida aos mortos.

Regula Monachorum

A *Regula Monachorum*[6] foi escrita aproximadamente em 640, por Frutuoso, bispo de Braga. Embora não tenha atingido a mesma repercussão que a isidoriana, foi adotada por pelo menos doze mosteiros da Galiza.[7] Tal regulamentação possui, certamente, algum nível de dependência e identidade com a *Regula Isidori,* já que ambas se pautam em uma mesma tradição monástica, o que as tornam em um certo sentido muito próximas. Embora os escritos isidorianos tenham circulado no noroeste peninsular,[8] não há consenso entre os especialistas acerca do grau de influência que a *Regula Isidori* teria exercido sobre a obra frutuosiana.[9]

A *Regula Monachorum* se divide em vinte e quatro capítulos. Nestes, assim como na *Regula Isidori*, além do especial realce concedido aos aspectos morais, assuntos diferenciados são abordados como: a valorização e o detalhamento do ofício divino; a organização e a importância do trabalho; a recepção dos hóspedes; o cuidado com os doentes e os anciãos; a adequada aparência externa do monge; o processo de ingresso na instituição e o papel do abade e do prepósito, bem como toda a hierarquia interna do mosteiro.

As penalidades nas regras de Isidoro e Frutuoso

Ao todo, cada um dos autores dedicou aos infratores e às punições cinco capítulos de suas regras. Não obstante, a *Regula Monachorum* seja reconhecida como mais rigorosa que a *Regula Isidori,*[10] sobretudo pelas penas mais severas que geralmente prescreve, não verificamos, em relação ao trabalho dos monges, elementos que reforcem esse perfil austero. As referências aqui feitas por Frutuoso são, em sua maioria, indiretas e generalizantes, principalmente na identificação dos infratores.

Ao contrário, encontramos no conjunto isidoriano alusões mais explícitas aos tipos preguiçosos. Na verdade, há na *Regula Isidori* um cuidado particular com a enumeração das várias transgressões, tendo sido listadas dezenas de possíveis faltas. Do perjúrio à soberba, do riso em excesso à ira, nada parece escapar à tipologia isidoriana. O mesmo, todavia, não ocorreria quanto ao detalhamento das penas, como veremos.

Ao classificar os transgressores, Isidoro registrou, além do mentiroso, ou seja, aquele que, sob o pretexto de alguma enfermidade ou mal-estar, buscaria a ociosidade,[11] o que:

> *" (...) gosta de estar ocioso (...) o [que] estiver sem fazer nada; o que deixando o ofício ou o trabalho, sair fora sem necessidade; o que se entrega à preguiça (...) [e] o que cumpre com negligência ou lentamente seu trabalho."*[12]

No que tange à gravidade dos delitos, o bispo de Sevilha dividiu-os em leves e graves. Com exceção dos mentirosos, todos os anteriormente mencionados estariam reconhecidos como réus de faltas leves. Para estes, como penalidade, fora prevista a excomunhão por três dias.[13] Embora, à primeira vista, a idéia de excomunhão por um número de dias tão restrito possa parecer uma punição branda, ao conferirmos com o próprio Isidoro o que representava ser excomungado, surpreende-nos a exata dimensão de tal penalidade. Vejamos:

A ninguém será permitido orar ou comer, nem sequer aquele que serve a comida, com o excomungado. Se a excomunhão for de dois dias, não lhe será dado alimento. Mas se for de muitos dias receberá o excomungado pão e água à tarde. Fora do rigor do inverno, seu dormitório será a terra; seu leito, uma esteira; sua manta, uma coberta lisa e eventualmente o cilício; seu calçado, qualquer gênero de sandálias.[14]

Cremos, pois, que o consenso em torno do maior rigor que caracteriza a *Regula Monachorum* em relação à *Regula Isidori* não manter-se-ia, se apenas a preocupação com o trabalho monástico estivesse em pauta.

Diferentemente de Isidoro, Frutuoso, na tipologia que organizou acerca das faltas cometidas, não destacou aquelas relacionadas ao desleixo para com o trabalho. Esta ausência, associada às demais preocupações explicitadas em sua regra, ratifica a certeza de que os problemas mais sérios com os quais se deparava possuíam prioritariamente outra natureza. Aqui, há que lembrar as especificidades do contexto no qual os mosteiros galegos se inseriam. Este fora marcado, sobretudo, pelas restrições de recursos naturais e por uma população monástica cuja constituição não foi necessariamente definida por "interesses religiosos". Muitos buscavam o mosteiro com o objetivo de garantir a sobrevivência material. As transgressões enumeradas e suas respectivas punições diziam respeito, pois, às práticas luxuriosas, à gula, ao roubo e à indisciplina de uma maneira geral.

É provável que as necessidades concretas decorrentes das limitações econômicas da região favorecessem o empenho dos monges na execução do trabalho manual. Sua não-realização inviabiizaria efetivamente a comunidade. A gravidade de tal circunstância alerta-nos para o quão eficiente poderia ser, como mecanismo que garantiria a restrita incidência de preguiça e ócio, a pressão adicional exercida pelos monges, uns sobre os outros. Em outras palavras, se havia trabalho a ser feito, ou os que foram designados acatavam a ordem recebida, ou outros teriam que ser sobrecarregados.

Quanto às demais atividades compreendidas como trabalho, isto é, aquelas relacionadas ao *opus Dei*, Frutuoso buscou garantir sua regularidade a partir da articulação de duas estratégias de intervenção que se complementam. Por um lado, na própria atenção que se atribuiu ao ofício divino. Tal importância pode ser atestada na organização dos temas. Nesse sentido, por exemplo, observamos que o *De orationibus* tem o privilégio de ocupar o primeiro capítulo da regra e que há um excessivo detalhamento dos aspectos pertinentes a tal atividade na *Regula Monachorum*.

Por outro lado, associado a tal pormenorização, há que ressaltar o controle exercido pela comunidade, visto que, salvo raras circunstâncias, as orações ou demais atividades litúrgicas se cumpriam coletivamente. Ou seja, ao se deter na formulação minuciosa acerca de tal temática, Frutuoso, apesar de não desprezar o plano individual, concentrou seus maiores esforços na construção de uma rede de vigilância que aprisionava a todos os integrantes do cenóbio.

De qualquer modo, diante de demandas tão rigorosas, de acordo com as quais se exigia do corpo uma performance por vezes muito agressivas, não há como supor que as faltas não fossem cometidas. Àqueles que eventualmente sucumbissem à preguiça e ao ócio, apesar de todo o controle exercido, caberia, pois, a aplicação de penas indicadas aos faltosos de um maneira geral. Vejamos:

> *"(...) em **todos os excessos** dos monges deve se aplicar o castigo congruente a juízo do abade e dos anciãos, proporcional à responsabilidade da idade e da pessoa (...)."*[15] (grifo nosso)

Embora aos "preguiçosos" não tenham sido prescritas penalidades específicas, devemos realçar as referências ao trabalho manual em particular feitas pelo bispo de Braga nos capítulos aqui enfocados. Os monges excomungados deveriam ser mantidos ocupados, sobretudo, no cumprimento das penas mais rígidas. Encontra-se aqui em destaque a função remissora que o trabalho claramente assumiu, juntamente com os suplícios decorrentes dos jejuns e chibatadas, ao ser recomendado como parte das penas aos que incorressem em faltas. Verifiquemos algumas alusões ao assunto no próprio texto:

> *"O que se gaba de seus excessos deve ficar privado com freqüência de alimentos e mortificado com jejuns de dois ou três dias; há que impor-lhe ainda a pena de algum trabalho e a proibição de que fale."*[16]

O que for reiteradas vezes sancionado ou excomungado e não se emendar, será submetido ao remédio de açoites e duramente corrigido, e, à força de uma contínua diligência, será afastado do vício.[17]

Depois de cumpridos esses seis meses, durante outros seis, sob a guarda de ancião espiritual, vivendo em uma cela separada dedicar-se-á sem interrupção ao trabalho e à oração.[18]

A despeito de Isidoro e Frutuoso compartilharem dos mesmos pressupostos, o encaminhamento distinto que cada um adota no que tange ao detalhamento das penas pode, equivocadamente, sugerir alguma diferença mais profunda entre ambos. A compreensão de que o trabalho serviria à elevação espiritual teoricamente reservar-lhe-ia lugar de prestígio entre as punições prescritas nas duas regras. Não existe, todavia, uma só menção a esse respeito nos capítulos que Isidoro dedicou aos infratores e às penalidades.[19]

Tal ausência, entretanto, apenas deve ser atribuída à orientação formal por ele eleita na organização dos referidos temas. Se, ao identificar os transgressores, Isidoro se preocupou em determinar uma considerável diversidade de tipos com suas múltiplas variantes, não manteve o mesmo nível de pormenorização quanto à descrição dos castigos. Nesse sentido, limitou-se a indicar, dependendo da situação, a excomunhão e o açoite para os faltosos. Logo, não recomendou o trabalho aos monges, como meio capaz de promover mais rapidamente o alcance do perdão, simplesmente porque, como dito anteriormente, não se deteve minuciosamente na exposição das penas.

Apesar disso, a idéia fundamental de que o desconforto físico, no limite a dor, favorecia a correção dos vícios do corpo, beneficiando a alma, manteve-se explicitamente presente nos capítulos ora enfocados, tanto na *Regula Monachorum*, como já sublinhado, quanto na *Regula Isidori*, ainda que, nesta última, menos freqüentemente. Vejamos, acerca desta questão, as duas únicas menções feitas por Isidoro:

Estas [transgressões graves] e semelhantes faltas serão corrigidas com açoites e sanção, a juízo do abade, com excomunhão duradoura (...)[20]

"(...) a fim de que aqueles a quem não aparta da culpa a pouca idade, reprima-os o rigor dos açoites."[21]

Conclusão

Isidoro e Frutuoso valorizaram a dimensão ascética do trabalho, em consonância com a tradição monástica. De acordo com a lógica adotada em suas argumentações, a plenitude da experiência cenobítica dependia necessariamente da vida laboriosa de cada um dos religiosos.

Assim, aos que, a despeito das exortações, não foi possível conter, imputou-se, entre outros pecados, o da indisciplina, o da preguiça, e o do mau exemplo. Para estes, a salvação, mesmo que mais distante, ainda podia ser alcançada. As punições previstas nas regras promoveriam não apenas a correção exemplar e imediata das faltas cometidas, mas também, o considerado mais importante pelos eclesiásticos, uma oportunidade de purificação da alma. Aqui, o desconforto físico e, no limite, a dor foram recomendados.

No fundamental, as propostas dos bispos de Sevilha e de Braga são similares, para o que certamente contribuiu o fato de serem contemporâneos, tributários da mesma tradição cultural e ocuparem semelhante lugar na hierarquia eclesiástica. As diferenças, pontuadas ao longo do texto, decorrem da ênfase conferida por um e por outro neste ou naquele elemento. Muito embora a apreensão da realidade feita por cada um dos autores tenha se vinculado a um conjunto de variáveis de difícil precisão, as prioridades que elegeram relacionaram-se certamente às características próprias das regiões para as quais as regras foram escritas. Nesse sentido, cabe ressaltar particularmente as questões associadas à prosperidade econômica do sul da Península, por um lado, e às restrições dos meios naturais no noroeste, por outro. Aspectos aos quais se relacionaram, entre outras peculiaridades, o perfil religioso dos monges de cada comunidade; as transgressões mais usualmente presentes; os rendimentos dos mosteiros, e as atividades imprescindíveis à manutenção das práticas assistenciais.

Assim, a despeito das eventuais diferenças anteriormente mencionadas, destaca-se o fato de que Isidoro e Frutuoso, fiéis aos pressupostos que reafirmavam a indissociabilidade entre corpo e alma, atuaram de modo a garantir aos monges a oportunidade de salvação por intermédio do trabalho e/ou das penas a eles imputadas, em decorrência da transgressão cometida.

Notas

[1] Este trabalho foi apresentado no I Congresso de Saúde, Gênero e Corpo do CMS Waldyr Franco, promovido pela Prefeitura da Cidade do Rio de Janeiro – Secretaria Municipal de Saúde, em agosto de 2003 – e reapresentado para se criar um "campo de experimentação comparada" em torno do tema "Olhares do Corpo".

[2] Professora Doutora – História Medieval – PEM/PPGHC/IFCS/UFRJ

[3] A referência feita ao mosteiro honorianense não está presente em todos os manuscritos preservados. Cf.: ISIDORO DE SEVILLA. Regla. In: *Reglas monásticas de la España Visigoda. Los tres libros de las "Sententias"*. Introducciones, versión y notas de Julio Campos y Ismael Roca. Madrid: Editorial, 1971 (Biblioteca de Autores Cristianos.), pp. 80-81.

[4] Existem dúvidas acerca da localização de tal mosteiro. Cf.: *Reglas monásticas de la España Visigoda.* Op. cit., p. 81.

[5] ISIDORO. Regula. Op. cit., p. 90.

[6] FRUTUOSO. Regla. In: *Reglas Monasticas de España Visigoda.* Op. cit. pp. 137-162. Estaremos utilizando nas notas, as iniciais da *Regula Monachorum (RM)* para identificá-la.

[7] FLOREZ MANJARIN, Francisco. Compludo: Primer Monasterio de San Fructuoso. *Bracara Augusta*, Braga, v.22, n. 52-54, 1968. p. 3.

[8] Embora fossem contemporâneos, os escritos de Isidoro já circulavam como textos respeitáveis quando

Frutuoso escreveu a *Regula Monachorum*. Pouco tempo depois, em uma correspondência enviada a Frutuoso por Bráulio, este último menciona as qualidades intelectuais de Isidoro. Não há dúvidas, portanto, de que Frutuoso conheceu a *Regula Isidori*. Cf. *Epistolario de San Braulio*. Introducción, edición crítica y traducción Luis Riesco Terrero. Sevilla. Catolica española, 1975. p. 175.

[9] Cf.: DÍAZ Y DÍAZ, Manuel C. Notas para uma cronología de Frutuoso de Braga. *Bracara Augusta*, v.21, n.47-50, p. 215-223, 1967. p. 160 e LINAGE CONDE, Antonio. En torno a la Regula Monachorum y a sus Relaciones con otras Reglas Monásticas. *Bracara Augusta*, Braga, v. 21, p. 123-163, 1967. p. 148-155.

[10] LINAGE CONDE, Antonio. Op. cit., p. 152; DOMINGUEZ DEL VAL, Ursicino. Características de la Patrística Hispana en el siglo VII. In: *La Patrologia Toledano-Visigoda. XXVII Semana Española de Teologia*. Madrid, Consejo Superior de Investigaciones Cientificas, p. 5-36, 1970. p. 22, e GONZÁLEZ GARCÍA, Teodoro. La Iglesia desde la conversion de Recaredo hasta la invasion arabe. In: GARCIA VILLOSLADA, Ricardo. (Dir.) *Historia de la Iglesia en España. La Iglesia en la España Romana y Visigoda (siglos I-VIII)*. Madrid: BAC, 1979. p. 638.

[11] RI, XVII. p. 116.

[12] Idem, p. 114

[13] Idem, p. 115.

[14] RI, XVIII. p. 117.

[15] RM, XIV. p. 153.

[16] RM, XV. p. 155.

[17] Idem, p. 153.

[18] Idem, p. 155.

[19] A importância conferida ao trabalho por Isidoro pode ser complementarmente apreendida em texto por mim apresentado no V Encontro Internacional da ABREM, realizado em julho de 2003, em Salvador: "Trabalho e controle do corpo nas regras monásticas hispânicas do século VII". Neste evento, por limitações referentes ao número de páginas permitidas, ao analisar as regras de Isidoro e Frutuoso, optei por desprezar as penalidades prescritas em ambas.

[20] RI, XVII. p. 116.

[21] RI, XVIII. p. 116.

BIBLIOGRAFIA

1. Documentos medievais:

BRAULIO. *Epistolario*. Introducción, edición crítica y traducción Luis Riesco Terrero. Sevilla. Catolica Española, 1975.

FRUTUOSO. Regla. In: *Reglas monásticas de la España Visigoda. Los tres libros de las "Sententias"*. Introducciones, versión y notas de Julio Campos y Ismael Roca. Madrid: Editorial, 1971 (Biblioteca de Autores Cristianos.), p. 125-162.

ISIDORO DE SEVILLA. Regla. In: *Reglas monásticas de la España Visigoda. Los tres libros de las "Sententias"*. Introducciones, versión y notas de Julio Campos y Ismael Roca. Madrid: Editorial, 1971 (Biblioteca de Autores Cristianos.), p. 90-125.

2. Bibliografia específica:

BERLIOZ, Jacques. Apresentação. In: *Monges e Religiosos na Idade Média*. Lisboa: Terramar, 1996.

BIARNE, Jacques. La vie quotidienne des moines en Occident du Ive au Vie siècle. *Collectanea Cisterciensia*, n. 49, p. 3-19, 1987.

DIAZ MARTÍNEZ, Pablo. Comunidades monasticas y comunidades campesinas en España Visigoda. *Los Visigodos. Historia y Civilizacion. Antiguedad y Cristianismo*. Murcia, n. 3, p. 189-195. 1986.

DÍAZ Y DÍAZ, Manuel C. Notas para uma cronología de Frutuoso de Braga. *Bracara Augusta*, v.21, n.47-50, p. 215-223, 1967.

DOMINGUEZ DEL VAL, Ursicino. Características de la Patrística Hispana en el siglo VII. In: *La Patrologia Toledano-Visigoda. XXVII Semana Española de Teologia.* Madrid, Consejo Superior de Investigaciones Cientificas, p. 5-36, 1970.

FERNÁNDEZ ARDANAZ, Santiago. Monaquismo oriental en la Hispania de los siglos VI – X. *Antigüedad y cristianismo: Monografías históricas sobre la Antigüedad tardía*, n. 16, p. 203-214, 1999.

FLOREZ MANJARIN, Francisco. Compludo: Primer Monasterio de San Fructuoso. *Bracara Augusta*, Braga, v.22, n. 52-54, 1968.

GARCIA ATIENZA, Juan. *Monjes y monasterios españoles en la Edad Media*. Madrid: Temas de Hoy, 1992. (Bolsitemas, 27).

GONZÁLEZ GARCÍA, Teodoro. La Iglesia desde la conversion de Recaredo hasta la invasion arabe. In: GARCIA VILLOSLADA, Ricardo. (Dir.) *Historia de la Iglesia en España. La Iglesia en la España Romana y Visigoda (siglos I-VIII)*. Madrid: BAC, 1979.

LINAGE CONDE, Antonio. En torno a la Regula Monachorum y a sus Relaciones con otras Reglas Monásticas. *Bracara Augusta*, Braga, v. 21, p. 123-163, 1967.

ISLA FREZ, Amancio. *La Sociedad Gallega en la Alta Edad Media*. Madrid: Consejo Superior de Investigaciones Científicas, 1992.

MICCOLI, Giovanni. Os Monges. In: LE GOFF, J. (Dir). *O Homem Medieval*. Lisboa: Presença, 1990.

ORLANDIS, Jose. Las Congregaciones Monásticas en la Tradición Suevo-Gótica. *Anuario de Estudios Medievales*, Barcelona, n.1, p. 97-119, 1964.

____. El Movimento Ascetico de S. Frutuoso y la Congregacion Monastica Dumiense. In: *Estudios sobre Instituiciones monasticas medievales*. Pamplona: Universidad de Navarra, 1971.

PEIFER, Claude J. The relevance of the monastic tradition to the problem of work and leisure. *The American Benedictine Review*, p. 373-396, 1977.

PÉREZ MARTÍNEZ, Meritxell. La burocracia episcopal en la Hispania tardorromana y visigótica (siglos IV-VII), *Studia historica. Historia medieval.* n. 18, 17-43, 2000.

RODRIGUES, J. C. *O corpo na História*. Rio de Janeiro: Fiocruz, 1999.

SANTOS, Maurício Gomes dos. Problemas e Hipóteses na vida de S. Frutuoso. *Bracara Augusta*, Braga, v. 22, p. 163-192, 1968.

A FIGURA HUMANA NA ARTE GREGA: A ESCULTURA ENTRE A RELIGIÃO E O NATURALISMO*

Maria Beatriz Borba Florenzano[1]

Se atentarmos para as expressões artísticas da Grécia antiga, logo nos daremos conta de que um tema estava definido como o principal desde a Idade do Ferro nos idos dos séculos X e IX a.C.: a figura humana. A cerâmica pintada, os relevos arquitetônicos, a escultura, as estatuetas de terracota, a literatura, enfim todos os gêneros de expressão artística encaminham-nos para a consideração de um constante antropomorfismo.

No que tange às artes plásticas, há de se notar a enorme quantidade de suportes que recebeu representações da figura humana, desde as estatuetas de terracota, grandes e pequenas, modeladas ou moldadas, ofertadas em túmulos e em santuários; desde as pequenas figurinhas de bronze adornando trípodes, a pintura nos conhecidos vasos geométricos dos séculos VIII e VII a.C., o relevo arquitetônico especialmente dos templos que começaram a surgir construídos em material mais durável a partir do século VII a.C. até a grande escultura de figuras humanas em três dimensões e em tamanho natural ou maior que o tamanho natural. A variedade, entretanto, não decorre apenas dos diferentes suportes mas abrange igualmente a diferença regional e os diferentes contextos de criação e de recepção das peças. A criação de certas obras dependeu muitas vezes de sua destinação e do tipo de circulação que era para elas previsto: contextos comemorativos, funerários, sagrados, aristocráticos ou populares e assim por diante.

Na palestra de hoje, trataremos apenas de um suporte, a grande escultura, visto que este é um suporte que no conjunto da produção artística e da grande variedade de criações permite estabelecer tendências na longa duração, tendências do desenvolvimento do tratamento plástico que os gregos davam ao corpo humano. Como sabemos, a escultura foi uma forma de expressão artística que gozou da preferência dos gregos tanto no continente quanto na Ásia Menor e nas colônias do Ocidente em todas as épocas e, por isso mesmo, foi muito referida nos estudos sobre a história da arte grega já desde a Antigüidade.

Nosso interesse é o de acompanhar alguns percursos das transformações profundas ocorridas na sociedade grega que permitiram a partir do século VII a representação da figura humana de acordo com estilos tão diferentes quanto aqueles presentes nas esculturas arcaicas denominadas de *kouroi* ou de *koré* (séculos VII-VI a.C.) (Fig. 1-2), nas esculturas que seguem o cânone de Policleto (século V a.C.) (Fig.3 – 4) e finalmente nas esculturas veristas do início da época helenística (Fig.8). Ou seja, a quais transformações ocorridas na sociedade grega respondem mudanças tão grandes de expressão e de percepção do mundo quanto estas?

Tomando a grande escultura como exemplo pretendo abordar aqui com vocês justamente a passagem de uma arte de caráter explicitamente religioso para uma arte naturalista ou como dizem os especialistas, uma arte 'humanista'.

Comecemos com a 'energia' que os gregos acreditavam possuírem as estátuas. Nigel Spivey, professor da universidade de Cambridge, começa o seu manual sobre a escultura grega citando um aviso do século VIII d.C. que diz "Tome cuidado quando você olha para estátuas antigas, especialmente se ela for grega" (Spivey, 1996:7). A frase diz respeito justamente a um episódio em que um guia, ao mostrar uma escultura grega em Constantinopla, fora atingido por ela morrendo instantaneamente.

A atribuição de vida ou de um espírito às esculturas não é, entretanto, uma prerrogativa da alta Idade Média como parece indicar este aviso. O próprio Estrabão, no século I a.C., em sua descrição do templo de Zeus em Olímpia, refere-se à

> *"imagem de Zeus feita por Fídias, de Atenas, filho de Charmides; ela era feita de marfim e era tão grande que apesar do templo ser enorme, acredita-se que o artista tenha perdido a medida, porque mostrou um Zeus sentado mas quase tocando o teto com sua cabeça, dando a impressão de que se levantasse, destruiria o telhado"* (VIII, 3.30).

Assim, a minha idéia é justamente que tendo em vista que a religiosidade na Grécia antiga era totalmente pervasiva, i.e., que permeava todas as esferas de atividade humana, também as esculturas podiam adquirir um sentido mágico e estavam imbuídas de uma energia especial que as tornava animadas de acordo com o contexto em que participavam. Entretanto, se esta afirmação genérica pode ser aplicada a todos os períodos de desenvolvimento da arte grega, à escultura de época arcaica, clássica e até mesmo helenística, é preciso registrar igualmente que as transformações da religiosidade da sociedade grega implicaram também mudanças radicais nas maneiras de expressão artística.

Vejamos como

As primeiras imagens de culto gregas parecem ter sido absolutamente dependentes dos contextos rituais e míticos em que atuavam e comunicavam o seu potencial religioso. Muitas destas peças não tinham uma forma precisa e eram, com freqüência, portáteis de origem mágica e mobilizavam a favor daqueles que as possuíam ou as retinham por algum tempo, poderes especiais. Serviam como *agalmata*, talismãs de origem mítica (Gernet, 1949). Os *agalmata* eram justamente os objetos sagrados de alguma maneira, porta-fortuna, que muitas vezes circulavam entre uma determinada camada social como objeto de prestígio. O seu valor era do tipo concreto, isto quer dizer que este valor emanava do *pedigree*, da história do objeto: ter pertencido a alguma divindade ou a algum rei, ter sido encontrado em uma ocasião envolta em mistério, ter circulado entre pessoas importantes e assim por diante. Um exemplo interessante da estória de uma dessas primeiras imagens é aquela relatada por Heródoto (V, 80 e VIII, 64 e 83) e que se refere à estatua de Éaco e de seus filhos. Heródoto nos conta que Éaco era filho de Zeus e da ninfa Egina e, juntamente com seus filhos, recebia culto heróico na ilha de Egina onde se acreditava que eles possuíssem uma energia militar especial. Ora, no dia da batalha de Salamina contra os persas, diante do perigo que os ameaçava, os gregos destacaram uma trireme para ir especialmente a Egina buscar a imagem dos eacidas, considerada fundamental na vitória grega sobre os persas.

Outros exemplos mais conhecidos de época arcaica, datados do final do século VII até o início do século V a.C., são as esculturas de grande porte conhecidas desde a antigüidade pelo nome de *kouroi* e de *korai* – rapazes e moças (Fig. 1 e 2). São esculturas feitas de pedra – mármore e calcáreo e outros materiais. Diferentemente das esculturas de madeira – os *xoana* – e de outras imagens portáteis como aquela dos eacidas à qual nos referimos há pouco, estas são peças feitas para ficarem em seus próprios lugares, são fixas. A maneira como são fabricadas é inspirada em modelos orientais: toma-se um bloco de pedra do tamanho desejado e ali então se desenha a imagem requerida. A partir desse desenho, talha-se a pedra. São, assim, fabricadas de fora para dentro. As partes da figura humana são agrupadas simplesmente de sorte a compor o conjunto que invariavelmente resulta sempre o mesmo. E o resultado é este que pode ser constatado nas figuras 1 e 2: representações de rapazes e moças em pé, em postura rígida, com os pés plantados no solo, os braços caídos ao longo do corpo, o famoso sorriso arcaico nos lábios. Nestas esculturas, as moças estão vestidas, os rapazes nus. Uma ou outra vez, em uma das mãos aparece um atributo que as aproxima de uma divindade: o loureiro a Apolo, uma pomba a Afrodite, uma romã a Deméter ou a Perséfone. Seus respectivos contextos de achados as associam a oferendas funerárias de túmulos muito ricos e mais insistentemente a oferendas em santuários de divindades variadas, em especial de Apolo (Richter, 1970: fig.1; Ducat, 1976:241).

Alguns estudos a respeito destas esculturas demonstraram como elas serviam como substitutos dos deuses, tomando literalmente o seu lugar no santuário, materializando a sua presença (Ducat, 1976). Mas eram igualmente substitutos dos mortos, como nos revelam as inscrições e sobre o que nos diz Vernant: "Fazendo-se ver na pedra, o morto se revela ao mesmo tempo como não sendo deste mundo" (1973:275).

Ainda outros estudos apontam para a maneira como estas esculturas incorporavam valores aristocráticos de auto-identidade e como participavam de uma cadeia de ostentação de prestígio e de competição entre as várias famílias aristocráticas de época arcaica (Snodgrass, 1986). Outra associação à elite arcaica aristocrática pode ser traçada a partir do ponto de vista semântico. O termo *agalmata* ao qual nos referimos mais acima, por exemplo, tem uma relação direta com *gelao*, sorrir ou rir, traçada através *aglaos* (brilhante ou esplêndido). Por outro lado, *geleontes* – sorridentes – era a maneira como muitos aristocratas de autodenominavam, assimilando-se aos *agalmata*, aos substitutos dos deuses, e àqueles cujo tipo de vida – sorridente – compartilhavam. (Osborne 1994; Tanner, 2001: 264) Assim, para os ofertantes aristocráticos destas esculturas, criava-se um elo especial com o sagrado, através do qual eles se tornavam os únicos mediadores das relações entre a esfera divina e as pessoas comuns. O capital simbólico acumulado era manipulado a favor da reprodução do *status quo* em uma relação básica entre arte, religião e política.

O tratamento de rigidez dado à figura humana nesta peças, o sorriso padronizado que estampam, sua fixidez, todos são traços que imprimem a estas figuras grande majestade, distanciando o observador comum que fica imbuído de grande reverência e não interage com a escultura. O observador está fora, afastado do círculo mágico que informa a escultura.

No final do século VI e início do século V a.C. observa-se na arte grega um desenvolvimento maior do que os especialistas estão de acordo em denominar 'naturalismo' ou 'humanismo'. Trata-se de um desenvolvimento que obviamente acompanha as transformações ocorridas na sociedade e no pensamento gregos. Basta lembrar aqui a máxima atribuída ao filósofo grego do início do século V a.C., Protágoras de Abdera, 'o homem é medida de todas as coisas'. Segundo esta máxima, o conhecimento que o homem tem de si próprio e de tudo o que o rodeia é subjetivo e depende da mente e da sensação provocada pelos órgãos de cada um. No novo período que ora se inaugura, e do ponto de vista da arte e da representação da figura humana nas esculturas que é o que nos interessa hoje, podemos afirmar que estas deixaram de ser objetos duros e reais, tocáveis e medíveis como os *kouroi* e as *korai* e passaram a ser impressões, em processo de mudança; impressões que transmitiam sensações através do jogo de volumes o que provocava sombras e transições indiscerníveis entre um contorno e outro.

O naturalismo – na arte – está fundamentado em uma observação permanente e aprofundada do corpo humano. Trata-se de uma pesquisa das relações do corpo humano com todas as demais capacidades do homem: sentimentos, emoções, temperamento, movimentos, musculatura, força. Valoriza-se o homem tal qual ele é. Para a consecução destas obras, observa-se de início a variedade dos comportamentos e das aparências humanas: cada ser humano tem uma especificidade que lhe é própria, única. Mas, também se observa aquilo que todos os seres humanos têm em comum: dois olhos, um nariz, uma boca, dois braços, uma cabeça, um tronco, duas pernas, e assim por diante. A partir deste tipo de observação e pesquisa procura-se a reconciliação entre a variedade da experiência humana com regras e formas absolutas; procura-se a reconciliação entre o particular e o geral. Estabelecem-se as medidas ideais do corpo humano e a forma ideal de expressão deste corpo e chega-se então ao que chamamos de naturalismo ou de realismo idealizado. Estabelece-se um equilíbrio entre o absoluto e o específico; entre a abstração e a realidade. E a este equilíbrio é que denominamos, na história da arte grega, classicismo. Enquanto a arte arcaica, tal como expressa por exemplo nas esculturas de *kouroi* e *korai*, revela uma geometrização da formas naturais, geometrização reveladora do absoluto, da eficácia religiosa que se buscava a arte clássica manifesta um equilíbrio entre dois pólos, fazendo com que o humano participe, misture-se à esfera do sagrado, do absoluto. Parece ser que, como nos diz Pollitt, o que os homens queriam para si, o que eles atribuíam ao ideal, estava em harmonia com a forma como eles próprios eram (Pollitt, 1972:97). Em outras palavras, eles eram o que queriam ser.

Mas, na prática, na fabricação das peças, como os gregos atingiam estas formas tão naturais mas também tão idealizadas? Diferentemente da escultura arcaica, a composição da figura humana no classicismo era realizada de dentro para fora. Há uma maior observação da estrutura do corpo humano, do relacionamento entre as partes. Não se trata mais de constatar quais são as partes do corpo humano e de juntá-las, mas sim de relacioná-las em um conjunto único. A observação da ossatura e da musculatura é fundamental nesta fase. A pesquisa sobre os movimentos do corpo humano é constante. Estas observações são transferidas a um suporte determinado: constrói-se um cavalete de madeira ou de ferro que expressa *grosso modo* a posição que se deseja obter e sobre este cavalete modela-se a figura. É a partir desta modelagem que, com a técnica da cera perdida, serão obtidas as esculturas em bronze. Caso se deseje, a mesma imagem é transferida para a pedra.

A tradição literária clássica, conservada nos textos de Plínio (*NH*, XXXIV, 55), Pausânias (II, 7,4 e passim), Galeno (*de Temperamentis*, I, 9) e de outros, registra o papel importante desempenhado por Policleto, escultor argivo da segunda metade do século V a.C. no estabelecimento de um cânone artístico. De acordo com este texto que teria sido escrito por Policleto, a regra básica da composição de uma escultura seria a *symmetria* ou a comensurabilidade das partes: a associação da proporção absoluta com o realismo anatômico.

Chega-se a este realismo idealizado na escultura através de, em primeiro lugar um aumento maior dos movimentos. De pés planos e achatados no chão passa-se à representação de pés deslocados, o calcanhar levantado. O Doríforo – homem carregando uma lança –, atribuído a Policleto, encarnaria a *symmetria* proposta por este escultor (Figs. 3 e 4).

O aumento da movimentação do corpo é também atingido por meio de um deslocamento maior do peso sobre um pilar ou um apoio. É o caso das esculturas de Praxíteles, escultor ateniense que atuou em meados do século IV a.C. (Fig. 5).

A imagem de Afrodite de Cnidos pode nos servir de pretexto para uma discussão mais ampla a respeito de um terceiro ponto na busca por um aumento da representação do movimento e da expressão humana por meio da escultura. Na verdade, há aqui uma grande diferença em relação, por exemplo, ao Doríforo e ao bronze de Riace. Trata-se da circularidade. Esta é uma escultura que abandona a frontalidade pois o observador, para entendê-la e para absorver todo o complexo de seus significados precisa circular em torno dela. Ela invade o espaço que com o *kouros* ou mesmo como o Doríforo era somente do observador; ela torna o observador um partícipe do momento vivido por esta divindade. Afrodite, nesta escultura, está a ponto de tomar banho, ou foi surpreendida no banho e conforme o ângulo em que se coloca o observador ele é um intruso. A tradição escrita conservada sobre esta escultura relata-nos como ela ficava disposta em um templo circular, accessível por todos os lados, onde as pessoas vinham observá-la, cultuá-la. Há registros, inclusive, de jovens que a abraçavam e que sobre ela se masturbavam, tal a força desta figuração da deusa do amor sexual (Spivey, 1996:178-183).

Mas o escultor mais conhecido ou, pelo menos, tomado como o que melhor explorou a circularidade na escultura foi Lisipo, de Sicione, que atuou no final do século IV a.C. Sua escultura mais famosa é o Apoxyomeno, jovem atleta entretido na tarefa de tirar do corpo com o estrigilo, o óleo, a areia e o suor depois da atividade física (Fig. 6). Como a Afrodite de Cnido, o Apoxyomeno invade com a sua postura, os braços estendidos, a área do observador fazendo-o circular ao seu redor para poder compreender todos os movimentos que realiza.

O contexto de achado de todas estas esculturas, em geral em santuários, em agorás e em locais públicos e mais o que a respeito delas contam as fontes escritas posteriores, indicam como elas ainda eram – como as esculturas arcaicas – objeto de deferência e respeito. Entretanto, constata-se agora que a identidade entre os representados e os observadores não se restringe mais a uma elite aristocrática, a um grupo específico no interior da sociedade mas ao ser humano em geral. O observador não está mais afastado da criação artística mas, esta, por seguir um padrão realista de expressão, mesmo que idealizado, aproxima o observador tornando-o partícipe da obra. Atletas e deuses são ainda como na época arcaica, os representados mas, agora, o caminho abre-se para a representação do homem comum, com todas as suas características específicas, o seu temperamento e a suas emoções. Esta nova direção afirma-se no decorrer do século IV a.C. e durante o período helenístico encontrará formas de expressão muito difundidas como, por exemplo, as representações de gênero, ou seja, representações do cotidiano das pessoas comuns, do vulgar e grotesco, do sofrimento e da doença, facetas da figuração humana tão características dos séculos III e II a.C. Outra forma de expressão artística que reafirma este interesse pela representação humana não mais embutida de majestade religiosa ou de um idealismo humanista é o retrato verídico inventado em finais do século IV a.C. Com efeito, o retrato é o ponto mais alto a que se pode chegar na representação da figura humana: prende-se exclusivamente àquilo que é específico de cada ser humano, independentemente de padrões de beleza ideal previamente estabelecido. O mundo helenístico que ora se inaugura é um mundo voltado para as proezas individuais, para as realizações e as particularidades de cada homem. O retrato, assim, coroa a história da representação da figura humana na arte grega, chegando ao homem, tal como ele é. Não é demais lembrar que, na escultura, justamente, foi introduzido pelo grande escultor Lisipo – o mesmo escultor do Apoxyomeno – que se tornou retratista oficial de Alexandre o Grande (Fig. 7).

É também no período helenístico que o individualismo relacionado ao aparecimento de uma elite associada às cortes que se formaram em torno dos monarcas transforma a escultura em um elemento a mais da ostentação e da reprodução do poder e esta passa a ser um objeto fundamental dos recém-criados mercados de arte. Do controle político exercido por meio da religiosidade do homem grego e materializado nas esculturas de época arcaica, passamos agora para uma arte decorativa, comprada pela elite para adornar os pátios de seus palácios ou das obras 'públicas' que patrocinavam. Exemplo grandioso desse período e que leva às últimas conseqüências a representação das emoções individualizadas do ser humano, trabalhando com o *chiaro-oscuro* e com o jogo de volume, expressando um emocionalismo no extremo há de se encontrar nas famosas esculturas de Pérgamo na Ásia Menor (Fig.8). Mas este é um outro capítulo da história da representação da figura humana entre os gregos, capítulo que fica para uma outra vez....

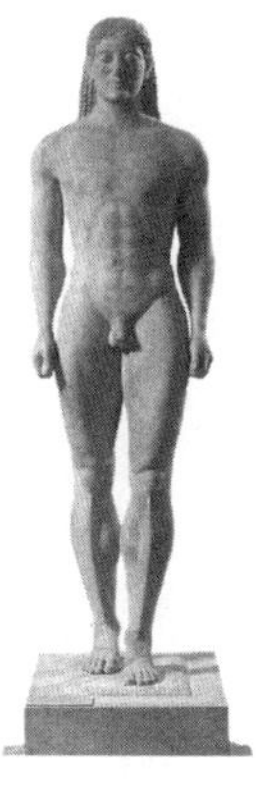

Figura 1

Estátua funerária de Croisos.
Anavyssos (Ática). c. 530 a.C.
Museu Nacional de
Arqueologia, Atenas.

Figura 2

Córe de peplo. 530 a.C.
Museu da Acrópole, Atenas.

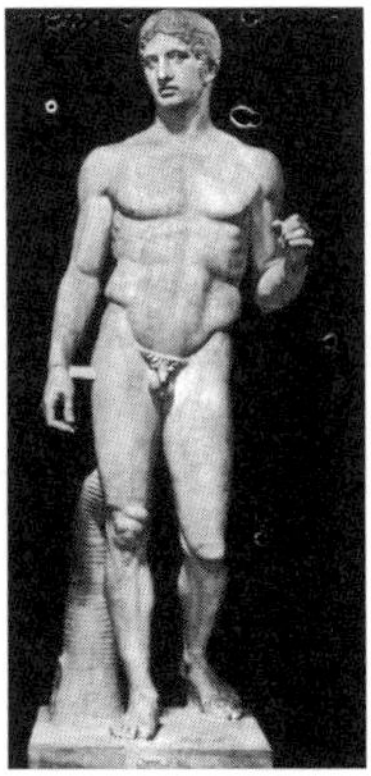

Figura 3

Doríforo. Escultura por Policleto. c. 440 a.C. Cópia romana. Museu Nacional de Nápoles.

Figura 4

Estátua A de bronze. Riace (Itália). c. 450 a.C. Museu Nacional de Régio Calábria.

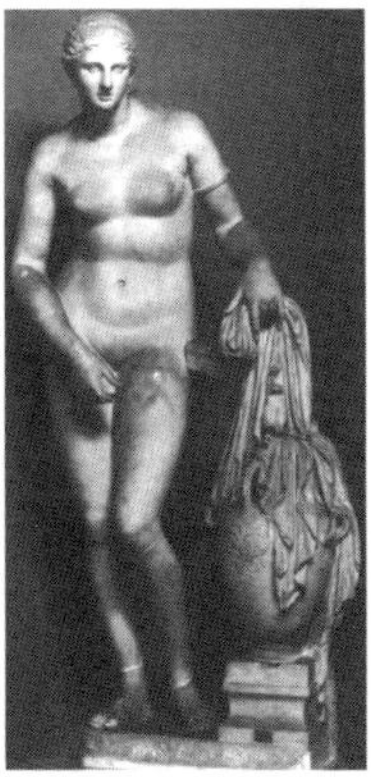

Figura 5

Afrodite de Cnido. Escultura por Praxíteles. c. 340 a.C. Cópia romana. Museu do Vaticano, Roma.

Figura 6

Apoxyomeno. Escultura por Lisipo. c. 320 a.C. Cópia romana. Museu do Vaticano, Roma.

Figura 7

Estátua de Alexandre, o Grande. Inspiração da escola de Lisipo. Época helenística. Museu de Pella, N. da Grécia.

Figura 8

Gaulês matando-se depois de ter matado a mulher. Escola de Pérgamo. c. 220 a.C. Cópia romana. Museu Nacional Romano, Roma.

Notas

* Agradeço às colegas Regina Bustamante e Neyde Theml tanto o convite para ministrar esta palestra na UFRJ quanto a oportunidade de publicá-la e assim torná-la accessível a um número maior de estudantes.

1 Professora Doutora da USP – Museu de Arqueologia e Etnologia.

BIBLIOGRAFIA

1. Referências Bibliográficas:

BOARDMAN, J. *The Oxford History of Classical Art.* Oxford University Press, 1993.

DUCAT, J. Fonctions de la statue dans la Grèce archaique: *kouros* et *colosos. BCH*,100, 1976: 239-251.

GERNET, L. La notion mythique de la valeur en Grèce. In —— *Anthropologie de la Grèce Antique.* Paris, Maspero, 1968.

HOLTZMAN,B. e PASQUIER, A. *Histoire de l'art antique: L'art grec. Manuels de l'École du Louvre.* Paris 1998.

OSBORNE, R. Looking on Greek style: does the sculpted girl speak to women too? In I. Morris (ed.) *Classical Greece. Ancient Histories and Modern Archaeology.* Cambridge University Press, 1994. p. 81-96.

————. *Archaic and Classical Greek Art.* Oxford University Press, 1998.

POLLITT,J.J. *Art and experience in Classical Greece.* Cambridge University Press, 1972.

————. *The Art of Greece. 1400-31 a.C. Sources and documents.* New Jersey, Prentice Hall, 1965.

RICHTER, G. *Korai. Archaic Greek Maidens.* Londres, 1968.

————. *Kouroi.* Londres, 1970 (3ª. ed.).

SNODGRASS,A. Interaction by design: the Greek city-state. In C. Renfrew e J. Cherry (eds.) *Peer Polity Interaction and socio-political change.* Cambridge University Press, 1986. p. 47-58.

SPIVEY, N. *Understanding Greek Sculpture. Ancient meanings and modern readings.* Thames and Hudson, 1996.

TANNER, J. Nature, Culture and the body in Classical Greek religious art. *World Archaeology,* 33/2, 2001. p.257-276.

VERNANT, J.P. Figuração do invisível e categoria psicológica do duplo: o kolossós. In —— *Mito e pensamento entre os gregos.* São Paulo, Difel, 1973. p. 263-276.

PENSANDO O CORPO COM ARISTÓTELES: UM DIÁLOGO ENTRE METAFÍSICA, ÉTICA E FÍSICA

Maria da Graça Ferreira Schalcher[1]

"Olhares do corpo". Olhares múltiplos sobre o corpo. Discursos sobre o corpo que não apenas o digam, mas o deixem aparecer, agir, "falar". Convergências e divergências. Proposta que nos convida e legitima a falar com e para historiadores, vindos de um outro lugar, de um outro saber, de um outro discurso, no caso o da filosofia. História antiga, filosofia antiga. Visões modernas, já que o somos, sobre o antigo. Insuflando-lhe vida, emprestando voz a uma fala ausente. Fala traço, fala documento, dispersa na multiplicidade de enfoques e de suportes materiais, onde quer que tenha deixado rastros, vestígios, pistas desafios e questões: na pedra, no barro, nos metais, nos artefatos, nas construções, nas imagens, nas inscrições, nos textos... Elementos que coletamos paciente e apaixonadamente, recriando/criando uma cultura que vive por nós e em nós. E o fazemos, inevitavelmente, dada à imensidão de seus vestígios e à variedade de suas facetas, construindo identidades diversas, especificadas na diferença e alteridade de saberes múltiplos, que ao se entrecruzarem, são, desde sempre potencial e fecundamente transgressores de limites rígidos, na generosidade das trocas, na partilha dos suportes, a partir de um elemento integrador, a cultura e o homem gregos, sem descaracterizar, mas pelo contrário, reforçando e reafirmando sua especificidade.

Encetemos então o diálogo. Que olhar, que imagem, que fala, podemos partilhar, já que nos propusemos pensar o corpo por intermédio do discurso de um filósofo? O que exige surpreender/fixar seu olhar sobre ele, ir a seus textos, interrogá-lo, interrogando-os, fazê-lo e fazê-los falar, lançando sobre eles sucessivos focos de luz, articulando elementos esparsos, para que deles se destaque e se desenhe, a partir de um fundo muitas vezes indiferenciado e até do não-dito, uma imagem do corpo natural e animado (ἐμψυχή) certamente sem o apelo estético-figurativo do Discóbolo que ilustra o cartaz desse Ciclo, mas nem por isso menos significativa e na qual poderemos encontrar também, como veremos mais adiante, uma outra forma de beleza.

O primeiro passo então é a escolha e apresentação dos textos, ao mesmo tempo vasta e limitada, já que se trata de encontrar, coletar e articular, dentro do *corpus* aristotélico, momentos que possam convergir para formar a imagem que buscamos, embora reconhecendo a impossibilidade, nos limites desta conferência, de abarcar a totalidade das referências de Aristóteles ao corpo[2], bem como de todos os ângulos pelos quais essa noção é abordada, e também de extrair da multiplicidade desses momentos, uma teoria ou um discurso unitário e totalizador sobre o corpo, o que ele aliás não fez; e também um elemento aleatório, já que como toda escolha, implica algumas decisões subjetivas.

Nosso começo não será então nem lógico nem cronológico. Na verdade nem é mesmo um começo, mas a abertura de alguns caminhos, a partir de textos que se entrecruzam e se retomam e que, em certos momentos, remeterão forçosamente a outros discursos e a outras dimensões não contemplados em nossa escolha inicial.

Mas já que um começo é requerido, vejamos, tendo ainda como referência a figura do Discóbolo, os momentos pontuais e esparsos em que Aristóteles fala do esforço conjugado de atletas e treinadores e da mobilização de técnicas e saberes múltiplos, capazes de estabelecer para cada modalidade e para cada competidor o tipo e a dosagem certa de alimento, de exercício, de treino, de esforço, de tensão, de relaxamento e de sono; possibilitando o equilíbrio e portanto a justa medida entre a força e a agilidade, que abrem o caminho para a conquista das vitórias, das quais teria estabelecido, para os jogos olímpicos, uma longa lista de vencedores das diversas provas, ὀλυμπιονῖκαι α´ (DL.130); e uma outra, dos vencedores dos jogos píticos, πυτιονικῶν ἔλεγχοι α´ (D.L.134).

Essas técnicas e esses saberes, em consonância com textos médicos e "etnográficos", [3] transpostos para os textos zoológicos e éticos de Aristóteles e reinvestidos por ele, irão fundamentar o cuidado com a geração, a nutrição, a saúde, a educação (ressaltando a importância da ginástica para a boa forma do corpo) e para a formação ética e intelectual dos futuros cidadãos, contribuindo para a harmonia entre o corpo e a alma.

Passemos agora, ainda em relação com o que foi desenvolvido até aqui, ao momento em que Aristóteles estabelece, num texto zoológico, *História dos Animais,* um estreito vínculo entre a estrutura somática e o modo de alimentação dos animais relacionando-os com o seu modo de vida[4] e também com os lugares habitados por eles. Os diversos tipos de alimentação citados, nesse e em outros textos, recobrem, como atestam numerosos comentadores, uma trintena de especificações difíceis de discernir a maioria dos Léxicos disponíveis, num vocabulário formado sobre os termos φαγεῖν e φάγο", dos quais Janine Bertier[5] faz um exaustivo levantamento, algumas delas coincidindo com a terminologia de Heródoto,[6] mostrando o parentesco das descrições de ambos, para os povos e para os animais.

A simplificação das traduções reduz essa riqueza de especificações a quatro tipos básicos: carnívoros (σαρκοφάγο"), herbívoros (ποηφάγο"), frutívoros (καρποφάγο") e onívoros (παμφάγο")[7].

No caso do homem, essa relação entre alimentação e modo de vida aparece mediada e reforçada pela teoria médica dos quatro humores, o sangue (αἷμα), a flegma (φλέγμα), a bílis (χολή) negra e a bílis (χολή) amarela, de cujo equilíbrio, tanto quantitativo quanto qualitativo, resulta a saúde e dos quais uma proeminência excessiva ou uma diminuição acentuada, bem como o isolamento de um deles num determinado lugar do corpo, determinam a doença; e repercute na dimensão ética, a partir de sua influência na diversidade dos temperamentos, sangüíneo, colérico, fleg-mático, melancólico, influindo ou mesmo determinando comportamentos e interfe-rindo na formação do caráter, e na conquista da αρετή requerendo uma educação e uma formação capaz de equilibrá-los, evidenciando o aspecto terapêutico/filosófico da διόρθωσι" na educação das paixões, instaurando e garantindo a ὀρθότη" sem-pre ameaçada da conduta humana. O que no campo ético-político repercute na pro-posta educativa das constituições e na classificação dos regimes políticos e se insere na discussão grega sobre os gêneros de vida.

O interesse de Aristóteles pelos seres naturais, englobando a dimensão do incorruptível e a do corruptível, que o faz conferir à investigação sobre a natureza (περὶ φύσεω") o estatuto de ἐπιστήμη, é enfatizado no capítulo V do Livro I de *Partes dos Animais* 645 a 7-10, onde, falando sobre os animais e justificando seu interesse em estudá-los, diz que "mesmo quando se trata de seres que não oferecem um aspecto agradável, a natureza que deles é o demiurgo reserva para quem os estuda prazeres inesgotáveis, desde que seja capaz de remontar às causas e possua uma natureza filosófica". Para esses, nenhum tipo de πράγμα, nenhuma dimensão do que existe, nenhuma parte do cosmos é tão insignificante, que não mereça um estudo capaz de mostrar que contribuem para a harmonia e a beleza do todo.

Assim, ao trazer para a reflexão filosófica o movimento, a temporalidade e a matéria, Aristóteles ressalta que seria estranho encontrar prazer em contemplar a reprodução desses seres, valorizando neles o talento do escultor ou do pintor e não encontrar o mesmo prazer em contemplá-lo em sua realidade natural, ou sentir re-pugnância nessa contemplação. Porque nesse caso, seria preciso estender esse desprazer, esse desprezo e essa repugnância a nós mesmos, já que somos compostos também de sangue, carne, ossos, tendões, órgãos e outros elementos semelhantes, que mesmo que possam ser considerados menos nobres, revelam também uma certa espécie de beleza, pela sua organização em termos de causalidade e de finalidade.

A esse propósito, e retomando a questão deixada em suspenso no início deste texto, remetemos a um texto do médico grego Galeno[8], posterior a Aristóteles, e que se insere como ele, num processo que leva ao que Jackie Pigeaud denomina a partir do reconhecimento da especificidade do ser vivo[9] e da busca das leis que presidem sua organização, "a descoberta do corpo", numa referência analógica à obra célebre de Bruno Snell, *A Descoberta do Espírito.* Galeno já concebe o corpo na sua perfei-ção interior e diz que Praxíteles, Fídias ou qualquer outro escultor nos fornecem, através do material usado na confecção das estátuas, a representação do seu aspecto exterior numa estética sem profundidade, já que são "incapazes" de penetrar a sua matéria interior, deixando essa dimensão privada de ornamento. Já a natureza, para ele, se revela como um Fídias do interior do corpo, formando e transformando a partir da combinação e modificação de elementos naturais, o corpo vivo. Entre essas duas representações do corpo, entre essas duas "estéticas" do artista e do médico, vemos Aristóteles instaurar, em textos como os que citamos acima e em consonância com sua concepção teleológica da natureza, uma "estética filosófico-natural".

A partir do que levantamos e analisamos até aqui, vemos que para ele, o homem que nós somos, não pode ser pensado e explicado, a não ser por abstração, desvinculado do corpo e portanto da matéria, que do ponto de vista teórico-metafísico, constitui um dos elementos da intrínseca relação entre ὕλη e μορφή, que o constitui como um σύνολον. O que leva Aristóteles a definir a ψυχή como "a forma de um corpo natural que possui, em potência, a vida" e como "atualização (ἐντελέχεια) primeira de um corpo natural organizado (ὀργανικόν)" *De Anima* II, 412a 26-412b 6, preservando ao mesmo tempo a sua imaterialidade e a sua indissociabilidade do corpo, que se expressa nas suas diferentes δύναμειὸ, nutritiva, sensitiva, pensante, motora.

Todas essas considerações nos permitem agora retomar a primeira frase, tão conhecida e citada e por que não dizer, tão banalizada, de sua *Metafísica* I, 1, 980a, onde nos diz que todos os homens desejam (ὀρέγονται), por natureza, conhecer (εἰδέναι). Frase que instaura no cerne de um movimento natural (φύσει), uma instigante relação entre conhecimento e desejo (ὄρεξι"), como momento inaugural que configura o motivo cujas variações irão permear o horizonte em que Aristóteles repensa a questão da σοφία e a possibilidade de sua aquisição, já que o desejo abarca desde o movimento natural de tender a algo, até a busca intencional dessa σοφία; e coloca o gênero humano como instância desse desejo, cujo índice (σημει'ον) é o amor pelos sentidos que nos abrem para o mundo, apontando mais uma vez o substrato corpóreo da sensibilidade, indispensável a essa aquisição e possibilitando o investimento inteligível desse substrato através das instâncias articuladoras da memória e da fantasia. Nesse contexto, o uso de εἰδέναι, onde o ver aparece etimologicamente articulado ao ser, não nos parece uma escolha aleatória, mas se articula com o privilégio concedido nesse texto ao sentido da vista, investindo a intrínseca relação de εἴδο" com a visão, seja como manifestação ou forma visível de algo, seja como a transposição dessa visibilidade para o nível e de uma apreensão inteligível, na dimensão ontológica e metafísica do conhecimento e da teoria como contemplação.

O que nos permite pensar que a famosa "diferença específica", a transposição latina da διαφορά aristotélica, quando apressada e simplificadoramente traduzida por racionalidade, no sentido moderno do termo, mascara o sentido em que Aristóteles nos diz, em dois outros momentos de sua obra, que o homem é, entre todos os animais, o único que possui (ἔχειν) *Política* I, 10, 1253 a 10 e usa (χρη'σθαι)

Geração dos Animais V, 786b 20-23, o λόγο". Pois se é certo que a tradução de λόγο" por razão é possível e correta, é certo também que, privilegiando apenas um de seus aspectos, obscurece a riqueza semântica desse termo, presente no contexto dos dois passos citados, onde o sentido primordial de λόγο" é o de fala, linguagem, que se insere e se fundamenta, na dimensão natural e animal do homem.

No primeiro, a voz (φωνή), torna os animais capazes de expressar entre si, a dor e o prazer, mas só a palavra (λόγο") pode significar e exprimir o útil e o nocivo (τὸ συμφέρον καὶ τὸ βλαβερόν) e o justo e o injusto (τὸ δίκαιον καὶ τὸ ἄδικον·), ou seja, valores cujo sentido constituído em comum institui a família e a cidade. Nele, o homem como único animal verdadeiramente político (πολιτικὸν ζῳ'ων) ultrapassa a dimensão do simples viver (ζη'ν) / sobreviver, pelo bem viver (εὖ ζη'ν), ao mesmo tempo reinvestindo e transcendendo sua animalidade, não apenas de um ponto de vista lógico-conceitual, mas como atualização de uma potência inserta na sua natureza. Não se trata para Aristóteles, de um processo puramente mecânico, mas de uma obra, ἔργον, ao mesmo tempo trabalho e resultado, interagindo com a dimensão "demiúrgica" da natureza a que nos referimos acima; no segundo, em consonância com outros passos e outros textos, é a infra-estrutura corporal da linguagem que é evidenciada, enfatizando o papel nela exercido pelos pulmões, lábios, língua e dentes e ressaltando o fato capital de que o homem é o único animal que se mantém ereto (ὀρθόν); [10] e, em conseqüência, o único que possui face (πρόσωπον). [11] Segundo ele, essa forma de nomear a parte que fica no alto do corpo, entre a cabeça e o pescoço, se deve à sua função, já que é essa parte que permite ao homem olhar e emitir a voz frente a frente; essa postura possibilita tanto o confronto e a discussão, como a comunicação e o diálogo, já que os sons emitidos pela voz serão ditos, numa obra "lógica", *Da Interpretação*, I, 16 a, símbolos dos estados ou afecções da alma ("Εστι μὲν οὖν τὰ ἐν τῃ' φωνῃ' τω'ν ἐν τῃ' ψυχῃ' παθημάτων σύμβολα...), de tudo o que a afeta e mobiliza e da sua reação emocional e cognitiva a essas afecções, que para Aristóteles, são idênticas (ὁμοιώματα) para todos, como o são as coisas (πράγματα) das quais elas são as imagens ou as representações, mesmo que seja convencional a forma de expressá-las e grafá-las, pela diversidade lingüística dos povos.

Renunciar a essa δύναμι", no seu duplo sentido de potência e de poder, recusar a dimensão significante e dialógica, não é para Aristóteles uma possibilidade humana, a não ser na dimensão de uma patologia do corpo ou da alma. Supõe então uma decisão que implica, renunciando a investir pela razão a posse da linguagem e portanto a possibilidade da significação em comum e da comunicação, renunciar à própria dimensão da humanidade e tornar-se semelhante a uma planta (ὅμοιο"γὰρ φυτῳ'ν,,,). *Metafísica.* Γ, 4, 1006 a 14-15.

Vemos agora, a partir de todas as considerações que apresentamos, que pensar o corpo com Aristóteles nos revelou alguns aspectos de suas múltiplas perspectivas: corpo físico, natural, material, vivo; corpo que percebe, que sente, que deseja, que pensa, que age e que conhece; corpo livre, corpo escravo; corpo significante; corpo que fala e corpo que é dito, escrito e inscrito; corpo fragmentado; corpo sadio e corpo atlético; corpo fraco e doente; corpo político, ético, estético, erótico; corpo gênero; corpo artesão e corpo artefato; corpo excluído ... Alguns fragmentos de um mosaico, de um puzzle ou de um caleidoscópio, que se redesenham a cada momento, a cada novo fragmento acrescentado, movido ou perdido, nosso corpo, nosso pensamento, nossa história, nós ...

Articulando-os, buscamos desenhar uma figura que os integrasse e lhes desse uma forma, ao mesmo tempo μορφή e εἶδο", figura e inteligibilidade, revelando a beleza, mesmo que metafórica, de sua unidade e organização estruturais. Se o desenho é incompleto, se a forma é mutável, se o tempo é inexorável, se a conclusão é impossível, forçoso sempre será recomeçar, pensar, dialogar.

Notas

[1] Professora Doutora (Filosofia) do Curso de Filosofia do IFCS/UFRJ. Conferência proferida no XII Ciclo de Debates em História Antiga: *Olhares do Corpo*. Laboratório de História Antiga. LHIA. IFCS-UFRJ.

[2] Para as ocorrências de σῶμα na obra de Aristóteles, remetemos ao *Index Aristotelicus* de Bonitz, p. 742-45.

[3] Para os textos do *Corpus Hippocraticum, Du Regime* e *Airs, eaux, lieux* utilizamos as referências presentes em BERTIER, Janine. Introduction a la Lecture de l´Histoire des Animaux. In ___ et ali. *Recherches sur la Tradiction Platonicienne*. Paris: J.Vrin, 197. p. 31-100; e emprestamos o termo etnogaficos, utilizado por BERTIER, para nos referirmos aos textos que nas ιστορίη"de Heródoto caracterizam um povo (ἔθνο") a partir do seu modo de alimentação (entre outros critérios, como a língua, os costumes, o habitat, o modo de vestir, de morar...)

[4] Tais modos, além do tipo de alimentação, incluem sociabilidade, sedentariedade, nomadismo, tipo de habitação, agressividade, mansidão, selvageria, possibilidade de domesticação...

[5] Op. cit. p. 80-82.

[6] Entre os quais: αλλελαφαγία, ιχθυοφᾶγο", σιτοφάγο"... e que mostram a vizinhança das descrições de ambos, para caracterizar, desse ponto de vista, os povos e os animais.

[7] Esse termo, que de forma geral significa voraz, na *História dos Animais* se refere ao fato de o animal comer todo e qualquer tipo de alimento, ou de combinar duas ou mais formas de alimentação, e aparece, em outros textos, em oposição a σίκχο", inapetente; já nos textos éticos, principalmente na *Ética a Nicômaco*1149b 3 e em relação ao homem, apresenta uma conotação e imoderação e intemperança e, portanto, de um defeito de caráter. Ver BERTIER, op. cit. p. 84-85.

[8] Des Facultés naturelles, II, 3. Apud. PIGEAUD, Jackie. *La Maladie de l´Ame*. Paris: Les Belles Lettres, 1981. p. 13.

[9] PIGEAUD. op. cit. p. 14. O autor se refere, em relação a esse intervalo e para compreender essa mudança de perspectiva, à aquisição, além do finalismo aristotélico, de outras concepções, como o progresso da anatomia, o Deus artista estóico, a vivisseção...

[10] *Partes dos Animais*, II, 7, 653 a 30-31; II, 10, 656 a.

[11] *História dos Animais*, A. I, VIII 491b 9; *Partes dos Animais*, III, 2, 662b 18-23.

BIBLIOGRAFIA

1. Bibliografia

ARISTÓTELES. *Metafísica.* Por Valentin Garcia Yebra. 2. ed. Trilingüe. Madri: Gredos, 1982.

____. *Physique.* Texte établi et traduit par Henri Carteron. Paris: Les Belles Lettres, 1986. 2v.

____. *Histoire de Animaux.* Texte établi et traduit par Pierre Louis. Paris: Les Belles Lettres, 1964.

____. *Les Parties des Animaux.* Texte établi et traduit par Pierre Louis. Paris: Les Belles Lettres, 1956.

____. *De la Géneration des Animaux.* Texte établi et traduit par Pierre Louis. Paris: Les Belles Lettres, 1961.

____. *De L´Âme.* Texte établi par A. Jannone. Trad. et notes de E. Barbotin. Paris: Les Belles Lettres, 1989.

____. *Politique.* Text établi et traduit par Jean Aubonnet. Paris: Les Belles Lettres, 1991. 4v.

____. *L´ Étique a Nicomaque.* Introduction, Édition, Traduction et Commentaires, par René Antoine Gauthier et Jean Yves Jolif. 2. ed. Paris: Nauwelaerts, 1970. 4 vol.

____. Categories; on Interpretation; prior analytiques. Transl. by H.P. Cooke & H. Trendennick. Cambridge: Harvard University Press, 1983. (Loeb Classical Library).

____. *L´Homme de génie et la mélancolie.* Problème XXX, 1. Traduction, Présentation et notes par Jackie Pigeaud. Paris: Rivages, 1988.

2. Referências Bibliográficas

BERTIER, Janine. Introduction a la Lecture de l´Histoire des Animaux. In ___ et alii. Recherches sur la *Tradiction Platonicienne.* Paris: J.Vrin, 1977. p 31-100.

BONITZ, Hermanus. *Index Aristotelicus.* Berlim: Walter de Gruyter & Co, 1961.

DIÓGENES LAERCIO. *Lives of eminents philosophers.* Translated by R.D.Hicks. Cambridge: Harvard University Press, 1995. 2.v. (Loeb Classical Library).

HERODOTO. *Storie.* Traduzione di Augusta Izzo d´ Accini note di Daniela Fausti. Milão: Rizzoli, 1994. 4.v.

INDEX DES TRAITÈS BIOLOGIQUES. In ARISTOTE. *Marche des Animaux Mouvement des Animaux.* Texte établi et traduit par Pierre Louis. Paris: Les Belles Lettres, 1973. p.71-154.

MORAUX, Paul. *Les Listes Anciennes des Ouvrages d´Aristote.* Louvain: Éditions Universitaires de Louvain, 1951.

PIGEAUD, Jackie. *La Maladie de l´Âme Ètude sur la relation de l´âme et du corps dans la tradition médico-philosophique antique.* Paris: Les Belles Lettres, 1981.

OS DIFERENTES OLHARES SOBRE O CORPO DO MORTO NA ATENAS CLÁSSICA

Maria Regina Candido[1]

Tornou-se tradição entre os gregos homenagear o corpo do morto com monumentos e esculturas funerárias, prática social descrita em palavras e discursos proferidos pelos historiadores, oradores e trágicos do período clássico de Atenas. Acreditamos que os atenienses faziam uso do corpo do morto e da idéia da morte, expostos através dos monumentos, como um dos mecanismos de preservação da ***pólis*** para manter a ordem, as normas sociais e a tradição. As estelas funerárias localizadas na região do ***Kerameikos*** deixam transparecer a atenção dos familiares com os seus mortos, assim como a estreita relação entre a grafia e a imagem do corpo do morto. Entretanto, nesse mesmo espaço percebemos a presença de um outro olhar sobre o corpo do morto, levando-o a ser usado com um outro sentido de realidade; nos referimos à magia, que transitava pelo espaço do cemitério de Atenas e, forma oculta, violava túmulos, produzia pequenas figuras humanas para enterrá-las nas sepulturas. Essa constatação nos leva a ratificar a definição de ser a ***pólis*** de Atenas a "cidade das imagens" (Rasmussen, 1991:16) devido à grande incidência de afrescos, cerâmica pintada e esculturas usadas com diferentes objetivos.

O grego reconhecia que a morte situava-se no espaço do além-fronteira, no limiar do desconhecido, lugar à margem do mundo dos vivos. No imaginário social dos atenienses, o contato com essa região sagrada, de total alteridade com o mundo dos vivos, só poderia ser efetivado através de *atividades ritualizadas* e intermediado pelos sacerdotes, familiares do morto e praticante da magia identificado por magos, goetes, épodos e a pharmakides.

Nos ritos fúnebres ficavam demarcados os perigos que comportavam para a comunidade ***políade*** o desaparecimento de qualquer um de seus integrantes e nas práticas mágicas, os diferentes usos que poderiam ser feitos com o corpo do morto. Através das *atividades ritualizadas*, os atenienses procuravam preencher o vazio que o desaparecimento do cidadão significava e buscavam compensar a perda do indivíduo morto com a permanência de seu nome junto aos seus descendentes. Nomeando-os seria uma forma de fazer com que o morto, de certo modo, continuasse a viver, assegurando a permanência da sua existência junto à memória da comunidade, ratificada pelos ritos e libações fúnebres praticados pelos familiares. A morte total só aconteceria, caso a sua lembrança e seu nome desaparecessem completamente da memória familiar e, conseqüentemente, da ***pólis*** ao qual havia pertencido. Em relação às práticas mágicas, identificava-se pelo nome o inimigo a ser prejudicado e o corpo do morto servia de intermediário dos danos a serem imputados pelas potências do mundo subterrâneo, solicitados pelos *agentes sociais:* magos e o usuário da magia. O rito consistia em colocar junto ao corpo do morto, precisamente, em sua mão direita o nome do inimigo gravado em uma lâmina de chumbo, envolvido com fios de cabelo ou pedaços de indumentária usada pela vítima.

Fazia parte da tradição dos ritos fúnebres homenagear o morto através de imagens, e os *magoi* também parecem usar a imagem de figuras humanas como representação de algum desafeto do solicitante. Para nós, pesquisadores, a iconografia converteu-se em instrumento fundamental para compreendermos as relações dos atenienses com a morte e suas diferentes apropriações e sentidos. Os artefatos provenientes de escavações arqueológicas passam a ser apreendidos por nós como um canal de informação a ser reintegrado na prática do historiador. As imagens deixam de ser ilustrações para atuarem como produção material ou melhor como agentes materiais que incorporam formas específicas de poder e autoridade na qual um determinado grupo social se apropria deixando indícios de construir um outro sentido da realidade através de uma maneira específica de usar.

Os lécitos de fundo branco, esculturas funerárias, objetos de cerâmica e os *katádesmoi* nos permitem apreender a maneira de fazer e os diferentes usos de parte dos atenienses no final do V século e início do IV. Partimos do princípio que os desvios ao padrão convencional de representar a morte e o contato com o corpo do morto, neste período, integram as mudanças promovidas pela incidência da violência da guerra que resultou na aproximação dos atenienses com a visão da morte que passou a fazer parte do seu cotidiano.

A arqueologia deixa transparecer que o modelo fúnebre de alto relevo tornara-se uma prática comum difundida no período clássico. Este tipo de escultura denota ser de caráter privado, uma homenagem dos familiares aos seus mortos. No entanto, reafirmamos o seu caráter público devido à visibilidade dos monumentos expostos a todos que transitavam pelo portão do ***Dipylon.*** Junto as imagens encontram-se inscrições e dedicatórias que indicam o nome de quem estava sendo homenageado, a família ao qual pertencia e as virtudes que possuía. Os atributos grafados de forma euforizada tornavam público o nome do morto e da família ao qual pertencia expondo o prestígio e a riqueza pela suntuosidade do monumento erguido em sua homenagem. Os epigramas dos monumentos fúnebres localizados ao longo das vias de acesso ao ***Kerameikos*** reafirmam que o ler e o escrever já estavam bem difundidos no V século em Atenas.

No entanto, o arqueólogo Jean Nicolas Corvisier afirma que a prática da leitura de pequenos textos como os colocados nos monumentos fúnebres era de difícil leitura, isto porque as palavras não eram individualizadas, havia ausência de pontuação, o que leva a deduzir que a quase totalidade de transeuntes que circulavam pelo ***Kerameikos*** teria dificuldades para decifrar os textos (J. N. Corvisier, 1996:73). John Boardman ratifica a suntuosidade da decoração dos monumentos fúnebres e a legislação de Sólo que determinava a limitação da ostentação de riqueza dos ritos fúnebres (J. Boardman, 1971:121). Anthony Snodgrass acrescenta que justamente no período Sólon encontramos uma incidência na produção de figuras masculinas e femininas de mármore importadas, dedicadas aos santuários e túmulos dos mortos (A. Snodgrass, 1986:174). Para John McK. Camp II, a acentuada produção de ***kouroi*** de mármore deve ser datada para o período próximo a Pisistratos, isto porque o sul da Ática era o território dos Alcmeônidas, cuja imensa riqueza proporcionada pelas minas de prata do Laurion permitiu a essa família fazer oferendas votivas suntuosas tanto no santuário de Posseîdon no cabo **Sounion** quanto no estilo funerário dos ***kouroi*** de mármore nos templos da Acrópoles (J. M. Camp II, 1995:passim). Tal ação denota a insinuação no campo do outro, a emergência de outras formas de saber e poder, a busca de um lugar de fala através do uso da grafia e de imagens expostas de forma visível e pública. Os Alcmeônidas atuaram de maneira ativa contra a tirania dos ***pisistrátidas***. A série de estátuas do tipo ***kouroi*** também evidencia as mudanças socioeconômicas, ou seja, prosperidade de um determinado grupo que as encomendou, detentores de riqueza suficiente para oferecer dádivas de considerável porte nos santuários da Acrópoles, assim como esculturas para homenagear publicamente os seus mortos.

A análise dos epigramas fúnebres do ***Kerameikos*** permite deduzir que, além de eternizar o nome do morto e da sua família, permitiam também distinguir um determinado grupo social diante dos deuses e dos demais cidadãos (J. N. Corvisier,1996: passim), o que nos leva a concluir que a imagem e a escrita ateniense tinham uma forte conotação político-social. R. Osborne também enfatiza a ação cívica da escrita, através das estelas fúnebres, ao afirmar que a ***pólis*** ratificava as normas de conduta e os valores morais a serem seguidos pelos vivos (R. Osborne, 1985:50).

Não podemos esquecer que, segundo Pausânias (I, 3:1), as esculturas fúnebres do ***Kerameikos*** ficavam ao longo do caminho de passagem de atenienses, metecos, estrangeiros e escravos que transitavam pelo portão do **Dipylon**. Qualquer um que chegasse ou saísse de Atenas podia visualizar as imagens que representavam o corpo de seus cidadãos mortos e ler as inscrições em sua homenagem. Tal constatação nos leva a confirmar que os monumentos fúnebres foram construídos para serem vistos e ao mesmo tempo reafirmar uma maneira de conceber a ordem **políades**. Enquanto nas práticas mágicas, os tabletes de imprecação foram produzidos pelos usuários da magia que freqüentavam o cemitério do ***Kerameikos***, participavam de uma ordem inversa, seus artefatos e agentes materiais eram vedados aos olhares dos vivos e eram destinados aos mortos. Atenas, através de ritos fúnebres, definidos por lei como cerimônias privadas, ratificava as normas de conduta a serem seguidas pelos vivos, porém, não impediu que parte da população usasse do corpo do morto para outros fins que integravam uma outra forma de olhar e de poder e saber.

Os lécitos de fundo branco também integram o conjunto de artefatos utilizados pelos atenienses para homenagear os seus mortos. Devemos mencionar que, diferentemente dos monumentos fúnebres, os ***lécitos*** não foram pensados como objetos para serem vistos por todos, mas por apenas um número restrito de pessoas que seriam os familiares do morto. De acordo com Francisco Diez de Velascos, somente a partir do final do V século, os artesãos dos ***lécitos*** de fundo branco se especializaram em temas fúnebres expondo o momento das exéquias e cenas de visitação e homenagem ao corpo do morto no Cerâmicos (F. D. Velasco, 1995:14).

Afirmamos que, ao representar o corpo de morto nos ***lécitos***, havia a existência de uma preocupação, entre os familiares, de um certo temor de que a alma do morto não efetuasse a passagem para o mundo dos mortos. Esse receio pode ser observado pela incidência de vasos nos quais o corpo do morto aparece sempre próximo a seres sobrenaturais, cuja função era efetivar a passagem da alma do morto para o mundo subterrâneo.

Os gêmeos **Hypnos** e **Thanatos** estão sempre representados ao corpo de defuntos jovens e do sexo masculino. Tais seres têm como função carregar o corpo do morto para o mundo do Hades. O fato de estes seres sobrenaturais estarem vestidos como soldados ***hoplita*** nos leva a argumentar, que junto ao imaginário ***políade***, eles representavam a morte heróica do guerreiro ***aristhoi***, idealizada no período homérico, ou seja, a "bela morte" do jovem cidadão-soldado, morto em batalha no cumprimento do dever de defender a ***pólis***. A morte, de acordo com o modelo ideal, emerge no V século de forma a reforçar a responsabilidade ***políade***, em que Atenas glorificava o soldado morto em batalhão pela obrigação em trazer o corpo do guerreiro para a ***pólis*** e efetuar o sepultamento com honras públicas como nos informa **Tucídides** ao relatar a oração fúnebre (Tuc. II:24) proferida por **Péricles**.

Os ***lécitos*** com cenas do corpo do soldado morto parecem estar restritos a um determinado segmento social, definido como camponês-cidadão-soldado, o pequeno proprietário de terra cujos rendimentos produziam recursos econômicos para se armar. Martin F. Kilmer nos informa que os usuários de cerâmica elaborada com imagens seriam integrantes do segmento social de recursos (M. F. Kilmer, 1993:175). A família do morto recebia tais recursos como herança pelo fato de ter a condições econômicas para encomendar a produção de **lécitos** com temas que seguia o modelo da "*bela morte*", entendida por nós como apropriação do tema da aristocracia guerreira do período homérico. Devemos acrescentar que o universo das imagens denotam insinuações, indícios e muito menos certezas, isto porque as imagens se deixam ler de muitas maneiras. A imagem de **Hypnos** e **Thanatos** corresponde ao ideal da "*bela morte*" do soldado ateniense, cidadão de recursos que busca se identificar com o modelo de morte do herói **Saperdon** da Ilíada de Homero.

No entanto, percebemos uma acentuada mudança no final do V século no uso das representações dos ***lécitos*** de fundo branco (F. D. Velasco, 1995:34). Sabemos que a guerra atingiu a todos os segmentos sociais e nos questionamos como seria a representação da morte para o cidadão comum, pois tivemos dificuldade em constatar cenas as quais **Thanatos** estivesse próximo a indivíduos de segmento social de poucos recursos. A pesquisadora Christiane Sourvinou-Inwood nos informa que o cidadão comum pode ser observado em cenas na qual o corpo do morto estava recebendo visita em sua tumba. Ela define essas cenas como imagens idealizadas pelos familiares do morto que imaginam o corpo do morto como ele havia sido em vida (C. S. Inwood, 1995: 325) e que no momento da visitação faziam honras fúnebres e traziam oferendas de acordo com o rito definido pela tradição.

Tanto os mitos quanto os ritos da morte fazem muito mais do que organizar sincronicamente o conjunto social de Atenas, através deles podemos construir a história, as crenças e a tradição de uma sociedade. Junto ao conjunto de vasos fúnebres, encontramos cenas em que o corpo do morto estava ao lado da figura de **Caronte**. Torna-se interessante notar que **Caronte** não está presente na poesia homérica, o que nos leva afirmar ser um personagem tardio, típico do período clássico ateniense. A imagem de **Caronte** está, por vezes, associada ao deus **Hermes** que tem a responsabilidade de conduzir a alma do morto até **Caronte** e esse encaminha, através do rio subterrâneo, a alma do morto ao mundo do **Hades**.

As cenas com os heróis homéricos **Hypnos** e **Thanatos** nos remetem à função de *agentes da morte* pelo fato de carregar o corpo do morto para junto da sepultura. Enquanto **Caronte** parece estar encarregado de transportar a alma do morto para o mundo além-fronteiras dos vivos (C. S. Inwood, 1995:345). Os familiares do defunto, visando assegurar a ida do morto para o **Hades**, procedem os rituais fúnebres de acordo com a tradição. A figuras tardias de **Caronte** e **Hermes** agiam como ***psycopompoi*** e os familiares encomendavam as suas representações junto às imagens do corpo morto para garantir a não-permanência do defunto vagando em torno do túmulo; cabia aos familiares assegurar a efetiva passagem da alma do morto para o mundo do Hades.

Torna-se interessante notar que **Caronte** está sempre relacionado nos ***lécitos*** de fundo branco junto a imagens de mortos considerados à margem da sociedade, a saber: mulheres, adolescentes e crianças. Outro dado interessante está no fato de ser representado com um **chiton** curto, geralmente usado por escravos, trabalhadores de oficinas situadas no espaço urbano e na cabeça usava um gorro rústico de pele de animal semelhantes aos usados pelos pastores e marinheiros (C. S. Inwood, 1995:348).

Essas características nos levam a repensar a historiografia ao afirmar que a diferença entre o cidadão, meteco e escravo, no final do V século e início do IV, não correspondia à diferença de recursos econômicos, mas ao estatuto sociojurídico determinado pela ***pólis***. O cidadão tinha o direito de possuir terras e de exercer os seus direitos políticos; o escravo tinha o único direito, definido por lei, de não ser morto impunemente. Quanto ao estrangeiro, este podia escolher um ***prostates*** e tornar-se ***meteco***, ou seja, adquiria o estatuto jurídico daquele que residia em Atenas. As transformações sociopolíticas e econômicas pelas quais Atenas foi a protagonista, tornaram-se objeto de críticas do **Velho Oligarca**, que as considerava como um *mal endêmico*, pois as dificuldades econômicas faziam com que o cidadão fosse confundido com metecos e escravos, isto porque o ateniense se vestia tão mal quanto o meteco, chegando a ter a mesma aparência que um escravo (P. Xenofonte, Rep.dos Aten. I,10). Consideramos que essa constatação se deve ao fato de as três categorias que detinham as suas diferenças jurídicas definidas por lei trabalharem lado a lado, exercendo a mesma atividade nas oficinas próximas à Ágora e no ***emporion*** no Pireu, disputando, inclusive, o mesmo pagamento.

Partindo desses princípios a explicação para a apropriação do tema da morte e a substituição da figura dos heróis do período homérico pelo barqueiro **Caronte** passam a fazer um certo sentido quando acrescentamos a violência desencadeada pela guerra e perseguições que trouxeram a desestabilização, o terror e a morte na ***pólis*** dos atenienses. Acreditamos que devido à acentuada incidência de mortos vítimas da violência no período, houve a necessidade de assegurar a passagem dessas almas para o **Hades** com o ritual da morte usando da imagem acessível a todos.

Podemos argumentar que ocorreu a democratização do ritual da morte, pois no período arcaico o guerreiro ***aristhoi*** buscava a morte heróica e individual – *o ritual da bela morte*. Com a formação da ***falange de hoplitas*** a morte tornara-se um fenômeno temido pelo fato de desarticular o conjunto, torna-se um ser implacável representado pela **Medusa** e pela **Gorgona**, seres sobrenaturais pelos quais havia o interdito do olhar nos olhos pelo risco de ficar paralisado de medo. O contato com o corpo do morto passou a ser evidenciado como algo a ser temido e evitado pelas impurezas que carregava. Entretanto, com as guerras constantes e as ***stasis*** na ***pólis*** dos atenienses, observamos o processo de banalização da morte que atingia a todos os segmentos sociais, tornando-se parte integrante do cotidiano dos atenienses.

Identificamos esse fenômeno como processo de *domesticação da morte* junto ao cidadão comum ao qual a inadequação da figura de **Thanatos** para representá-lo pode ser observada na figura do lécito de Louvre CA 1264. A pintura desse vaso, muito discutida pelos pesquisadores, expõe **Thanatos** perseguindo uma figura de mulher diante de uma tumba e junto ao deus **Hermes**. A fuga da mulher pode ser entendida como a fuga da morte, nesse caso, os seres responsáveis pela condução da morta ao **Hades** seriam percebidos como raptores de vida, cuja ação provocava o desequilíbrio familiar e desarticulação ***políades***. A violência da ação em subtrair a vida dos integrantes da ***pólis*** parece despertar antigos temores, tornando **Thanatos** – o agente da morte, um ser implacável e odiado pelos mortais. No lécito CA 1264 de Paris, que pertence ao final do V século, esta concepção tornara-se evidente pela manifestação do desejo de fuga da "bela morte" e como não percebemos outros vasos com o mesmo tema, nos atrevemos a especular definindo a imagem do vaso como uma tática de denúncia da inadequação da representação de **Thanatos**, pois este estava relacionado à morte heróica do ***aristhoi*** e para o cidadão e aqueles considerados à margem da sociedade ***políade*** a sua alma devia ser transportada ao mundo dos mortos pelo barqueiro **Caronte**.

Devemos acrescentar que o barqueiro era uma figura marginal ao mundo dos vivos, não tinha existência fora do **Hades**, que era o lugar onde vivia sem jamais ultrapassar os limites do mundo dos mortos (C. Souvinou, 1995:312). **Caronte** era considerado um ser sobrenatural, confinado no **Tártaro** pelo fato de não ter lugar junto aos deuses olímpicos. A personificação de **Caronte** nos lécitos de fundo branco reafirma que a morte tornara-se integrante do cotidiano dos atenienses. A morte deixa de ser a "bela morte" do guerreiro da elite para se tornar próxima ao cidadão comum na figura de **Caronte**. A historiografia nos aponta também que a morte deixava de ser considerada como um fim e passou a ser entendida como uma passagem para um outro estágio na vida do homem. A morte tornara-se uma jornada da alma a ser conduzida por **Caronte** com o auxílio dos deuses **Hermes**, **Perséfones**, **Dionisos e Hades**. Com esta concepção os atenienses deixaram de temer a morte, a ponto de fazer parte das poesias cómicas de **Aristófanes.**

A comédia **Rãs,** representada em 405, recebeu o primeiro lugar em Atenas. Nesta dramaturgia cômica o poeta traz ao palco a figura do morto e a visão do **Hades** como um lugar de lodo imundo, onde estão submersos todos aqueles que faltaram ao dever da hospitalidade ou proferiram um falso juramento (Rãs, v. 150). **Aristófanes** fazia o público do teatro de Atenas rir da figura da morte e domesticar a figura de **Caronte** ao apresentá-lo como o barqueiro que leva a alma do morto para um local de repouso, após ter saído das misérias e preocupações com a vida (Rãs, v. 185).

Como podemos notar, a concepção da morte como um rito de passagem para uma condição melhor parece se radicalizar no final do V século. Neste caso o comediógrafo estava parodiando a crença defendida pelos cultos de mistérios nos quais a morte era concebida como a libertação dos horrores e sofrimentos da alma. Como nos indica o seguinte questionamento, a saber: "*Quem sabe se a vida não é morte e a morte é vida?*", com essa pergunta Platão expressava o pensamento que circulava entre a elite de Atenas. O filósofo acrescentava que "*na nossa vida presente estávamos mortos e o nosso corpo representava uma sepultura onde havia uma parte da alma na qual residia as paixões*" (Górgias, 493 a). Acreditamos que diante das dificuldades vivenciadas pelos atenienses, parte da população considerava que a vida[2] tornara-se um confronto diário e que a violência seria um dos seus atributos constantes e a morte seria o eterno descanso. A permanência dessa concepção passou a estar presente nas tragédias de Eurípides e nas obras filosóficas de Platão[3]. A morte e o corpo do morto, sob essa perspectiva, perdiam o seu aspecto de terror e os atenienses passaram a agir como iniciados aptos para uma nova maneira de conceber a vida, na qual a morte deixava de ser temida pelo fato de integrar o cotidiano dos membros da comunidade ***políade***, como nos indica o uso de sua temáticas nas representações de objetos de cerâmica de uso familiar.

A pesquisadora Françoise Frontise faz uso de objetos de cerâmica como suporte de informação para analisar e estabelecer e definir o padrão utilizado pelos pintores, ceramistas e artesãos da Ática. De acordo com a autora, havia uma convenção de pintar as figuras humanas na superfície dos vasos seguindo o padrão dos rostos representados de perfil. No entanto, a partir do final do V século, percebe-se uma mudança ao padrão perfil com a representação do rosto frontal de seres considerados à margem da sociedade, a saber: os sátiros, a mulher e o morto (F. Frontise, 1995:89). Os pintores áticos estabelecem uma ruptura com o padrão tradicional ao representar a frontalidade como desvio a uma convenção. O tema da morte e o corpo do soldado ***hoplita*** tornaram-se freqüentes em cenas de taças de vinho de uso comum em simpósios e banquetes. O corpo do morto no fundo do medalhão tem seu rosto desnudado para quem o observava. Isto significou o estabelecimento da comunicação direta, *face a face* com o jovem espectador que fazia uso da taça de vinho.

A mensagem pode ser interpretada como a denúncia da violência da morte de um homem jovem, belo e forte – ***kalos k'agathos*** – que, devido a constantes guerras e ***stasis***, tornara-se ausente junto à sua família e à comunidade ***políades*** da qual fazia parte. Frontise afirma que o cidadão que fazia uso da taça, ao ver no fundo o medalhão com a imagem do corpo do ***hoplita*** morto, estabelecia, de imediato, uma relação de reciprocidade, pelo fato de se reconhecer na figura do soldado em combate e, ao mesmo tempo, ver diante de si a morte que poderá ser a sua (F. Frontise, 1995:89). A morte representada através da frontalidade do corpo do soldado morto tem lugar em cenas de guerra cuja violência tornara-se o repertório constante na pintura ática (F. Frontise, 1995:83).

A morte no período arcaico era representada por seres sobrenaturais, cujo olhar de frente era interdito por significar a face da imagem do terror. Uma das representações da morte era a **Medusa**, um ser sobrenatural, que nenhum mortal deveria olhar nos olhos, por correr o risco de ficar paralisado de medo. Essa interdição é apresentada pela imagem de um vaso, na qual o herói **Perseu** entra em contato visual com a **Medusa**, somente através da imagem do ser sobrenatural refletida no escudo da deusa Athená (F. Frontise, 1995:65).

Entretanto, ao final do V século, a morte que é o desvio da vida e o corpo do morto tornaram-se agentes de realização do desejo de parte dos integrantes da comunidade dos atenienses. Estamos nos referindo aos usuários da magia dos **katádesmoi**, que grafavam os nomes dos inimigos na superfície das lâminas de chumbo, que, por vezes, tinham o formato de um sarcófago com tampa e era atravessado por um **passalos** – prego. O mais interessante está na figura de chumbo que representava um corpo humano com as mãos atadas nas costas e com exagerada proeminência dos órgãos genitais, visando demarcar o sexo da vítima da imprecação.

O ritual de imprecação, no conjunto, produzia no solicitante e usuário da magia dos **katádesmoi** o que Jean-Pierre Vernant denominou **ekphrases** (J. P. Vernant, 1993, passim), ou seja, a capacidade de o solicitante acompanhar com os olhos o resultado da imprecação que incluía a confecção da figura humana atravessada pelos pregos com o objetivo de paralisar as atividades do adversário ou enviá-lo ao mundo dos mortos ao decretar a sua morte. O magos e o solicitante acreditavam na capacidade de imobilizar a **psyché** da vítima usando como reforço a imagem de chumbo, acrescida da grafia do nome do inimigo na perna direita da figura de chumbo. Ao final do rito, faziam-na desaparecer nas sepulturas de corpos de pessoas mortas fora do tempo, ou seja, os suicidas, as crianças e as vítimas de assassinatos. O raciocínio seguia a seguinte lógica, a saber: prejudicando a vítima, essa ficaria sem meios para viver entre os seres vivos e não teria lugar na ***pólis***, e caso viesse a morrer por determinação do solicitante, a sua alma não teria lugar no Hades. Um homem sem lugar entre os vivos seria um morto social e um morto sem lugar nos Hades seria uma **psyché** disponível às exigências do magos dos **katádesmoi** que atuava para atender ao desejo dos solicitantes que tinham por fim fazer mal ao inimigo.

Concluímos nesse breve ensaio que o corpo do morto entre os atenienses do final do V século teve sobre si diferentes olhares e foi usado para diferentes fins, tanto para os ritos fúnebres quanto para as práticas da magia dos **katádesmoi**. Através dos vestígios da materialidade dos suportes de informação podemos afirmar que tudo tem uma história, ou seja, um passado que nos permite reconstituir o seu contexto social de produção. Os monumentos fúnebres, os lécitos de fundo branco e os **katádesmoi** integram o processo de transformação de valores e olhares em torno de um mesmo objeto – o corpo do morto – que cria uma curiosa relação que vai do temor e subordinação aos deuses e potências sobrenaturais à crença no poder e na capacidade do homem em coagir os seres sobrenaturais a atenderem ao seu desejo de alterar o curso do destino de acordo com a sua vontade.

Notas

[1] Professora doutora (História Antiga) da UERJ/NEA e do PPGHC.

[2] Heráclito de Éfesos considerava que a vida era um eterno conflito devido às diferenças existentes no mundo. Considerava a guerra como a mãe de todas as coisas pelo fato de permitir a luta e por meio dela a justiça. As suas considerações eram uma resposta às afirmações de Anaximandro e aos Órficos que pregavam a ordem pela resignação, inércia e conformismo. Heráclito afirmava que viver é lutar, tudo nasce da luta: o fogo vive pela morte do ar; o ar pela morte do fogo; a água vive pela morte da terra e esta pela morte da água. Logo, tudo está em constante devir (frag. D.K. 212, 218, 219).

[3] Eurípides: Hipólito 952-954, Alceste 962 -972; Platão, República II, 364e e Górgias.

BIBLIOGRAFIA

1. Documentação Textual:

Aristófanes. *The Peace,TheBirds,The Frogs*. London: Harvard University Press,1996, vol II, bilíngue.

P. Jenofontes. *La Republica de los Atenienses*. Madrid: Centro de Estudios Constitucionais, 1989.

Pausânias. *Description of Greece*. London: Willian Heinemann, 1955.

Platão. *Gorgias*. Lisboa: Ed.70, 1991.

2. Documentação Imagética:

KNIGGE, U. The Athenia Kerameikos.Athens: Krene Editions, 1991.

KUBLER,Karl. Kerameikos.Die Nekroppole der Mitte des 6.Bis ende des 5. Jahrhunderts. Berlin: Walter de Gruyter, 1976.

RASMUSSEN,T. Looking at Greek Vases.Cambridge: Press Syndicate Cambridge, 1995.

3. Bibliografia Geral:

ALESHIRE, S.B. The Athenian Asklepeion:the people, their dedications and the inventories, Amsterdam:1989.

ANNEQUIN, I. *Recherches sur L'Action Magique et ses Representation*. Pairs: Annales Litteraites de L'Université de Besançon, 1973.

ARENDT, Hannah. *Sobre a Violência*. Rio de Janeiro: Relume Dumará, 2000.

BERNAND, André. *Sorciers Grecs*. Paris: Fayard, 1991.

BETZ,H.D. *The Greek Magical Papyri in Translation*. Chicago: The University of Chicago Press, 1992.

BURKERT, W. *Religião Grega na Época Clássica e Arcaica*. Lisboa:Caloustre Gulbenkian, 1993.

_____________. *Homonecans. The Anthropology of Ancient Greek Sacrificial Ritual and Myth*. California and Berkeley,California Univerty Press, 1983.

_____________. *Antigos Cultos de Mistérios*. trad, Denise Bottman. São Paulo: EdUSP, 1991.

_____________ Causalité Religieuse: la faute, les signes,les rites. In: *METIS*. Paris-Athènes:EHESS, 1994-1995, vol. IX-X.

CAMP II, John M. *The Athenian Agora:Excavationa in the Heart of Classical Athens*. London: Thames and Hudson, 1986.

CANDIDO, Maria Regina *A Hybris de Fedra*. In: *Phoînix* 1995. Rio de Janeiro: Sette Letras, 1995, p.131-136.

___________ Medéia: Ritos e Magia. In: *Phoînix* 1996. Rio de Janeiro: Sette Letras, 1996, p. 229-234.

___________ *Katádesmos: a magia entre os atenienses d V ao III séc. AC.* Rio de Janeiro: UFRJ/IFCS, tese de doutorado de 2001, circulação restrita.

CHARVET, P & OZANAM, Anne – Marie. *La Magie*. Paris: Nil. Ed. 1994.

DAXELMÜLLER, Christopher. *História Social da Magia*. Barcelona: Herder, 1997.

ELDERKIN,G.W. An Athenian Maledictory Inscription on Lead. In: *Hespéria* V, 1936, p. 382 -387.

EVANS – PRITICHARD, E. E. *Brujería, Magia y Oráculos entre los Azande*. Barcelona: Editorial Anagrama, 1976.

FARAONE, Christopher A. *Talismans and Trojan Horses: Guardioan Statues In Ancient Greek Myth and Rite*. Oxford: Oxford University Press, 1992.

________________ *Ancient Greek Love Magic*. Cambridge: University Press, 1999.

________________ *Magika Hiera:ancient greek magic&religion*. London: Oxford University Press, 1991.

FAVRET – SAADA, J. *Les Mots, La Mort, Les Sorts*. Paris: Gallimard, 1977.

FLINT, Valerie et alii.*Witchcraft and Magic in Europe: Ancient Greece and Rome*. London: The Athlone Press, 1999, vol 2.

FOUCART,P.F. *Des Associations Religieuses chez les Grecs*. New York: Arno Press, 1975.

FRONTISI-DUCROUX, F. *Du Masque au Visage. Aspects de l' indentité en Grèce ancienne*. Paris: Flammarion, 1995.

GAGER, John G. *Curse Tablets and Binding Spells from the Ancient World*.Oxfrod: Oxford University Press, 1992.

GRAF. Fritz *La Magie dans L'Antiquité Gréco-Romaine*. Paris: Les Belles Lettres, 1994.

HERZT, Robert. *Religião e Sociedade*. Rio de Janeiro: Tempo Presença, 1986.

JOST, Madeleine. *Aspects de la Vie Religieuse en Grèce*. Paris: SEDES, 1992.

_____________ *Sanctuaires publics et sanctuaires privés*. In: *Ktema*. Strasbourg: Université March Bloch de Strasbourg, 1998, nº23, p. 300-306.

LEHMANN, Yves. *Religions de l'Antiguité*. Paris: PUF, 1999.

LLOYD, G.E.R. *Magie, Raison et Expérience*. Paris: Flammarion, 1990.

LUCK, Georg. *Arcana Mundi; magia y ciencias ocultas en el mundo griego y romano*. Madrid: Gredos, 1995.

MALINOWSKI, Bronislaw. *Magia, Ciência e Religião*. Lisboa: Edições 70, 1984.

MARTIN, R & METZGER, H. *La Religion Grecque*. Paris: PUF, 1976.

MONTEIRO, Paula *Magia e Pensamento Mágico*. São Paulo: Ática, 1986.

MORRIS, Ian. *Death-Ritual and Social Struture in Classical Antiguity*. Cambridge: Cambridge University Press.1992.

NILSSON, Martin P. *Les Croyances Religieuses de la Grèce Antigue*. Trad. Matela Ghyka. Paris: Payot, 1955.

NOCK, Arthur Darby. *Essays on Religion and the Ancient World*. Oxford: Clarendon Press, 1972.

OLIVEIRA, F. & SILVA, M. F. *O Teatro de Aristófanes*. Coimbra: Faculdade de Letras, 1991.

PARKER, Robert. *Athenian Religion a History*. Oxford: Oxford University Press, 1997.

PARROT, André. *Malédictions et Violations de Tombe*.Paris: Paul Geuthner, 1939.

RASMUSSEN, T.; SPIVEY, N. *Looking at Greek Vases, Cambridge*: Cambridge University Press, 1991.

RICHARD, G. L'Impureté contagieuse et la Magie dans la Tragedie Grécque. In: *Revue des Etudes Anciennes*. XXXVII, 1935.

RUDHARDT,J. *Notions Fondamentales de la Pensée e Religieuse et actes constitutifs du culte dans la Grèce Classique*. Paris: Picard, 1992.

RUDLOFF, I. Robert von. Hecate in Early Greek Religion.Disponível na Internet via www.islandnet.com/library/hecate. Arquivo consultado em 03.1999.

SHEAR, T.L. *The Campain of 1933*.In: *Hespéria*. vol. IV, 1935 p. 324-326.

SOURVINOU-INWOOD,Christiane. *Reading Greek Death to the end of the Classical Period.* Oxford: Clarendon Press, 1995.

STARKIE, W.J. *The Clouds of Aristophanes*. London: Menthen, 1911.

TAAFFE, Lauren K. *Aristophanes and Wommen*. London: Routledge, 1994.

THOMPSON, H.A. Excavations in the Athenien Agora: 1948. In: *Hesperia*. XVIII, 1949, p. 211.

VERNANT, J – P. *Mythe et Société en Grèce Ancienne*. Paris: Maspero, 1974.

__________. *Figuras, Ídolos, Máscaras*. Lisboa: Tecrema, 1993.

VEGETTI,M. *L'Homme et les dieux*. In: *L'Homme Grec*. Vernant, J-P.(org.). Paris: Sueil,1993.

VELASCO, Francisco Diez de. *Los Caminos de la muerte. Religión, rito e iconografía del paso al más allá en la Grecia antigua*. Madrid: Editorial Trotta, 1995.

VERSNELL, H.S. Some Refletions on the Relationship Magic-Religion. In: *Numen*. Leiden: E. J. Brill, 1991, vol. XXXVIII, fasc. 2.

WUNENBURGER Jean-Jacques *Le Sacré*. Paris: Universitaires de France, 1981.

ZAIDMAN, Louise B & PANTEL, Pauline S. *La Religion Grecque*. Paris: Armand Editeur, 1989.

SÉMA/MNÉMA: RETÓRICA E VISUALIDADE NOS CONTEXTOS FUNERÁRIOS DA CIDADE GREGA CLÁSSICA

BREVE RELATO DE PESQUISA

Marta Mega de Andrade[1]

Gostaria de debater algumas linhas de força da pesquisa que comecei há pouco[2], acerca das interações cotidianas na *pólis* grega clássica e pós-clássica, envolvendo a retomada dos epitáfios gregos como testemunhos dentro de seu contexto espacial e interacional específico. Nesta pesquisa, parto da hipótese de que as estelas e epitáfios faziam parte do que podemos definir como um contexto dialógico cotidiano: pessoas, habitantes e forasteiros circulavam cotidianamente entre as lápides, passavam por essas pedras tumulares, e muitos usavam da leitura desses epitáfios como forma de "conhecer" uma pessoa falecida. Mas o mesmo hábito que levava a conhecer o morto através de um *mnéma*, promovia mais do que uma relação até certo ponto "fria" de leitura silenciosa de mensagens escritas. O encontro de um *usuário* – o pedestre forasteiro, o trabalhador de passagem, a mulher que se encaminha para uma visita ao túmulo, as famílias que se preparam para enterrar seus mortos – com uma estela funerária gravada e entalhada com certas imagens padronizadas, promove o engajamento de uma prática espacial a uma prática visual, na leitura que é feita com as dificuldades de uma cultura semiletrada e, muito possivelmente, em voz alta (Svenbro, 1993:44-63). Em outras palavras, entrar em relação com um *sema* é engajar-se corporalmente; e isto tem suas conseqüências tanto para a "eficácia" quanto para as formas de apropriação social de suas mensagens.

Não me situo, portanto, no mesmo âmbito de um debate historiográfico acerca das visões da morte ou dos rituais ligados ao processo da morte em si.[3] Não estudo a morte nem propriamente as representações da morte, embora o horizonte dessas práticas e representações pertença ao que defino como um *contexto funerário*: síntese dos espaços produzidos, das relações mobilizadas, das práticas e concepções que constroem um *habitus* e condicionam as formas possíveis de lidar com a presença *atual* de uma estela funerária na paisagem.

No que se refere ao estudo da Grécia Antiga, podemos distinguir ao menos três campos de pesquisas ligados aos contextos funerários, na Arqueologia

(Johansen, 1951; Lattimore, 1962; Morris, 1992; Spencer, 1995; Wallace, 1970), na História da Religião (Vernant & Gnoli, 1982), na Antropologia Histórica (Humphreys, 1983; Humphreys & King, 1981; Seremetakis, 1993; Sourvinou-Inwood, 1995a; Vernant & Gnoli, 1982). O acento recai, normalmente, sobre o aspecto descritivo de práticas (Boardman & Kurtz, 1971; Garland, 1985), por um lado, ou sobre as formas de pensar, como por exemplo, nas concepções religiosas do "além"; de forma um pouco mais ampla, utiliza-se dos cemitérios e seus túmulos segundo critérios de "informação": demografia, hábitos alimentares, objetos enterrados, grupos sociais, etc.

Um triplo aspecto – material, pragmático, conceitual – desse objeto "morte" sobressai e se impõe pelos principais estudos dedicados a ele. E o que sobretudo parece não se colocar em dúvida, é esse pertencimento do objeto "morte" basicamente ao âmbito de três disciplinas: uma arqueológica, já que há cemitérios a escavar e estudar; outra antropológica, já que à morte ligam-se mitos e rituais, comportamentos e relações sociais mais ou menos codificadas, frequentemente conectadas à noção de *rito de passagem*; enfim a religiosa, pois a morte constituiria em si um evento absorvido pela dimensão religiosa da vivência do homem. De certa forma, esta última dimensão religiosa encontra-se manifesta ou latente, como pressuposto (a-histórico) dos estudos da "morte" no mundo antigo, e dos cemitérios como espaços de *sacralidade*[4].

O que de certa forma observamos no conjunto das preocupações com esse objeto "morte" é um caminho que vai desde o aspecto material, informativo, descritivo, passando pela construção de uma "alteridade" cultural – com os padrões de comportamento e a distribuição de papéis sociais –, até desembocar em um *mesmo*: a morte e sua remissão ao indivíduo que morre, majoritariamente relacionada a uma experiência religiosa, cultural e social. A problemática que proponho procura justamente explorar uma outra "face" desse objeto arqueológico/antropológico/religioso/histórico – uma cultura material ligada certamente à "morte"; mas demarcada de uma forma singular nas cidades gregas antigas pelas relações entre os habitantes (e viajantes), em uma determinada localidade.

1. Retórica e Exposição

Os epitáfios, em larga medida, procuravam dar conta não tanto de expectativas quanto a vida após a morte, a virtude (religiosa) do morto, mas antes de uma *persona* pública a outras pessoas públicas, isto é, a uma coletividade. Percebemos que essas pedras tumulares eram para os gregos e depois, de forma diferente, para os romanos, como que interpelações aos vivos em nome de uma memória pública, política e social. Sob esse ponto de vista, o espaço social da morte emerge dizendo menos respeito ao compadecimento diante do indivíduo morto do que a um grupo em suas relações cotidianas. Este aspecto de retórica, de interpelação a um grupo social, esse aspecto performático da tripla estrutura espacial, corporal e interacional que constitui a dialogia que tem nos monumentos funerários um pretexto na sociedade grega antiga, é aquilo que justifica uma investigação mais aprofundada.

Isto significa, primeiramente, que os gregos, assim como os romanos, usavam o espaço demarcado pelas pedras tumulares para *conversar*: interpelar, defender, criticar, etc. Era uma conversa silenciosa, porém corriqueira, envolvendo diversos tipos de pessoas, desde familiares dos mortos até mesmo estranhos passantes, que teriam o hábito de ler esses epitáfios ao longo do caminho. As mensagens contidas nesses epitáfios eram, por sua vez, frutos de uma escolha refletida levando em consideração essa conversação esperada. Portanto, não apenas a escolha da mensagem, mas também todas aquelas escolhas de *quem* teria para si um epitáfio, talvez uma estela esculpida, também podem ser compreendidas dentro desse contexto de um *a priori* dialógico. Vejamos alguns exemplos:

Ref: Estela com relevo; Pireu, 365-40 a.C. (GV 1387).

Salve, séma de Melita. Jaz aqui uma boa mulher. Amante de teu amante esposo Onésimo, eras a melhor. Por isso, agora, após tua morte, ele lamenta tua ausência: eras uma boa mulher. – "Salve também a ti, o mais querido dos homens. Ama aos meus."

Ressalta-se o contexto dialógico da mensagem: a estela fixa um instante de diálogo entre o marido e a esposa, fazendo-o repetir-se na voz e na escuta de cada observador. Por meio do diálogo, manifesta-se o elogio da esposa como amante; ao que a "esposa" responde com um imperativo: *ama aos meus*. No epitáfio, eterniza-se na "voz" da esposa nomeada a requisição de um *direito* dos filhos.

Podemos supor que tal requisição visaria resguardar o lugar dos filhos dessa esposa falecida em uma provável futura família do marido (como em **Alceste** ou **Medéia**, de Eurípides), para isso chamando à lembrança as qualidades dessa esposa como amante. O que nos leva a uma conotação positiva do casamento, do ponto de vista da relação amorosa do casal. Este tipo de acento, embora comum na epigrafia das estelas, é muitíssimo raro nas fontes literárias do período clássico (Redfield, 1994).

Seria esta a repetição de uma fórmula, ou uma "mensagem eficaz"? Fincada ao solo, talhada em uma lápide, essa mensagem atravessa as épocas, e continua a falar àqueles supostos "ouvintes" mesmo muito depois da morte da referida esposa. Qual o grau de inércia dessa mensagem? Obviamente, dizer que se trata de um imperativo quase da ordem da justiça familiar não significa supor que ele funcionaria como a letra de uma lei. Em outras palavras, o discurso dessa estela funerária deve ser compreendido menos em um contexto pragmático de causas e efeitos, de requisições e efetivações, e mais no contexto estratégico/tático das negociações.

Que dizer então de uma segunda categoria de epitáfios, estes sim com características de "padrão": o epitáfio das virgens, especificamente das filhas mortas antes do casamento. Diz o *séma* de Frasicléia, datando do século VI a.C.:

Ática, Base de Mármore, Mirrinunte, séc. VI a.C. (CEG, I – 24).

Este é o séma de Frasicléia. Serei sempre chamada de virgem: em lugar de um casamento, os deuses me designaram este nome.

A fórmula que une no estatuto da moça a requisição do casamento com a interrupção desse destino pela morte ainda se repete nesse poema-epitáfio, do século I a.C.:

Xenocrites de Rodes I a.C. (AP, VII, 291).

De teus cabelos ainda emanam as águas salgadas, moça desafortunada, naufragada e morta no mar, Lysidiké. Quando as ondas se agitaram, tu te foste de repente, do barco para baixo, apesar de teu medo do mar. Teu túmulo diz teu nome e de onde vens: Kymé, mas teus ossos são banhados pelas águas de um gélido afluente. Cruel infelicidade para Aristomachos, teu pai, pois ele te levava às festas de tuas núpcias, e ele nada conduziu, nem virgem, nem cadáver!

Isto manifesta a longa duração (e ubiqüidade) de uma valorização social da moça virgem e do cumprimento de um destino de casar-se? Há estudos que se ocupam da relação entre sociedades políticas (gregas/romanas) e o imperativo do casamento, até a Antiguidade Tardia (Brown, 1990). Na Atenas clássica, tragédias de Eurípides como *As Troianas*, *Ifigênia em Aulis* ou *Heraclidas*, tematizaram o sacrfício de jovens virgens pelo bem de uma comunidade. Como esse sacrifício envolvia a morte antes do casamento, Eurípides não deixou de explorar o apelo emocional à troca do destino glorioso de esposa pelas sombras do Hades. Essa troca, no caso específico das virgens sacrificadas, deveria envolver a dedicação de um *séma*, ou a recorrência a uma memória coletiva do feito (heróico) das jovens, que assim saíam do circuito da vida privada para entrar na lembrança (pública) dos gregos (Andrade, 2001)[5].

Em uma rápida análise do *mnéma* de Frasicléia transcrito acima, Meneses (1998) aponta para a relação da discursividade do epitáfio com um circuito de negociações de *status* entre famílias, em uma dimensão espacial e temporal de interações entre grupos familiares, a qual em outra oportunidade designei como *espaço doméstico* (Andrade, 2002). Segundo essa interpretação, a justificativa da morte de uma filha virgem seria *necessária*, não simplesmente pelas razões mais familiares a nós – elogio do morto, preservação de uma imagem de virtude do indivíduo morto, etc. – mas pelo fato de que a troca de filhas e o laço do casamento garantiam uma certa paridade entre famílias (Redfield, 1994). Se uma filha morre antes do casamento, a família se vê diante do encargo de justificar essa "falta" no comércio cotidiano das relações familiares, nas sociedades políades em geral, em Atenas particularmente. Assim, a "mensagem-padrão" sobre a morte das filhas virgens, se projetaria nesse circuito tensionado, no jogo do equilíbrio de posições entre famílias de uma mesma localidade, jogo este inseparável de quaisquer requisições de um *oîkos* com relação à participação política e ao privilégio da cidadania.

Os epitáfios das mulheres parecem em grande medida interessar-se pelas virgens, moças falecidas antes do casamento. Interessam-se também pelas esposas, especialmente aquelas mortas no parto. Humphreys (1983) afirma que em uma compilação quantitativa das estelas e epitáfios áticos pós-450 a.C., aqueles dedicados a mulheres, esposas e filhas, além de crianças em geral (isto é, filhos), apareceriam como maioria. Isto seria indicativo, de acordo com a autora, do contexto familiar de referência dessas estelas, por oposição àquelas anteriores a 480 a.C., em que predominava a figura masculina e os temas bélicos. Este dado é normalmente usado para validar a hipótese de um desvio do cidadão para a vida privada, no contexto da chamada "crise" da *pólis*.

Osborne (1997) credita esse fato a uma necessidade de aparição de mulheres cidadãs em um espaço coletivo, após a lei de Péricles de 451 a.C. (restringindo a cidadania a filhos de pai e mãe atenienses). Segundo o autor, com as sérias restrições sociais à presença de mulheres "de família" no espaço masculino da *pólis*, a representação de mulheres em contextos familiares nos cemitérios garantiria a essas mulheres um destaque na vida pública da comunidade, e assim um reconhecimento de cidadania. Sem o propósito de discutir essas hipóteses por enquanto, devemos constatar que a concordância quanto à função de "publicidade" atribuídas aos epitáfios femininos indica a importância do espaço arqueológico dos cemitérios para a investigação da conexão entre as mulheres, a fabricação cotidiana do feminino e a vetorização de certas interações na dimensão não do *oîkos*, mas de uma coletividade mais ampla, que podemos denotar por enquanto pela dimensão (espacial) das interações sociais.

A retórica dos epitáfios freqüentemente nos compele a soltar as amarras de certos modelos com os quais nos dirigimos à vida das mulheres na *pólis*. Vejamos o exemplo do seguinte epigrama do século III a.C.:

> *Calímaco de Cirene IIIaC (AP VII, 459)*
>
> *Kréthis, que tanto amava contar estórias e sabia alegremente agradar, as moças de Samos a procuram frequentemente, sua tão doce companheira de trabalho, que sempre ia conversando. Ela está aqui e dorme de um sono devido a todas.*

Quem era Kréthis? Quem teria dedicado a ela um epigrama? Neste, a moça não aparece como *persona* em relações familiares, mas é vinculada a um grupo de "moças de Samos", companheiras de trabalho. Teriam essas companheiras dedicado o epigrama? Ou a própria Kréthis o teria encomendado? O fato de ter um epigrama escrito por um poeta já demonstra de certa forma uma determinada posição social. Mas esta posição não vem enquadrada pelos laços familiares, o que faz do estatuto de Kréthis ambíguo. Por outro lado, ela não é lembrada como muitas *hetairai* serão em suas estelas, pela beleza e pela arte de amar. Kréthis é lembrada por contar estórias, alegrando as companheiras de trabalho. Um contexto inesperado vai se delineando através do epigrama, que une o convívio de mulheres, companheiras de trabalho, com a conversação típica de um convívio entre amigos: essa mulher, sua virtude era a de contar estórias que agradavam as suas ouvintes. Este mundo feminino não combina com o modelo da mulher grega, mas ao mesmo tempo não se pode concluir que essas companheiras de trabalho estejam no lado oposto ao modelo, o lado das *hetairai*.

Em seu artigo *Male and Female, Public and Private, Ancient and Modern*, C. Sourvinou-Inwood observa que era propriamente na dimensão pública das práticas religiosas e cívicas que as mulheres (cidadãs) agiam como indivíduos independentes, precisamente porque na ação religiosa a mulher *se expunha*: aparecia em público, agia e falava por sua própria conta, sem a necessidade de um *kúrios* responsável, pronunciava-se o seu nome. Na dimensão privada do *oîkos*, as mulheres estariam submetidas aos poderes masculinos de pais, maridos, irmãos e filhos, além de sofrerem a pressão de um ideal de *desaparição*: sem nome, sem voz, sem ação. Os epitáfios em honra das mulheres se colocam, assim, em uma interessante fronteira: são da ordem do privado, no sentido de que dizem respeito à morte de um membro de uma família, aos ritos funerários, ao prestígio e aos direitos de um *oîkos*. Contudo, esse artefato produzido no contexto privado das práticas funerárias concede às mulheres que tem por função elogiar prerrogativas análogas àquelas que se vinculam a sua independência cívica e religiosa, por um lado, mas ainda ao espaço público, por outro lado: voz, nome, memória, honra e glória. A mesma autora menciona ainda o fato de que grande parte dos tópicos do discurso das estelas liga às mulheres virtudes que, na prática corrente, se aplicam aos homens: *chreste, sophron, agathe, eusynetos, eusebes* (Sourvinou-Inwood, 1995b:117-120).

A estela funerária expõe e, mais do que isso, torna público. Este é o seu "poder" como artefato e sua função no interior de um sistema espacial. Assim, em uma sociedade que valorizava acima de tudo a virtude feminina como uma supressão (ou neutralização?) do feminino das experiências cotidianas de sociabilidade e auto-afirmação masculina em espaço público, a relativa abundância das estelas funerárias comemorando mulheres nos indica que essas mulheres eram em alguma medida criaturas da sociedade (exterior) e não simplesmente dos gineceus (interior), e a esta sociedade se dirigiam senão em vida como corpo humano exposto e franco (ideal masculino), ao menos na morte sem corpo, em imagem e entalhes na pedra.

Há uma vasta bibliografia a respeito da relação das mulheres com os contextos funerários na sociedade *políade*, centrada particularmente no papel das mulheres na boa performance dos ritos e nas interdições quanto às manifestações propriamente femininas do luto[6]. Estas interdições teriam atingido em cheio algumas das prerrogativas femininas nos ritos funerários em espaço público, particularmente no que tange às oferendas aos mortos e à intensidade das lamentações, se o testemunho de Plutarco puder ser tomado como base[7]. Os estudos concordam em realçar a presença feminina na iconografia dos lécitos de fundo branco, assim como em outros vasos como os *loutrophoroi*, populares em contextos funerários. Os lécitos, sobretudo, demonstram uma preocupação em marcar uma importante atividade feminina com relação ao ritos, mas ainda ao túmulo.

A visibilidade que se conferia a particularidades de diversas figuras femininas através de estelas, epitáfios e epigramas funerários, indica, por um lado, uma publicização de valores positivos *no* feminino, o que significa uma exposição positiva das mulheres que é, de fato, um contra-senso, levando-se em consideração toda a ideologia normativa que apontava ao masculino e ao feminino seus lugares e papéis; por outro lado, indica que a comunidade de habitantes e famílias fabrica uma imagem positiva para si mesma e para os outros a partir da reiteração pública das virtudes normativas de certas mulheres (matronas casadas, jovens mães mortas no parto, virgens casadoiras). Certamente, essa prática de tornar pública, expor a virtude feminina em contextos funerários, em certa medida dando voz às mulheres que já não mais vivem e reconhecendo nesta voz a capacidade de produzir diversos laços e requisições locais, interfamiliares, indica que, em uma *outra* dimensão da vida pública das comunidades políades como Atenas, as mulheres tinham uma importância crucial: não mais somente a dimensão religiosa, largamente percebida já como o pólo feminino da construção social políade, mas ainda a dimensão do que chamarei de *polemologia cotidiana*, em que o que se diz e o que se faz incide menos sobre representações e idéias, modelos e comportamentos reproduzidos, e mais sobre os focos de instabilidade que afloram sempre que uma nova requisição, negociação ou evento geram tensões e contradições no tecido aparentemente unânime do senso comum e do hábito.

2. Signo Funerário e Visualidade

A especificidade das estelas no conjunto de manifestações dialógicas ligadas aos contextos funerários está ligada ao seu caráter de marco espacial e signo visual, remetendo certamente a um morto ou a uma família em particular mas, principalmente, vetorizando certas instâncias de negociação de identidades, singulares e comunitárias.

Como "hábito" de deixar marcos espaciais com mensagens escritas, os epitáfios gregos podem ser equiparados a outras inscrições em pedra. Podemos citar, por exemplo, os *horoi*, que marcavam limites entre propriedades ou tornavam públicas as hipotecas sobre terras. As leis eram freqüentemente inscritas sobre pedra, com o objetivo de ficar em exposição e assim possibilitar o conhecimento público. Além disso, algumas obras ou trechos de obras podiam ser inscritas em pedras comemorativas, como foi feito com algumas tragédias e com os poemas de Homero em Atenas. Em todos os casos, trata-se de usar esse mecanismo fixo e duradouro para *publicar* um discurso, em grande medida *formal*. Tanto a prática de fabricar os monumentos funerários em pedra quanto a prática de *ler* e *ver* esses monumentos deve ser relacionada a esse conjunto de publicações epigráficas para que se compreenda o seu lugar nas formas cotidianas de comunicação – e de comunicação de algo que deve ser público, como uma lei, um contrato, uma peça de teatro vitoriosa, uma comemoração.

Isto permite compreender a organização dos espaços funerários, os "cemitérios" e a presença dessas estelas nas fronteiras mais movimentadas entre o núcleo urbano e os territórios, situadas à beira das estradas, como no cruzamento das vias que levavam a Eleusis e ao Pireu pela porta do Dipylon em Atenas, ou a via que ligava Maratona a Rhamnous no NE da Ática, intra e extramuros mas sempre no *sub-urbio*: os cemitérios abriam ao passante uma experiência primeira da transição ao espaço urbano e, neste *lugar*, os cidadãos e habitantes em geral decidiam falar ao público e a estranhos, segundo uma determinada retórica, uma determinada materialidade e uma determinada visualidade.

Lembremos também que na mesma Atenas Clássica houve, entre 480 e 430 a.C., uma drástica diminuição e quase desaparecimento dos monumentos funerários inscritos. No mesmo período, surgiram os lécitos de fundo branco, vasos especializados de uso funerário (ofertados nos túmulos). Os especialistas no assunto apontam para a explicação do fenômeno a partir de uma pressão social da democracia ateniense no sentido de limitar a ostentação aristocrática privada nos funerais (Morris, 1992, cap. 4). Sendo assim, nenhum monumento privado deveria se interpor entre os cidadãos e seus ideais comunitários. Ora, os lécitos de fundo branco muitas vezes trazem representações iconográficas de estelas funerárias de grande porte decoradas, em contextos de visitação e comemoração por parte de figuras femininas e masculinas que ornam, reverenciam, presenteiam, se lamentam. Assim, os lécitos podem ter preenchido a função de substitutos de um "ausente" – o monumento funerário em pedra. Desta forma, mesmo o monumento poderia existir (como imagem, como duplo) sem o seu tradicional suporte fixo, durável e identificável na paisagem, sem deixar, com isso, de constituir-se em referência visual.

Apesar desse parentesco com outras práticas de *publicação* epigráfica, um epitáfio, no sentido de discurso sobre um morto com objetivo de elogiar/censurar para um público, podia existir sem seu suporte material mais comum, que era a pedra ou a cerâmica. Na Atenas Clássica, por exemplo, os cidadãos mortos em guerra ganhavam a honra de um *mnéma* vocal, dentro de um cerimonial público. A bela-morte do hoplita merecia o elogio unânime da comunidade, que se fazia representar por um orador escolhido, como Péricles. Esse orador escrevia e pronunciava o *epitháphios logòs*, instituição duradoura em Atenas, prestigiosa para aqueles que eram escolhidos e requerida pela comunidade dos cidadãos. Após o período clássico, com mais freqüência no período helenístico, poetas famosos escreveram epigramas funerários que jamais foram encontrados gravados sobre um túmulo específico, demonstrando assim que o discurso de lembrança dos mortos "sobrevivia", mesmo sem o recurso à publicação em pedra. O *logòs epitaphiòs* podia ser um gênero literário[8].

Ressalto, portanto, as seguintes características do conjunto do *séma* grego:

a) sua natureza de marco visual

b) sua função eminentemente dialógica

c) sua capacidade de publicação

d) seu acento de formalização/padronização

e) sua possível inserção em um *campo literário*

Por maiores que sejam as dificuldades (e mesmo impossibilidades) encontradas hoje em dia para restituir os epigramas ao sistema material e espacial do qual eram parte, podemos sustentar, como um ponto de partida, a proposição de que essas características se combinaram na vida cotidiana dos gregos para criar um espaço de interações entre as famílias, entre os habitantes de determinada localidade e entre os prováveis forasteiros. Assim, proponho que os epitáfios sejam *lidos* segundo os pressupostos da *publicização* inerentes aos marcos espaciais em geral, e ainda como um tipo de *propaganda* cujas linhas de força históricas ainda precisamos determinar. Como mensagem (*séma*), não se trata de representações da morte nem tão-somente de ressonância de modelos construídos alhures, mas de um *instrumento* para lidar precisamente com uma espécie de *familiaridade*, de *domesticidade*, que talvez possamos relacionar às práticas de hospitalidade; como monumento (*mnéma*), não se trata simplesmente de comemorar um indivíduo erigindo um Memorial, mas antes de fixar na paisagem nomes, modelos e imagens através das quais os usuários de um sistema espacial (habitantes, viajantes, conhecidos e desconhecidos, cidadãos ou não) podem chegar, como na *metáfora*, aos sinais conhecidos de uma vida social e urbana. Não é demais lembrar a recorrência, ubiqüidade e longa duração que caracterizam o uso das estelas funerárias e dos epitáfios.

Os *sémai* e seus *mnémai*, a sua estrutura espacial e seu contexto dialógico cotidiano, podem ser um manancial de extrema importância para a exploração das relações sociais na cidade antiga. Porque aquilo que a sociedade políade grega dizia, através de estelas e epitáfios, não se dirigia para a dimensão política e institucional da vida do cidadão, mas sim, primeiramente, para uma dimensão social anterior a esta, a dimensão da reprodução dos laços interfamiliares; e em segundo lugar, dizia respeito à imagem que uma comunidade *de habitantes* procurava fabricar para aqueles de fora, aqueles que não pertenciam ao lugar. Portanto, tratava-se de um circuito cultural diferente daqueles aos quais se dirigem estrategicamente os textos literários.

Notas

1 Professora Doutora de História Antiga – LHIA/PPGHC/IFCS/UFRJ.

2 As Vozes do *Séma*: contextos funerários e exposição feminina em Atenas (séc. VI – III a.C.). Projeto iniciado em agosto de 2003.

3 Os rituais e representações ligados ao fato social da morte são temas cuja vasta bibliografia e o amplo escopo de abordagens dão testemunho de um grande interesse historiográfico (Ariès, 1977; Boardman & Kurtz, 1971; Garland, 1981, 1985; Humphreys, 1983; Humphreys & King, 1981; Morris, 1992; Sourvinou-Inwood, 1995; Vernant & Gnoli, 1982). De fato, não apenas no campo da História, mas na Antropologia, na Sociologia, na Filosofia, na Teologia, na Psicologia, práticas e comportamentos, costumes e visões de mundo ligadas a morte não cessam de inspirar grandes obras.

[4] Humphreys (1983) deixa isso claro, ao afirmar a perspectiva comparativa no estudo de um fenômeno comum a todas as sociedades humanas – o homem diante da morte.

[5] "*Concedo meu corpo à Grécia, imolem-no, e tomem Tróia. Meu sacrifício me trará renome eterno, como se fosse minhas núpcias e meus filhos e minha glória. Convém ao bárbaro obedecer ao grego, minha mãe, e não o inverso. Pois eles são escravos, nós somos os homens livres*" (*Ifigênia em Áulis*, vv. 1394-1401).

[6] Para citar alguns exemplos: Humphreys (1983), Leader (1997), Pomeroy (1991), Seremetakis (1993), Stears (1995, 1998), Vestergaard et al. (1993).

[7] "Ele também sujeitou as aparições públicas das mulheres, suas lamentações e seus festivais, a uma lei que erradicou a desordem e a licenciosidade. Quando elas saíam, não deveriam usar mais do que três paramentos, não deveriam portar mais do que o valor de um óbolo de comida ou bebida, nem um cesto maior que um cúbito, nem poderiam viajar a noite a não ser dentro de um carro com lâmpadas a iluminar o caminho. A laceração da pele pelas mulheres em luto, o uso de lamentações e o exagero na tristeza de qualquer um nos funerais de outrem, ele proibiu. O sacrifício de um boi no túmulo não era permitido, nem o enterramento junto ao morto de mais do que três mudas de roupa, nem era permitida a visita ao aos túmulos daqueles que não eram da própria família, exceto na ocasião do enterro. A maioria dessas práticas é também proibida por nossas leis, mas estas contêm a cláusula adicional de que tais ofensoras devem ser punidas pelo conjunto de censores de mulheres, porque elas indulgem em formas efeminadas e não masculinas de sofrimentos extravagantes quando da lamentação." Plutarco. Vidas, Sólon, 21,4-5.

[8] Como ele é tratado, de resto, por N. Loraux (1981), ao estudar o *corpus* das orações fúnebres atenienses. A diferenciação entre *séma* – marco espacial com função de sinalizar algo – e *mnéma* – "memorial"– feita por S. Humphreys (1983), tem a vantagem de realçar o entrelaçamento e a simultânea independência entre a estela e o epitáfio ou epigrama.

BIBLIOGRAFIA

1. Obras Citadas:

ANDRADE, M. M. (2001). *A Cidade das Mulheres*. Rio de Janeiro: LHIA.

_______________. (2002). *A 'Vida Comum'*: espaço, cotidiano e cidade na Atenas Clássica. Rio de Janeiro: DP&A.

ARIÈS, P. (1977). *L'Home devant la mort*. Paris: Seuil.

BOARDMAN, J., & KURTZ, D. (1971). *Greek Burial Customs*. London: Thames and Hudson.

BROWN, P. *Corpo e Sociedade*. O homem, a mulher, e a renúncia sexual no início do cristianismo. RJ: Jorge Zahar ed., 1990.

GARLAND, R. (1981). *Greek attitudes and observances in regard to death*. Unpublished Ph.D. thesis, University of London.

_____________. (1985). *The Greek Way of Death*. Ithaca: Cornell University Press.

HUMPHREYS, S. (1983). *The Family, Women and Death*. London: Routledge & Kegan Paul.

______________, & KING, H. (Eds.). (1981). *Mortality and Immortality*. London: Academic Press.

JOHANSEN, K. F. (1951). *The Attic Grave Reliefs of the Classical Period, An Essay in Interpretation*. Copenhagen: Ejnar Munksgaard.

LATTIMORE, R. (1962). *Themes in Greek and Latin Epitaphs*. Urbana: University of Illinois Press.

LEADER, R. E. (1997). In Death not Divided: gender, family and state on classical athenian grave stelae. *American Journal of Archaeology, 101.4*, 683-699.

LORAUX, N. (1981). *L'Invention d'Athènes*. Paris: Mouton.

MENESES, U. T. B. d. (1998). As Marcas da Leitura Histórica: a arte grega nos textos antigos. *Manuscrítica*, 7, 69-82.

MORRIS, I. (1992). *Death Ritual and Social Structure in Classical Antiquity*. Cambridge: University Press.

OSBORNE, R. (1997). Law, the Democratic Citizen and the Representation of Women in Classical Athens. *Past and Present*, 155, 3-33.

POMEROY, S. (Ed.). (1991). *Women's History and Ancient History*. Chapel Hill and London: University of North Carolina Press.

REDFIELD, J. (1994). O Homem e a Vida Doméstica. In J.-P. VERNANT (Ed.), *O Homem Grego* (pp. 147-171). Lisboa: ed. Presença.

SEREMETAKIS, N. (1993). Durations of Pain: the antiphony of death and women's power in southern Greece. *Ritual, Power and the Body* (pp. 119-149). New York: Pella Publishing.

SOURVINOU-INWOOD, C. (1995a). *Reading Greek Death*. Oxford: Clarendon Press.

______________________. (1995b). Male and Female, Public and Private, Ancient and Modern. IN: E. REEDER (Ed.). *Pandora* (pp. 111-120). Princeton: Princeton University Press.

SPENCER, N. (Ed.). (1995). *Time, Tradition and Society in Greek Archaeology*. Bridging the 'Great Divide'. London: Routledge.

STEARS, K. E. (1995). Dead Women's Society: constructing female gender in classical athenian funerary sculpture. In N. SPENCER (Ed.), *Time, Tradition and Society in Greek Archaeology. Bridging the 'Great Divide'*. London: Routledge.

_____________. (1998). Death Becomes Her: gender and athenian death ritual. In: S. BLUNDELL & M. WILLIAMSON (Eds.), *The Sacred and the Feminine in Ancient Greece* (pp. 113-127). London: Routledge.

SVENBRO, J. (1993). *Frasikleia*. An Anthropology of Reading in Ancient Greece. Ithaca: Cornell University Press.

VERNANT, J.-P., & GNOLI, G. (Eds.). (1982). *La Mort, les morts dans les sociétés anciennes*. Cambridge: University Press.

VESTERGAARD, T., BJERTRUP, L., HANSEN, M. H., NIELSEN, T. H., & RUBINSTEIN, L. (1985 [1993]). A Tipology of Women recorded on gravestones of Attica. *American Journal of Ancient History, 10*(2), 178-190.

WALLACE, M. B. (1970). Notes on early greek grave epigrams. *Phoenix*, 24, 95-105.

O CORPO COMO VALOR

Mirian Goldenberg[1]

Introdução

Apesar de ter escrito o clássico *As Técnicas Corporais* em 1934, o antropólogo francês Marcel Mauss tem sido uma referência obrigatória para aqueles que querem compreender um fenômeno característico dos tempos atuais: a valorização de um determinado tipo de corpo feminino. Para tanto, dois conceitos presentes em seu texto são fundamentais: o de "técnicas corporais" e o de "imitação prestigiosa". Para Mauss, o conjunto de hábitos, costumes, crenças e tradições que caracterizam uma cultura também se refere ao corpo. Assim, há uma construção cultural do corpo, com uma valorização de certos atributos e comportamentos em detrimento de outros, fazendo com que haja um corpo típico para cada sociedade. Esse corpo, que pode variar de acordo com o contexto histórico e cultural, é adquirido pelos membros da sociedade por meio da "imitação prestigiosa": os indivíduos imitam atos, comportamentos e corpos que obtiveram êxito e que viram ser bem-sucedidos. O autor chama a atenção para o fato de que as técnicas corporais "variam não simplesmente com os indivíduos e suas imitações, mas, sobretudo, com as sociedades, as educações, as conveniências e as modas, com os prestígios". E é precisamente na noção de prestígio da pessoa que torna o ato autorizado, em relação ao indivíduo imitador, que se encontra todo o elemento social das técnicas corporais. É possível afirmar que o "culto ao corpo", com todos os rituais de embelezamento, rejuvenescimento e modelagem das formas a ele associados, deve grande parte de sua propagação a uma imitação, baseada no prestígio conferido àquelas (e àqueles) que ostentam um físico dentro de determinado padrão estético. Mas que tipo de corpo as mulheres brasileiras, e mais particularmente as cariocas, procuram imitar?

Pesquisando o corpo na cidade do Rio de Janeiro

Alguns dados da pesquisa que venho realizando desde janeiro de 1998 podem ser interessantes para pensar essa questão. Na pesquisa "Mudanças nos papéis de gênero, sexualidade e conjugalidade: um estudo antropológico das representações sobre o masculino e feminino nas camadas médias urbanas" foram analisados 1.279 questionários respondidos por mulheres e homens, de 20 a 50 anos, com nível universitário, renda de mais de R$2.000,00, moradores da cidade do Rio de Janeiro.

Ao perguntar *O que mais te atrai em um homem (uma mulher)? O que mais te atrai sexualmente em um homem (uma mulher)?*, temos que o que mais atrai as mulheres em um homem é a inteligência, o corpo e o olhar e o que mais atrai os homens em uma mulher é a beleza, a inteligência e o corpo. Assim, poderíamos supor que a aparência do parceiro é muito mais valorizada pelos homens do que pelas mulheres, que, em geral, parecem valorizar traços menos aparentes, mais subjetivos. No entanto, analisando-se o conjunto de respostas, mulheres e homens não estão tão distantes como imaginaríamos: 77% das respostas masculinas e 74% das femininas destacaram características físicas como sendo aquelas que mais os atraem no sexo oposto. É bem verdade que as mulheres enfatizaram mais em suas respostas aquelas características que classificamos como "características físicas indiretas", tais como: olhar, charme, sorriso, elegância, cheiro, voz, o andar, entre outras.

Dentre as respostas masculinas, 27% destacaram "características físicas indiretas", enquanto mais de 50% das respostas masculinas foram compostas de "características físicas diretas", como corpo, olhos, bunda, pernas, entre outras.

As mulheres equilibraram as características físicas diretas e indiretas, citadas na mesma proporção (37%), enquanto os homens deram um peso maior às características físicas diretas (50,5%) do que às indiretas (26,5%).

Características não-físicas, como inteligência, simpatia, bom papo, sensibilidade, também apareceram mais nas respostas femininas (58%) do que nas masculinas (31%). Tais características foram classificadas em três grupos: o daquelas que correspondem às expectativas românticas com relação ao sexo oposto; o das que se referem à personalidade do parceiro; e, por fim, o das que têm cunho moral.

Ao responderem sobre o que mais as atrai no sexo oposto, as mulheres enfatizaram muito mais do que os homens seus ideais românticos. Segurança, maturidade, companheirismo, atenção, respeito, gentileza, gostar de família, por exemplo, são características que, de acordo com as respostas encontradas, atraem apenas às mulheres. As mulheres também se dizem, mais do que os homens, atraídas por aspectos morais, como o caráter, honestidade, responsabilidade, ser bom trabalhador. As características relacionadas à personalidade do parceiro, como inteligência, simpatia, bom humor, também atraem mais as mulheres (31%) do que os homens (22,5%).

Características não-físicas, como inteligência, simpatia, bom papo, sensibilidade, também apareceram mais nas respostas femininas do que nas masculinas.

Quando a pergunta passa a ser o que mais atrai sexualmente no sexo oposto, as características físicas diretas são as mais encontradas tanto nas respostas masculinas quanto nas femininas. Para a questão: *O que mais te atrai sexualmente em um homem (uma mulher)?*, temos que 91% dos homens e 76,5% das mulheres apontaram características físicas diretas. A bunda é o que mais atrai sexualmente os homens (23%), enquanto o tórax é a resposta mais encontrada nas mulheres (17%). Praticamente a mesma porcentagem de homens (17%) e mulheres (16%) disse ser o corpo o que mais os atrai no sexo oposto. No entanto, quando são um pouco mais específicos, apenas os homens destacam barriga, quadril e cintura, enquanto apenas as mulheres responderam braços, abdômen, músculos, pênis, peito cabeludo, barba. As mulheres também se mostraram mais minuciosas ao responderem dentes, nuca, postura ereta, pouco pêlo no corpo.

Ao perguntarmos às mulheres: *O que você mais inveja em um mulher?* Elas responderam: a beleza em primeiro lugar, o corpo, em seguida, e a inteligência em terceiro lugar. Quando perguntamos aos homens: *O que você mais inveja em um homem?* Tivemos como respostas: a inteligência, o poder econômico, a beleza e o corpo.

Não enfatizaremos aqui o aspecto cultural e simbólico da preferência das mulheres pelas partes superiores do corpo masculino e, inversamente, da atração dos homens brasileiros pelas partes inferiores do corpo feminino (Bourdieu, 1995), mesmo que, recentemente, tenham incluído os seios grandes em suas preferências. Preferimos nos deter na recorrência da resposta "o corpo" como algo invejado, desejado e admirado, não apenas pelas mulheres, mas também, expressivamente, pelos homens. O mais interessante é que em todas as questões acima a categoria corpo aparece sem nenhum adjetivo.

Apenas em uma das questões da pesquisa, quando, para saber o que homens e mulheres procuram em um relacionamento afetivo, propusemos: *Se você escrevesse um anúncio com o objetivo de encontrar um parceiro, como você se descreveria? Como você descreveria o que procura em um parceiro?*, este corpo aparece nas respostas como "definido", "malhado", "trabalhado", "sarado", "saudável", "atlético", "bonito", entre outros (Goldenberg e Ramos, 2002).

Alguns exemplos dos anúncios dos pesquisados podem ilustrar melhor o que encontramos nas respostas.

> *Sou jovem, determinada, animada, gosto de ir à praia e sair para dançar. E é claro, sou linda e gostosa!*
> *Procuro alguém com as mesmas características, decidido e com iniciativa. De corpo sarado, másculo e muito sexy!*[1]

> *Eu sou moreno com estatura de 1,79, com o corpo e físico atlético bem dotado, inteligente, compreensivo e carinhoso.*
> *Procuro mulher loira, cabelos longos, 1,65 de altura, cintura fina, seios fartos duros, bumbum arrebitado, corpo bonito*[2].

> *Eu sou apetitosa, morena, corpo malhado, cabelos longos cacheados, olhos castanhos claros, inteligente, linda.*
> *Procuro homem romântico, educado, inteligente, com idade entre 24 e 32 anos e* boa aparência[3].

> *Eu sou moreno alto, bonito, sensual, carinhoso, bom nível social. Talvez eu seja a solução dos seus problemas.*
> *Procuro uma mulher solteira, sincera, simpática, corpo definido, bonita, afinal "as feias que me desculpem, mas beleza é fundamental".*[4]

A recorrência das respostas revela a centralidade que o corpo adquiriu para os indivíduos das camadas médias cariocas. Este segmento social tem sido estudado por muitos autores, como Gilberto Velho, por ter uma visão de mundo e estilo de vida que produzem um efeito multiplicador que extravasa seus limites, podendo revelar, de forma mais geral, o processo de mudança que os papéis de gênero vêm sofrendo (Scott, 1995). Pode-se assim supor que a preocupação com o corpo tem alcançado mulheres de todos os segmentos da sociedade brasileira.

Corpo e sexualidade

Outro dado da pesquisa merece destaque: 60% dos homens e 47% das mulheres afirmaram já terem sido infiéis (Goldenberg, 2000). Nota-se que, apesar de já não estarem mais tão distantes nesta questão – mulheres também traem e quase tanto quanto seus parceiros – os motivos que levam à traição são completamente diferentes. Homens traem por uma afirmação de sua virilidade: para provarem que são "homens de verdade". "Instinto", "natureza", "galinhagem", "é um hobby", "testicocefalia", "pintou uma chance que eu não podia recusar" são respostas presentes apenas no discurso masculino. Homens podem estar amando e desejando suas parceiras, mas raramente rejeitam uma outra oportunidade para fazer sexo. A clássica dissociação entre sexo e afeto ainda ocorre na maior parte dos pesquisados, como bem revelou o antropólogo Roberto Da Matta ao apontar a divisão feita pelos homens brasileiros entre "mulher da casa" e "mulher da rua", "santa" e "puta", "lugar da família" e "lugar do prazer sexual". Já nas respostas femininas encontrei "insatisfação com o parceiro", "vontade de experimentar", "falta de amor e atração", "auto-afirmação", "para levantar a auto-estima", além de um número significativo de mulheres que traem porque não se sentem mais desejadas pelos parceiros. Para elas, serem desejadas é a prova de que seus corpos são capazes de despertar o interesse masculino. Como afirmou Naomi Wolf, em *O mito da beleza*, o que as meninas aprendem cedo não é o desejo pelo outro, mas o desejo de ser desejada.

Essa preocupação feminina demonstra como o corpo tem um peso importante nos atuais relacionamentos amorosos e, também, em determinados comportamentos que podem ser interpretados como frutos de uma cultura que valoriza excessivamente a aparência, a juventude e a forma física. O fato de muitas mulheres traírem apenas para provar que seus corpos são capazes de seduzir demonstra uma enorme insegurança com relação a outros atributos que também poderiam ser utilizados no jogo da sedução, como a inteligência, o charme, o humor, o poder, entre tantos outros.

No que diz respeito à maneira como homens e mulheres pensam o corpo feminino também percebe-se um grande distanciamento. Matéria recente da revista *Época* trouxe como título "O corpo que eles desejam... não é o que elas querem ter". A reportagem mostra um fenômeno esquizofrênico da nossa época: mulheres querem seduzir homens com um corpo que está longe da preferência masculina. A matéria revela que o padrão de beleza desejado pelas mulheres tem sido construído por meio de imagens das supermodelos, que se consagraram a partir dos anos 1980 e conquistaram *status* de celebridade nos 1990. Doenças como anorexia e bulimia se tornaram quase uma epidemia nos últimos anos, em uma geração que cresceu tentando imitar o corpo de Cindy Crawford, Linda Evangelista, Claudia Schiffer e, mais recentemente, da brasileira Gisele Bündchen. Só que os homens que responderam ao questionário elegeram como suas musas Sheila Carvalho, Luma de Oliveira, Luana Piovani, Mônica Carvalho e outras "gostosas" que estão longe das medidas das modelos magérrimas das passarelas.

Além desse divórcio nos discursos masculinos e femininos, observei outro fenômeno: a preocupação com um determinado modelo de corpo tem atrapalhado a vida sexual de muita gente, como revelam alguns depoimentos da minha pesquisa.

> *"Muitas vezes estamos no meio da transa, no maior clima, e ela pergunta: estou gorda? Ou então insiste em transar no escuro para eu não ver o corpo dela. Perco totalmente o tesão"* (35 anos, solteiro, engenheiro).

> *"Acabei de fazer 40 anos, isso mudou toda a minha percepção do meu corpo. Passei a enxergar coisas que nunca tinha percebido: celulite, estrias, manchas, rugas. É como se de um dia para outro eu tivesse envelhecido 20 anos. Um dia me sentia jovem, magra, gostosa. Depois de fazer 40 passei a me sentir uma velha caquética, gorda, flácida. Na cama, também tudo mudou. Antes transava de luz acesa, gostava que meus namorados olhassem meu corpo. Agora entro em pânico. Preciso estar com a luz apagada, debaixo do lençol. Não tiro o sutiã para eles não perceberem que o peito está caído. O pior é que sei que eles não estão nem aí para estes detalhes, é tudo paranóia minha"* (40 anos, separada, psicóloga).

> *"Acho minha namorada linda, com o corpo lindo. Acho até engraçado quando ela tenta me mostrar que tem celulite, estria. Eu não consigo enxergar nada. O mais estranho é que ela não só quer que eu enxergue como quer que eu ache feio. Ela insiste tanto que vou acabar achando feio mesmo"* (27 anos, solteiro, economista).

Uma revista especializada dos Estados Unidos, *The Journal of Sex Research*, mostrou uma pesquisa com duzentas universitárias, das quais um terço, independentemente de serem gordas ou magras, disse que a imagem que o parceiro faz do corpo delas é o mais importante durante o ato sexual. O estudo revelou que a ansiedade em relação à forma física leva muitas mulheres até mesmo a evitarem o sexo. Esta realidade também foi encontrada aqui, em uma recente pesquisa nacional sobre a vida sexual dos brasileiros, com 3.000 homens e mulheres, de todas as classes sociais, coordenada pela psiquiatra Carmita Abdo, do Projeto Sexualidade do Hospital das Clínicas de São Paulo. Um dos maiores problemas encontrados foi a falta de desejo: 35% das mulheres pesquisadas não sentem nenhuma vontade de ter relações. Um dos principais motivos dessa falta de desejo é uma questão cultural que inibe a libido: a angústia de não corresponder à imagem da mulher com o corpo perfeito que aparece nas revistas e nas propagandas de TV. "Numa sociedade altamente erotizada no plano da moda e da mídia, que privilegia cada vez mais o 'corpão', a cama pode ser o palco de uma tremenda frustração para quem não apresenta medidas próximas das perfeitas. Diante da impossibilidade de exibir esse padrão, o desejo é pouco a pouco reprimido, até sumir de vez – ou transubstanciar-se em neuroses. O curioso é que o barrigão de cerveja não tem o mesmo efeito sobre os homens: apenas 12% deles se queixam de falta de desejo".

A psicanalista inglesa Susie Orbach considera que um dos principais fatores que contribuem para a frustração em relação ao sexo é o modelo de beleza apregoado pela sociedade atual que afeta especialmente as mulheres: "É o corpo feminino perfeito, magro e esguio. A apologia do corpo perfeito é uma das mais cruéis fontes de frustração feminina dos nossos tempos. A obsessão pela magreza virou uma epidemia. Considero a busca do corpo perfeito um retrocesso no processo de emancipação feminina. Houve apenas um breve momento de progresso das mulheres nos anos 1970. Depois disso elas começaram a recuar, escravizadas por um modelo inalcançável de beleza. Há uma ironia nesse fato: justamente em um tempo em que as mulheres dizem querer ganhar espaço, elas procuram ficar cada vez menores e mais esquálidas".

Dados recentes demonstram que a brasileira é campeã na busca desse corpo perfeito (Edmonds, 2002). A revista *Time* chamou a atenção para esse fato numa capa que trouxe Carla Perez com a seguinte legenda: "*The plastic surgery craze: latin american women are sculping their bodies as never before – along California lines. Is this cultural imperialism?*". A *Veja* confirmou com a capa "De cara nova: com operações mais baratas, alternativas de conserto para quase tudo e grandes médicos em atividade, o Brasil passa a ser o primeiro do mundo em cirurgia plástica". Segundo a Sociedade Brasileira de Cirurgia Plástica, o brasileiro, especialmente a mulher brasileira, se tornou o povo que mais faz plástica no mundo: 350.000 pessoas se submeteram a pelo menos um procedimento cirúrgico com finalidade estética em 2000. Em cada grupo de 100.000 habitantes, 207 pessoas foram operadas em 2000. Os Estados Unidos, tradicionais líderes do *ranking*, registraram 185 operados por 100.000 habitantes no ano 2000 (sendo a renda *per capita* americana oito vezes maior que a nossa). Mas o que torna o Brasil especial nessa área é "o ímpeto com que as pessoas decidem operar-se e a rapidez com que a decisão é tomada".

E o que pensam os homens dessa obsessão feminina com o corpo?

Apesar de viverem uma realidade demográfica extremamente favorável com relação ao mercado afetivo-sexual, como mostra a demógrafa Elza Berquó, com um enorme superávit de mulheres disponíveis para se relacionarem afetivamente e sexualmente, tenho entrevistado homens moradores da cidade do Rio de Janeiro que se queixam da dificuldade para encontrar uma parceira. Eles dizem que, apesar do "excesso de oferta", não encontram o que procuram porque as mulheres, em sua maioria, estão tão preocupadas com o seu próprio corpo que se tornam pouco interessantes, atraentes ou sedutoras.

> *"Não agüento mais mulher* fake. *Estão todas iguais, loiras, de cabelo alisado, nariz arrebitado, peito siliconado, todas querendo ficar com a mesma cara de atriz da Globo"* (46 anos, separado, fotógrafo).

> *"As mulheres estão muito chatas, não encontro uma mulher interessante. É difícil encontrar uma com quem eu possa conversar. O que é uma mulher interessante? É uma mulher que não seja só bonita, que não seja igual às outras, que seja inteligente, tenha paixão pelas coisas que faz e não gaste tanto tempo com malhação e salão de beleza"* (50 anos, separado, jornalista).

Considerações finais

No Rio de Janeiro, cidade considerada a mais bela do mundo, onde as praias e a temperatura elevada durante quase todo o ano favorecem o desnudamento, a centralidade que a aparência física assume na vida cotidiana é muito mais evidente. Estudei o papel do corpo na cultura carioca em dois diferentes momentos e contextos históricos. O primeiro estudo foi a análise da trajetória de Leila Diniz em tese de doutorado (Goldenberg, 1995). Quando, em 1971, Leila exibiu sua barriga grávida de biquíni, na praia de Ipanema, escandalizou e lançou moda. Foi capa de revistas e manchete de jornais por ter sido a primeira mulher a não esconder sua barriga em roupas soltas e escuras, consideradas mais adequadas a uma grávida. Não só engravidou sem ser casada como exibiu uma imagem concorrente à grávida tradicional que escondia sua barriga. A barriga grávida materializou, objetivou, corporificou seus comportamentos sexuais transgressores. Ícone das décadas de 1960 e 70, Leila Diniz permanece, até hoje, como símbolo da mulher carioca, que encarna, melhor do que ninguém, o espírito da cidade: corpo seminu, sedução, prazer, liberdade, sexualidade, alegria, espontaneidade.

Na pesquisa atual, situada no final do século XX e início do XXI, constata-se que a preocupação com a aparência e a juventude chega a ser uma obsessão entre as cariocas, provocando uma permanente insatisfação com o próprio corpo. O corpo de Leila Diniz (e de muitas mulheres de sua geração) era um corpo voltado para o prazer, para o livre exercício da sexualidade, que exibia sua beleza e plenitude à luz do sol. O corpo de muitas mulheres de hoje é um corpo controlado, mutilado, que prefere a escuridão para esconder suas imperfeições. Em pouco mais de três décadas, assistimos a uma grande transformação do corpo carioca: do exercício do prazer à busca da perfeição estética, da liberdade à submissão aos modelos, do erotismo à falta de desejo.

Não é preciso ser feminista para perceber que a atual obsessão com o corpo tem levado a muitos desencontros, frustrações e insatisfações. Talvez seja o momento de pensar mais criticamente sobre os valores que têm influenciado determinados comportamentos femininos. Naomi Wolf defende que as mulheres de hoje lutem pela mais básica das liberdades: a de imaginar o próprio futuro e de ter orgulho da própria vida, demonstrar sua lealdade para com sua idade, seu corpo, sua pessoa e sua história. Para ela, a eliminação dos sinais da idade dos rostos e corpos femininos deveria ter a mesma ressonância política que seria provocada se todas as imagens de negros fossem clareadas, pois equivale a apagar a identidade, o poder e o valor das mulheres. É no mínimo estranho pensar que, após décadas de lutas femininas pela liberação da opressão e pelo pleno exercício da sexualidade, após Leila Diniz se tornar um modelo de sensualidade revolucionária com seu corpo grávido exibido nas praias cariocas, muitas mulheres se submetam a um novo tipo de prisão. Só que desta vez é mais difícil afirmar quem são (e derrotar) os verdadeiros carcereiros.

Notas

[1] Professora Doutora do Departamento de Antropologia Cultural e do Programa de Pós-Graduação em Sociologia e Antropologia do Instituto de Filosofia e Ciências Sociais da Universidade Federal do Rio de Janeiro. Doutora pelo Programa de Pós-Graduação em Antropologia Social do Museu Nacional da Universidade Federal do Rio de Janeiro. Autora, entre outros, de *A Arte de Pesquisar*, *Toda Mulher é Meio Leila Diniz*, *A Outra*, *Os Novos Desejos* e *Nu & Vestido* (todos da Editora Record).

[2] Estudante universitária, 20 anos, renda familiar de R$6.000,00

[3] Homem solteiro, 22 anos, analista de sistemas, renda de R$5.000,00.

[4] Mulher solteira, 22 anos, dentista, renda de R$10.000,00.

[5] Homem solteiro, 25 anos, piloto comercial, renda de R$15.000,00.

BIBLIOGRAFIA

1. Referências bibliográficas

BOURDIEU, Pierre. A Dominação Masculina. *Educação & Realidade. V.20, n.2.* jul./dez. 1995.

DAMATTA, Roberto. *Carnavais, Malandros e Heróis: Para uma Sociologia do Dilema Brasileiro.* Rio de Janeiro: Zahar, 1983.

EDMONDS, Alexander. No Universo da Beleza: Notas de Campo sobre Cirurgia Plástica no Rio de Janeiro. *Nu & Vestido: Dez Antropólogos Revelam a Cultura do Corpo Carioca.* Rio de Janeiro: Record, 2002.

GOLDENBERG, Mirian. *Toda Mulher é Meio Leila Diniz.* Rio de Janeiro: Record, 1995.

GOLDENBERG, Mirian. *Os Novos Desejos.* Rio de Janeiro: Record, 2000.

GOLDENBERG, Mirian & RAMOS, Marcelo Silva. A Civilização das Formas: O Corpo como Valor. *Nu & Vestido: Dez Antropólogos Revelam a Cultura do Corpo Carioca.* Rio de Janeiro: Record, 2002.

MAUSS, Marcel. As Técnicas Corporais. *Sociologia e Antropologia.* São Paulo: EPU/EDUSP, 1974.

SCOTT, Joan. Gênero: Uma Categoria Útil de Análise Histórica. *Educação & Realidade. V.20, n.2.* jul/dez 1995.

VELHO, Gilberto. *Individualismo e Cultura: Notas para uma Antropologia da Sociedade Contemporânea.* Rio de Janeiro: Zahar, 1981.

WOLF, Naomi. *O Mito da Beleza: Como as Imagens de Beleza são Usadas Contra as Mulheres.* Rio de Janeiro: Rocco, 1992.

DANAE: O CORPO E A CHUVA DE OURO

Neyde Theml[1]

A questão *olhares do corpo*, que nos foi apresentada, permite uma série de abordagens diferentes e ao mesmo tempo nos instiga a estabelecer uma comparação entre as respostas sociais produzidas pelas sociedades *políades* com as das *contemporâneas*[2]. Para trabalhar com o método comparativo sugerido por Vernant & Detienne[3] procuramos estabelecer um diálogo entre dois historiadores especializados em sociedades completamente diferentes, tanto no tempo quanto no espaço, mas interpeladas para observação de um mesmo fenômeno – qual seja – a representação do corpo. Para melhor precisar a representação do corpo, escolheu-se a representação de Danae feita pelos pintores/oleiros atenienses no V século a. C. e a do pintor austríaco Gustav Klimt no século XX. A seguir levantou-se a questão do uso e exposição do corpo como relativas às relações políticas de ordem/desordem, permanência/mudança e punição/permissão. Finalmente, volta-se para a resposta empírica dos pintores/oleiros do corpo de Danae e a de Kustav Klimt em que os *pintores oleiros* reproduzem os valores e normas em relação ao lugar social da mulher – Pólis/Ordem[4] – e Klimt apresenta a contestação – Desordem/Nação/Ordem.

Se *olhares do corpo* envolve relações de poder político, este, por sua vez, nos remete a *cultura.* Como existe uma série de concepções em relação a cultura, neste trabalho pressupomos cultura como um sistema específico de atos de comunicação[5]. Desta forma viver em sociedade é um constante movimento entre aprendizados e respostas aos códigos, aos valores, às formas e às mensagens que circulam e se processam entre os diversos grupos sociais, numa determinada época. O grau de compreensão das mensagens que circulam irá permitir a construção de redes de sentidos/significados/referenciais para cada um destes grupos, nesta mesma sociedade. Isto significa dizer que encontramos, numa determinada sociedade, várias culturas, vários veículos de comunicação e vários sentidos para as palavras, as coisas, o homem, a sociedade e a natureza física. Dependendo do número de grupos sociais a que se esteja ligado, melhor será a compreensão das mensagens criadas e emitidas por estes grupos, isto porque se aprende a ler as diversas linguagens criadas e estabelecidas num determinado tempo. Entre muito do que se fala ou se sabe sobre a "natureza do homem", ou melhor, "da igualdade biofísica do homem", em grande parte ela envolve a cultura na qual ele (Homem) vive. Portanto, a visão está relacionada aos saberes e ao seu aprendizado. O olhar está ligado aos diferentes processos políticos/educacionais criados pela Sociedade, assim como às respostas sociais previstas por esta mesma sociedade. O olhar invoca a emoção, a imaginação, os valores, a compreensão do sentido do que se vê e do que se aprendeu a ver. No entanto, o olhar ultrapassa o controle sociopolítico e mesmo as explicações da física, à medida que numa mesma sociedade e no mesmo tempo as pessoas não vêem as mesmas coisas da mesma maneira e com o mesmo significado[6], ou seja, os sistemas sociais produzem no seu interior os elementos de mudança do seu próprio conjunto. Se aprendemos a olhar, aprendemos também a usar e a expor o corpo e experimentamos todas as formas de constrangimentos necessários para a munutenção da ordem social, seja pelas pressões sociais, seja pelas forças políticas no exercício do poder. Existe uma relação estreita entre usar e expor o corpo com a ordem e a desordem social, e neste sentido a Sociedade cria e institucionaliza uma série de mecanismos de controle, desde a punição física ou sociomoral até a criação de um espaço/tempo de permissividade (vigiada) para que as contestações que poderiam provocar desordens ou revoluções passem a integrar o processo de auto-regulação do próprio sistema global[7]. Portanto, as Sociedades criam padrões e normas para o uso, exposição e olhares do corpo. O uso, a exposição e os olhares ensinados/normatizados permitem se reconher o lugar social deste corpo nas relações de ordem/desordem; permanência/mudança e punição/permissão. Por outro lado a representação do corpo também nos indica uma interface com as relações de identidade e de alteridade postas na dinâmica da sociedade em questão. Por sua vez, os processos de construção de identidades e alteridades pressupõem a existência de diferenças das representações simbólicas no interior de uma sociedade. Para se examinar os sistemas de representação simbólica é necessário analisar a relação entre a sociedade, a cultura, o poder político e os diversos significados produzidos nesta sociedade, e como eles são capazes de marcar as diferenças sociais e indicarem os conflitos ou tensões no interior da ordem social.

As representações do corpo de Danae/ mãe de Perseu[8], no modelo dos pintores/oleiros atenienses do V século a C., aparecem destacando um lugar fechado, no qual Danae levemente reclinada, passiva, permite e facilita Zeus, na forma de uma chuva de ouro, que chegasse ao seu ventre (barriga) e a fecundasse. Esta forma ou padrão estético/cultural serviu como base de inspiração aos pintores posteriores até Gustav Klimt (1907-8). Este pintor modifica totalmente a representação da exposição do corpo de Danae/mulher/mãe.

Diante de tal repertório verificamos que as duas diferentes maneiras de expor o corpo de Danae/mãe/mulher possuem códigos próprios de leitura para compreensão do significado e da mensagem, e que estes códigos também não podem se separar dos diferentes padrões estéticos de cada época. O olhar analítico neste repertório nos fez questionar sobre o que chamamos de preconceitos sociais da exposição do corpo que promovem as diferenças sociais, que permitem reconhecer o lugar social de cada um na ordem geral da sociedade e que indicam as contestações e movimentos nesta prórpia ordem. Olhar o corpo e o que se pode olhar do corpo se transformam, muitas vezes, em tabu; portanto, ao se violar um tabu, se é responsável por movimentos desconhecidos que geram insegurança, medo, temor que podem se traduzir em mudanças ou permanência da ordem social global[9].

A *pólis*, do VIII ao IV séc a.C., foi uma unidade política, jurídica, religiosa, cultural, territorial e residencial que permaneceu durante estes séculos como um sistema considerado como *marca cultral/paideía* dos helenos e era, ainda, entendida como a única forma civilizada de vida[10]. Como um Estado, a *pólis* era uma sociedade politicamente organizada, possuindo um território cívico, uma população, uma Constituição e uma cultura específica, que dava aos diferentes helenos (atenienses, espartanos, tebanos, milésios e outros) as referências que os diferenciavam dos outros (persas, citas, egípcios e outros).

A nossa análise tem como aporte a *pólis* dos atenienses, por dela provir a maioria da documentação que possa nos elucidar sobre a questão *dos olhares do corpo* no interior do sistema *políade*, que por um lado produzia representações sociais ligadas às esferas da *sophrosýne* (controle de si), da *díke* (Direito), da *dikaiosýne* (justiça), *dos nomoí* (leis) que estavam ligadas à obediência civil e à manutenção da ordem social. Por outro lado, a igualdade (*isonomía*) e a liberdade (*eleuthería*) que envolviam tanto a comunidade quanto os cidadãos provocavam os conflitos que poderiam ser mediados pelo Direito. A *pólis* que possibilita, ao mesmo tempo, entre os cidadãos, as relações de obediência/igualdade e as de vontade/querer/desejo/liberdade acaba por favorecer o aparecimento de situações-limite que poderão ser consideradas como permitidas ou que colocavam em perigo a boa ordem (*eunomía*), portanto punidas.

Entre os atenienses, segundo Aristóteles[11] na *Constituição dos Atenienses*, o processo do *sinoikismós* (no sentido daqueles que viviam juntos – em comunidade) se fez através da união política de suas quatro tribos (phýlai) e havia sido promovida por Teseu, herói fundador da nova ordem, cultuado como tal, agregando em seu culto os valores da *koinonía politiké* e criando um dos elementos de formação e reforço da identidade dos atenienses[12], e Tucídides já havia apresentado os atenienses como exemplo para os demais helenos.

A *pólis* apareceu no bojo de uma revolução, em que o culto do herói fundador e dos heróis civilizadores catalisava as forças de coesão social. A *agorá* e as atividades que promovia faziam com que existisse um lugar de encontros sociais diários e o templo de *Héstia koiné* (*políade*), que da *agorá* todos viam, fazia, por seu lado, a representação simbólica de pertença cultural e de compromisso político. O território cívico foi organizado e representado, de maneira circular e concêntrica, em torno da Acrópole. A Acrópole sediava construções planejadas, públicas, institucionais, religiosas e era o centro sociopolítico/religioso de opção sociopolítica para implantação do novo sistema (*políade*). Desta forma, a *pólis* dos atenienses era o lugar do ver, do ouvir e do se reconhecer como igual ou diferente. O território cívico compreendia a união entre a *ásty*, espaço urbano e a *chôra*, espaço rural. Este conjunto interdependente, interligado e complementar, representava, no universo simbólico dos atenienses, o espaço da ordem, da segurança, da coisa pública, da memória coletiva e da civilidade[13]. O centro político-religioso, na Acrópole, integrava os cidadãos e promovia a conquista territorial, marcando os espaços da cultura e do selvagem. O centro político garantia a segurança social e estabelecia as fronteiras (cívicas e simbólicas) ou as margens que separavam os atenienses dos estrangeiros e a cultura da natureza. O território cívico delimitado propiciava a liberdade de circulação por vias de acesso também públicas. O território cívico permitia ao homem uma espacialidade referencial para seu comportamento; para a defesa e a manutenção de sua terra ancestral; para a formação da memória coletiva e para liberar a criatividade.

A pluralidade de lugares de culto, tanto na *ásty* quanto na *chôra*, e a celebração freqüente de festas realizadas em comum fortaleciam a solidariedade sociopolítica e possibilitavam a presença do poder político em todo o território, pois a representação circular de espaço pressupõe que todos e tudo estavam em condições de reciprocidade igualitária do centro. A *pólis* foi qualificada como o Estado do Direito[14], da *díke* e do *nómos* (da lei escrita). Os princípios gerais do direito dos atenienses foram capazes de dirimir conflitos, ordenar o governo e manter a sociedade civil. Paralelamente à *díke*, o cidadão convivia com um conjunto de regras não-escritas, reconhecidas por todos, ligadas à tradição, à moral, à religião e à educação. Estas regras de conduta estabeleciam uma relação social de honra, cuja sanção se materializava na vergonha e na exclusão social. Honra (*timé*) e vergonha (*aidós/aischós*) regulavam, de certa forma, o comportamento coletivo, sem que fosse necessário a intervenção do *poder de polícia* do Estado. Honra e vergonha norteavam a valorização da conduta social e definiam o que era bem social fortalecendo os compromissos coletivos e a pertença à mesma sociedade. Grande parte dos valores tutelados pela *pólis* advinha dos costumes, da tradição e da religião, que reforçavam a *díke*[15] e liberavam o Estado do poder de constrangimento pela força[16]. A honra ativava a necessidade diária de condutas que, indiretamente, reproduziam a ordem *políade* dos atenienses. A tradição expressava uma série de valores, de hábitos, de normas morais e religiosas que se ligavam diretamente à consciência do homem, o qual controlava seu comportamento e se autopunia pelo receio do constrangimento de seu grupo, por medo da perda de seu *status*, ou do seu lugar na sociedade ou mesmo, da sua morte social. Estas normas referiam-se à organização das relações quotidianas e aos valores da sociedade, tais como, por exemplo: o respeito e proteção aos pais; o reconhecimento por um favor concedido, isto é, manter a confiança (*pístis*) do amigo; o respeito aos deuses, a piedade (*eusébeia*); o respeito ao hóspede; a prática da hospitalidade; a proibição de fazer mal a um homem, mesmo criminoso, que se refugiasse num altar ou santuário; não atacar um arauto ou um suplicante; não violar um juramento; cumprir com os termos do contrato privado; não matar em combate aquele que se rendesse; não perseguir um guerreiro em fuga, não esquartejar o cadáver do guerreiro inimigo, sepultar os mortos; permitir o inimigo proceder aos seus ritos funerários; ser moderado em suas ações, ou seja ter o controle de si (*sophrosýne*); casar e ter filhos; colocar os interesses coletivos acima dos interesses privados e obedecer às leis da *pólis*, entre outras regras comportamentais que não seria oportuno apontar[17]. Quaisquer atos contrários a estes princípios eram considerados crimes (*adikéo* significa: ser injusto, não ter razão, prejudicar, molestar) e neste sentido era uma violência, à medida que produzia um fato novo que modificava a rotina da sociedade[18].

A democracia dos atenienses estava baseada na aceitação absoluta das leis, incluindo a valorização do que eles chamavam de *politeía*, conjunto de regulamentações e normas que organizavam e regulavam a vida política da *pólis* e de uma administração despersonalizada, sendo preferencialmente colegiada, anual e eleita. Para os atenienses, todo aquele que fosse eleito ou sorteado para o exercício de uma função política tinha o direito e o dever de assegurar a execução, a manutenção das leis e a *autarkeía* da comunidade. Ele deveria reconhecer as diferenças entre os seus interesses particulares e os da comunidade (público) isto era o compromisso social que garantia a participação política ativa. Portanto, viver na *pólis* dos atenienses era estar no centro da *paideía* e aí era onde se fazia a diferença entre o eu e o outro.

O Sistema político *políade* pressupunha a publicidade da vida e uma extraordinária preeminência da palavra sobre todos os outros instrumentos de poder e de comunicação. A palavra tornou-se um instrumento político por excelência, ela era o meio de comando e de domínio sobre outrem. A palavra não era mais a forma ritual, a fórmula justa, mas a palavra-debate, a discussão e a argumentação passaram a predominar tanto nas relações diárias quanto nas de conflitos. A participação política levava ao exercício da linguagem, do *lógos* e da busca da verdade (*alétheia*). No convívio na *agorá*, no *ginásio/pallestra*, nos pórticos e outros lugares públicos os atenienses exercitavam a palavra-debate, publicizavam, em parte a sua vida, e desenvolviam uma ética específica ao sistema *políade* dos atenienses que valorizava a *sophrosýne* e a *díke/nomoí;* estas estreitavam os compromissos coletivos e por esta razão eram consideradas um bem, logo a aplicação das leis e das penas era entendida como atos justos.

A publicidade política e religiosa distinguia um espaço público de um espaço privado possibilitando a formação e reconhecimento do eu e do outro. As conversas nos lugares públicos ou nas Assembléias marcavam um setor de interesse comum opondo-se aos assuntos e interesses privados. Esse espaço de domínio público criava uma cultura baseada em conhecimentos, valores e técnicas de raciocinar em comum, deste modo formavam-se condições de representações sociais coletivas.

A palavra-debate[19] criava uma situação igualitária e se inseria no tempo do homem, do ver e do ouvir. Instrumento de diálogo, este tipo de palavra se fundava essencialmente sobre o acordo ou desacordo do grupo presente às diversas falas que circulavam na sociedade. Esta palavra-debate se desdobrava na elaboração da retórica que passou a ser presente na filosofia, no direito, na poesia trágica e cômica, na história, nos discursos dos oradores e mesmo nas "orações fúnebres". A retórica produziu uma reflexão acerca da linguagem como um instrumento de publicidade e deu força à oratória e a diferentes formas de comunicação. Todos estes desdobramentos da palavra-debate produziram um fenômeno duplo que igualava e diferenciava os indivíduos/cidadãos. A reflexão sobre a linguagem abriu duas grandes direções para pensar a vida social: de um lado, o *lógos* podia ser entendido como instrumento capaz de estabelecer as diversas formas de relações sociais e de outro lado o *lógos* era o meio de se obter o conhecimento e de se chegar à verdade *alétheia*. A idéia de equilíbrio, de justa medida, de obediência às leis, de harmonia entre o mundo dos deuses, dos mortos, dos homens e da natureza apareceu, nos textos e imagens, desde a época de Homero até nas obras de Aristóteles.

Nos textos e nas imagens que circulavam entre os atenienses e seus aliados do VIII século à metade do IV século a.C., predominava a valoração dos interesses públicos[20]. Os valores exaltados são os que garantissem a boa ordem da comunidade *políade* (*koinonía*)[21].

O crescimento político, militar e econômico dos atenienses pela hegemonia e pela presidência[22] da Liga de Delos (477 a 404 a.C.) fez com que os atenienses, por um lado, marcassem culturalmente a sua diferença e fossem reconhecidos como *os atenienses*, e por outro lado, fez com que aflorassem e delimitassem os diferentes perfis étnicos com os quais os atenienses se relacionavam utilizando-se de diferentes estratégias política (relações diferentes de reciprocidade: generalizada, eqüitativa ou negativa)[23].

As crateras, em estudo, foram produzidas no interior da dinâmica da *pólis* e apresentam duas formas de representação imagética do mito de Perseu. A cratera é um vaso que se usava para servir o vinho, nas festas ou rituais, no qual se fazia a mistura do vinho com a água nas proporções recomendadas para a ingestão *civilizada*. Isto significa dizer que o público ao qual se destinam as imagens pintadas nas crateras poderia ser um grupo de amigos num banquete privado, no interior de uma casa (*oîkos*) ou um grupo maior de cidadãos e estrangeiros numa cerimônia pública (festa ou rito). A datação das duas crateras compreende o período de 500 a 400 a.C. que corresponde à hegemonia dos atenienses e à sua desagregação, ou seja, um período em que ordem e desordem, das *póleis*, estavam frente a frente, mas os pintores apresentaram o tema de acordo com os valores da ordem *políade* com pequenas variações no olhar para a representação do corpo de Danae. As duas Danaes mães do herói Perseu (ática e beócia) estão sentadas numa *klíne*, levemente reclinadas, com os pés apoiados num escabelo. Ambas, sozinhas, com o olhar de perfil, cabeças levemente inclinadas, atentas para chuva de ouro que cai sobre as suas barrigas. Na parede, o pintor ático pendura um espelho, símbolo feminino por excelência; com isso nos diz que Danae está num espaço destinado às mulheres. O pintor beócio, além do espelho, pendurou, à esquerda, uma *oinochóe* (vaso para servir o vinho, nas taças individuais, retirado de uma cratera) e à direita, atrás da cabeça de Danae, um *kálathos* (um cesto usado para conter objetos de toalete ou de trabalho feminino – principalmente a tecelagem, símbolo de vida no gineceu). Os dois pintores vestiram ricamente a Danae, o pintor ático cobre todo o corpo da mulher e o beócio deixa aparecer os seios e o ventre onde cai a chuva de ouro. O lado B das duas crateras foram pintadas por motivos diferentes relativos ao mito de Perseu. O pintor ático explorou a questão do cofre que será lançado ao mar com a Danae e Perseu e que chegará à ilha de Sérifos, e o pintor beócio preferiu desenhar a sereia, símbolo que remete a ritos de passagem – vida-morte-vida.

Os corpos das duas Danaes seguem os princípios estéticos *políades* da harmonia, da proporção, do equilíbrio e reforçam o lugar social da mulher, esposa e futura mãe, à medida que elas estão sós, no gineceu, com olhar de perfil, conotando o afastamento do espectador das imagens do vaso, logo é interditada a participação do público ao ato da fecundação/maternidade. Os dois pintores reforçam, na mensagem, a passividade da mulher em relação à maternidade e o seu dever de esposa em procriar e criar filhos sadios e ativos aptos a exercerem a cidadania quando maiores. Os tabus existentes não estão ligados à exposição do corpo em si, mas à exposição deste corpo numa situação determinada. Por exemplo, nas crateras e taças que representam a prática social do banquete e sua fase final dos jogos eróticos, o corpo de homens e mulheres é apresentado, muitas vezes, nu e envolvido nos prazeres do corpo e de sua descoberta, não havendo nenhuma transgressão aos princípios *políades/ordem*, mas a fecudação/maternidade requer o recato da mulher/esposa, sua boa saúde e sua aceitação de se ver como a *terra mãe* que recebe do homem/deus a semente que deverá germinar no interior do seu ventre. A Danae do pintor beócio, com os seios e ventre à mostra, não representa um indício de contestação ao lugar social da mulher na *pólis*, à medida que a esposa é a nutridora[24] do filho do marido/deus. Portanto, a representação das crateras remete ao mito de Perseu/herói vencedor e fundador de dinastia, ou melhor, organizador da sociedade, e o corpo da mulher/esposa/mãe nesta ordem segue os padrões *políades* da medida, harmonia, equilíbrio e da necessidade em nome da *eunomia* de que cada um deve ter um lugar definido e reconhecido por todos. Portanto, os *pintores/oleiros* reforçam a construção de uma ideologia binária que estabelece lugares, formas e símbolos diferentes para os homens e mulheres.

O HOMEM, na *pólis*, remete a: alto, sol, dia, luz, direita, quente, convexo, seco, fala, razão, ação, o som grave, externo, guerra, expansivo, exigente, agressivo, racionalidade analítica. A MULHER a: baixo, lua, noite, escuro, esquerda, frio, côncavo, úmido, silêncio, emoção, som agudo, receptivo, procriação, cooperativo, racionalidade sintética, interior, passiva, disfarce. A panóplia do homem são armas do *hoplita*, a da mulher são o espelho e os instrumentos de tecelagem.

O corpo de Danae/fecundada por Zeus foi representado no esquema de representação simbólica em que a mulher/esposa tem um lugar social determinado – a administração da casa e a maternidade. O corpo sadio da esposa recebe passivamente a semente masculina que fecundará no interior de seu ventre. O corpo da esposa aparece como metáfora da Terra Mãe. Esta concepção estará presente em todos os pintores que optaram pelo tema de Danae até Gustav Klimt em 1908. A Danae do olhar de Klimt transforma o corpo da esposa na própria semente que está recebendo de Zeus em forma de chuva de ouro. O corpo da esposa não é mais a Terra que protege o trabalho do homem, ele é ao mesmo tempo a semente e o feto que cresce no seu interior.

Nos *pintores/oleiros* helênicos a chuva de ouro que caía no ventre de Danae representava a participação ativa dos homens na procriação; em Klimt, esta divisão binária ativo/passivo é questionada. O corpo em posição fetal faz com que o receptor da imagem perceba a dinâmica do movimento de transformação do feto/filho/ mãe na mudança do próprio corpo da mãe/feto/filho. Klimt traçou uma espiral[25] para obter o corpo fetal e a chuva de ouro indica o movimento da fecundação e de transformação do corpo e da mulher em mãe.

Se os *pintores/oleiros* confirmavam ou reforçavam socialmente o lugar da mulher no interior do *oîkos*, a Danae de Klimt indica uma mudança ou uma tensão na maneira de olhar e expor o corpo da mulher/gestante para a sociedade[26].

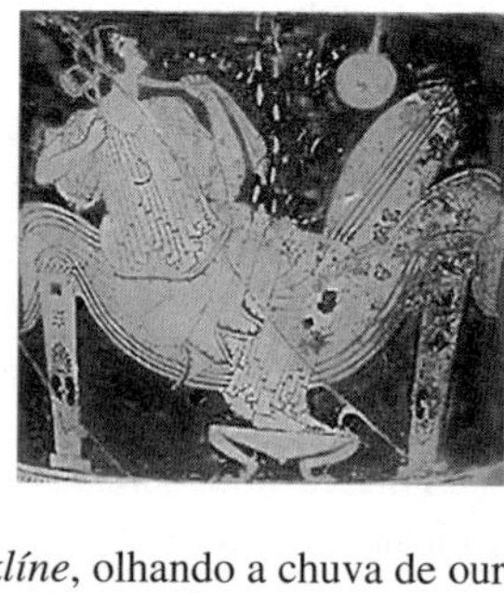

Face A – Danae sentada reclinada numa *klíne*, olhando a chuva de ouro (Zeus) e um espelho.

Face B – Danae e a criança Perseu, um homem à esquerda e outro à direita com cetro (Acrísios) e o cofre no qual Danae e Perseu foram atirados ao mar[27].

Cratera em cálice ática – figs. vermelhas. Proveniência – Etrúria. Aproximadamente – 530/400 ou 500/450 a.C. Coleção St. Petersburg, State Hermitage Museum[28].

Face A – Danae sentada numa *klíne*, olhando para a chuva de ouro (Zeus), e nas paredes um espelho, uma *oinochóe* e um *kálathos*.

Face B – Uma sereia tocando uma flauta dupla.

Cratera em cálice beócia – figs. vermelhas. Aproximadamente datada entre 430/410 a.C.

Danae – 1908 – Klimt

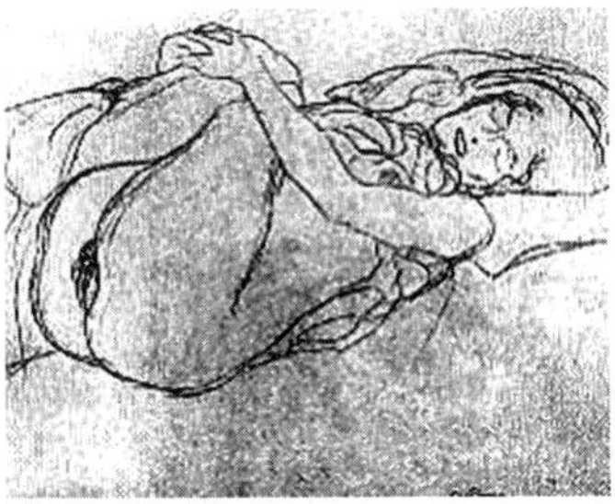

Gustav Klimt – 1907 – Danae– Esboço

Notas

[1] Professora Titular de História Antiga – LHIA/PPGHC /IFCS/UFRJ. Pesquisadora LHIA do CNPq.

[2] Este trabalho é resultado de um diálogo no qual nós discutimos comparativamente em várias reuniões o tema apresentado com o professor titular de História Moderna e Contemporânea, Dr. Francisco Carlos Teixeira da Silva do PPGHC/IFCS/UFRJ.

[3] DETIENNE, Marcel. *Comparer l'incomparable*. Paris:Seuil, 2000; VERNANT, Jean-Pierre. *Entre Mythe et Politique*. Paris: Seuil.1996.

[4] ANDRADE, Marta Mega. *A cidade das mulheres: Atenas Clássica*. Rio de Janeiro: LHIA/ UFRJ, 2001; ANDRADE, Marta Mega. *A vida comum. Espaço, cotidiano e cidade na Atenas Clássica*. Rio de Janeiro: DP&A, 2002.; LESSA, Fabio de Souza. *Mulheres de Atenas: Mélissa do Gineceu a Agorá*. Rio de Janeiro: Barroso Edições, 2001.

[5] BRISSON, Luc. Mythes, écriture, philosophie. *Topoi*. vol. 6, 1996, pp. 48-57.

[6] GREIMAS, A. J. *Semiótica e Ciências Sociais*. São Paulo: Cultrix, 1981.

[7] BALANDIER, G. *Le pouvoir sur scènes*. Paris: PUF, 1992; CALVET, Louis Jean. *Rolland Barthes um olhar político sobre o signo*. Lisboa: Editorial Veja, s.d. GAUTHIER, Alain. *Du Visible au Visuel. Anthropologie du regard*. Paris: PUF, 1996.

[8] APOLODORO. *Biblioteca*. Livro II, 4. 1; Danae é filha de Acrísio e de Eurídice – reis de Argos. Eurídice, filha de Lacedemon e de Esparto. Acrísio querendo ter outro filho e homem consulta o oráculo de Delfos. Apolo profetizou qur "Danae teria um filho homem e este mataria o avô". Com medo da profecia, Acrísio manda construir uma câmara de bronze subterrânea e prende Danae juntamente com uma ama. Uma chuva de ouro cai em Argos e penetra por uma fresta da câmara e fecunda Danae. Nasce Perseu e aí ficam os três até que Acrísio descobre o nascimento do neto. Ele ordena a morte da ama e, num cofre, prende Danae e Perseu e os lança ao mar. Zeus protege o cofre/baú que acaba por encalhar em Sérifos (ilha das Cíclades). Nesta ilha era tirano (rei) Polidectis. O irmão do rei ou tirano pesca o cofre, Dictis (rede) o leva para casa e cria o jovem Perseu e cuida da mãe. Perseu, quando jovem, num banquete, diz que daria a Polidectis a cabeça da Medusa. Desejando Danae e encontrando um meio de afastar Perseu, Polidectis pede a cabeça da Medusa (mãe se afasta do filho – começa a iniciação do herói). Perseu para esta prova contou com a ajuda dos deuses: Hermes (sandálias e espada cortante), Hades (o capacete que o torna invisível); e Atená (o escudo brilhante). Ele vence: as Graias, a Medusa (de sua cabeça sai seu filho Pégaso), o monstro que atacava Andrômeda. Ao voltar a Sérifos vê Polidectis tentando estuprar a mãe, paralisa-o com os olhos da Medusa, coloca Dictis no Trono e retorna a Argos para conhecer o avô, juntamente com a mãe e a esposa Andrômeda. Acrísio, ao saber do retorno do neto, foge para Larissa. Durante os jogos funerários do Rei de Larissa, Perseu participa lançando o disco (discóbolo) e sem querer atinge a cabeça do avô, matando-o. Para não manchar a terra de Argos, ele troca, com o primo, Megapentes, o trono. Assim Perseu será rei em Tirinto e Megapentes de Argos.

[9] CRESPO, Jorge *A História do Corpo*. Lisboa: DIFEL, 1990; PEARL, Lydie. *Corps, sexe et art*. Paris: Harmattan, 2001; LOPES, Denilson Corpo e Sexualidade. Somos todos travestis. O imaginário camp e a crise do individualismo. *Lugar Comum – Estudos de mídia, cultura e democracia*. nº 9-10, Rio de Janeiro: Escola de Comunicação da UFRJ, 2000, pp – 147-160; SANTAELLA, Lucia e NOTH, Winfriend. *IMAGEM – Cognição, semiótica, mídia*. São Paulo: ILUMINURAS LTDA, 1998; VAZ, Paulo. Corpo e Risco. *Que Corpo é esse?* Organizado por Nízia Villaça, Fred Góes, Ester Kosovski. Rio de Janeiro: MAUAD, 1999. pp. 159-175;

JAGGAR, Alison M. e BORDO, Susan R. *Gênero, Corpo, Conhecimento.* Rio de Janeiro: Editora Rosa do Tempo, 1997. EDELINE, Francis et alii. *Traité du Signe Visuel. Pour une Rhétorique de l'Image.* Paris: Seuil, 1992. MARTENS, Didier. *Le Vase Grec. Une esthétique de la transgression.* Belgique: Academie royale de Belgique. 1991; KABAKONA, Galina. Le corps féminin et les choses em Polécié. Um Système symbolique a la fin du XX siècle. *Annales,* 47 Année, nº 3, mai-juin 1992, pp 595-612; LIMA, Vera. A construção do corpo nas formas da moda. **In**: *A moda do corpo o corpo da Moda.* Organizado por Kathia Castilho e Diana Galvão. São Paulo: Editora Esfera Ltda. 2002, pp 48-56; BRANDSTATTER, Christian. *KLIMT & A MODA.* São Paulo: Cosac & Naify Edições, 2000; MANGUEL, Alberto. *Lendo imagens: Uma história de amor e ódio.* São Paulo: Companhia das Letras, 2001.

[10] Viver *na pólis* conotava: comer cozido – pão, azeite, vinho; somente obedecer às leis da *pólis*; cumprir com os ritos sagrados e defender como guerrreiro livre a terra dos ancestrais.

[11] ARISTÓTELES. *A Constituição de Atenas. Frg. 3.* (trata das quatro *phýlai, phatrías e tritýas* antes das reformas de Clístenes.). *Frag. de Heraclides -3-* (Teseu reuniu os atenienses com direitos iguais (*homoíai*).

[12] CALAME, Claude. *Thésée et l'imaginaire athénien.* Lausane: Editions Payot Lausane, 1990

[13] O território cívico foi marcado para indicar as suas fronteiras. Nestas fronteiras encontramos: ao norte – fortes e templos; no litoral – templos e no sul e à oeste – templos. Criou-se uma dupla proteção: guerreira e religiosa. Para este tema ler – CHEVITARESE, André Leonardo. *O Espaço rural da pólis grega: o caso dos atenienses no período clássico.* Rio de Janeiro: Fábrica do Livro/SNAI, 2001.

[14] Quando falamos em Direito temos que nos reportar ao seu objeto, isto é, ao fato jurídico. Este último compreende três elementos: 1- fato social, isto significa uma situação de conflitos de interesses; 2- valor, entendido como um conjunto de bens sociais que a sociedade tutelará e formalizará; 3- normas ou regras de conduta com força imperativa de controle do comportamento acompanhado por sanções; o *nómos* era, aproximadamente, o que chamamos, hoje em dia, de direito positivo. Quando nos referimos a Estado queremos dizer "uma sociedade complexa politicamente organizada: Em grego a palavra usada nos textos para violência era: *Bía.*

[15] ARISTÓTELES. *Política.* III. 1287a. 15-16. [...] é justo (*díkaion*) governar e ser governado por iguais (*archein/archesthai*). Isto implica uma lei, pois a ordem é lei (*nómos/ táxis*). *Táxis* -colocação em ordem, em boa ordem.

[16] Numa sociedade de Direito os mecanismos de controle e de integração social são mediados pela política e pela cultura evitando-se o uso constante do "poder de polícia" do Estado. Ou seja, o Estado diminui o uso da coerção/força ostensiva do seu poder de polícia.

[17] Ler Hesíodo, Heródoto, os trágicos, os Oradores Áticos e DARESTE, R. et alii. *Recueil dês Inscriptions Juridiques Grecques.* Roma: L'Erma di Brestschneider, 1965

[18] FOUCAULT, M. *A verdade e as formas jurídicas.* Rio de Janeiro: Cadernos da PUC, série Letras e Artes, 1979

[19] LEVET, J-P. *Lê vrai et lê faux dans la pensée archaïque.* Paris: Belles Lettres, 1976; LORAUX, Nicole. *L'invention d'Athénes.* Paris, EHESS, 1981; TURNER, Eric G. Los libros en la Atenas de los siglos V y IV a.C. In: Cavalo, Guglielmo. *Libros, editores y público en el Mundo Antiguo.* Madrid: Alianza Editorial, 1995 (1975), pp. 27-44.

[20] ANDOCIDE. *Contra Alcebiade. IV. 1.* [...] eu que sou dedicado aos interesses públicos (*to koinôn*); [...] o bom cidadão (*polítoi agathoî*) deve ter coragem de se expor ao perigo e ao temor aos inimigos pessoais (*échthras tas idías*) [...] não deve se tornar indiferente aos inte-

resses público. Porque aqueles que se ocupam dos seus negócios privados não contribuem em nada para a *pólis* [...] o interesse público faz a *pólis* grande e livre. (*to koinôn* [...] *megálai kaí eleútherai*).

[21] Por exemplo, Tucídides, Ésquilo, Sófocles exaltam o valor de *to koinón*. Na Oração fúnebre de Péricles, Tucídides não cita o nome dos cidadãos mortos em combate e nem dos seus comandantes; Ésquilo, em *Os persas*, e mesmo em outras peças, não fala nem de Temístocles nem de Aristides.

[22] BOURRIOT, Félix. La sociabilité dans lês villages Grecs Antiques. *Actes du Colloque de Rouen* 1983. 24/26 novembrre, nº 110 1987. pp . 429-439.

[23] VERNANT, Jean-Pierre. *Entre Mythe et Politique*. Paris: Seuil, 1996, pp 61-72

[24] Os seios, no contexto da maternidade, podem indicar: ser boa mãe, aceitar a maternidade, alimentação/saúde/força.

[25] Observar o esboço feito por Kimt em 1907 para a Danae e o trabalho final em 1908.

[26] A documentação utilizada e a bibliografia foram indicadas nas notas.

[27] Ver site: www. beazley.ox.ac.uk

[28] BEAZLEY, J.D. *Attic Red-Figure Vase-Painters*. Oxford: Oxford, 1963.

REPRESENTAÇÕES DO CORPO NAS PAREDES POMPEIANAS

Pedro Paulo A. Funari [1]

Introdução: a materialidade do corpo[2]

As representações do corpo humano remetem às diversas cosmovisões sociais, às maneiras variadas como os segmentos da sociedade compreendem e organizam o mundo. Os gregos já diferenciavam o corpo, em sua materialidade, *soma*, do guardião da alma, *to demas*, como atestam as referências mais precoces ao termo *to soma*, em Homero (e.g. *Ilíada* 3,23), sempre oposto ao seu complemento, seja o espírito (*eídolon*; Pi.Fr.131), seja a alma (*psykhé*; Platão, Grg 493a). *Démas* manteve o caráter metafórico do conceito de uma "construção" para a alma, um invólucro, enquanto *soma*, em sua materialidade, gerou o conceito de "registro", na forma verbal *somatídzo* (PThead.5,19), uma representação. Esse vocabulário conceitual grego influenciou a organização das concepções latinas, mas, ao que parece, a materialidade de *corpus* é independente e poderia ligar-se à ação, ao fazer, se o relacionarmos ao sânscrito *klip* (fazer) ou a védico *krpa* (forma, corpo, beleza; Ernout & Meillet 1967:144). De qualquer forma, *corpus* opõe-se a *animus* e *anima* (Dig. 41,3,39) e pode designar também um conjunto material de livros (*corpus omnis romani iuris*, Lívio, 3, 34), de pessoas, como uma corporação de ofício (*corpus fabrorum et nauiculorum,* Callistratus, Dig. 50,6,5), a parte principal de algo (*corpus orationis enervatur*, Petrônio, S. 2). Materialidade e representação dessa materialidade estão, assim, na raiz das interpretações do corpo no mundo greco-romano.

As representações do corpo humano revelam as ênfases subjetivas, as valorizações e as distorções resultantes dos interesses e concepções sociais. Para que se possa entender mais a fundo a diversidade de pontos de vista, convém contrastar representações do corpo que provenham de diferentes âmbitos sociais e culturais. No mundo romano, não há melhor manancial a ser analisado do que o proveniente da cidade de Pompéia. Pompéia, cidade romana destruída em 79 d.C. pela erupção do vulcão Vesúvio, preservou um inigualável *corpus* – a palavra ao centro destas reflexões não deixa de aparecer sob uma de suas formas! – documental, na forma de pinturas parietais e de desenhos feitos com o estilete (Funari 1999). Ambas formas contemporâneas mostram *Weltanschauungen* muito diversas, tema central desta apresentação.

As paredes de Pompéia

Pompéia não era senão uma cidadezinha acanhada, em 79 d.C., tendo sido citada muitíssimo raramente pela tradição textual anterior. Cidade de longa tradição itálica, tornara-se colônia romana à época de Sila, com a implantação de veteranos no corpo citadino. A diversidade cultural da cidade, aumentada pela chegada dos colonos romanos, iria manter-se e aprofundar-se, ainda que o domínio romano direto tenha dado alento a forças homogeneizadoras, tanto no que se refere ao uso do *sermo romanus*, como na difusão das modas de representação artísticas eruditas da elite romana. A erupção vulcânica de 79 d.C. preservou boa parte da cidade antiga e sua escavação, a partir do século XVIII, trouxe à luz uma documentação única, tanto em sua quantidade como em sua diversidade (cf. Funari 1991). Graças à Arqueologia, torna-se possível estudar representações materiais e iconográficas que não apenas complementam as fontes escritas, como fornecem significativos elementos independentes do registro textual (cf. Funari, Jones e Hall 1999; Funari & Zarankin 2001).

As representações parietais pompeianas têm sido estudadas desde então, mas de forma muito desigual. Atenção precoce e intensa foi dada à pintura parietal erudita e ao estudo subsqüente dos estilos de pintura, com a formalização dos chamados quatro estilos, divididos em fases. *Grosso modo*, esses estilos foram pensados como uma seqüência genética de maneiras de decorar as paredes internas das casas da elite, a começar pelo Primeiro Estilo, mais antigo (segundo século a.C.), designado como arquitetônico, pelo uso apenas de representações de edificios e pela ênfase nas proporções, sucedido pelo Segundo estilo, surgido no início do primeiro século a.C., quando aparecem as representações humanas. Os sucessivos terceiro e quarto estilos mantêm as representações humanas. Esses estilos foram e continuam sendo muito estudados (cf. Ling 1991). Menos atenção tem sido dada às pinturas parietais externas e àquelas que não se enquadram em um dos quatro estilos e que são definidas com termos como "pinturas plebéias ou populares". Os desenhos feitos com estilete (*graphio exaratae*) mereceram ainda menos atenção, ainda que dois livros recentes, de Maulucci (1993) e Langner (2001) recolham e analisem esses desenhos de forma mais exaustiva.

Pinturas e desenhos em confronto

Roger Ling (1991:8) em seu estudo de fôlego da pintura romana traça as origens das pinturas parietais em duas fontes diversas. Por um lado, a pintura grega clássica e, principalmente helenística, muito bem atestada nas reproduções de quadros em madeira (*pínakes*) henelísticos nas paredes e mosaicos romanos. No entanto, a pintura parietal em si, como decoração plástica e pictórica de parede, aplicada diretamente na parede, tem suas origens na própria península itálica, na tradição pictórica etrusca, mas em geral nas maneiras de representar dos itálicos. As representações parietais itálicas e romanas são únicas como forma de decoração integral das paredes, integradas à Arquitetura, à dinâmica própria dos aposentos. As tumbas pintadas de Paestum mostram bem essas características da pintura mural erudita do IV século a.C., a começar das representações de jardim (*paradeisos*) que tanto êxito terão nas paredes romanas posteriores (Pontrandolvo & Rouveret 1992:89). As representações do corpo humano nas paredes de Paestum mostram algumas caraterísticas que teriam grande expressão posterior em Pompéia, a começar do predomínio dos volumes sobre as linhas (Pontrandolvo & Rouveret 1992:197), ainda que as linhas sirvam também para marcar alguns contornos (Pontrandolvo & Rouveret 1992: 283). Outro elemento comum, já presente nas representações gregas muito anteriores, é a ênfase nas proporções entre as partes do corpo e a idealização dos traços dos personagens retaratados (Pontrandolvo & Rouveret 1992: 283; 285). Em alguns casos, o realismo das representações do corpo parecem indicar os desenvolvimentos helenísticos e pompeianos dessa tendência (Pontrandolvo & Rouveret 1992:292; 301).

A introdução dos corpos humanos nas pinturas pompeianas é, em geral, datada dos anos posteriores a 80 a.C. e, de uma forma ou de outra, pode ser ligada à crescente valorização do indivíduo no fim da República romana e ao individualismo do novo processo de colonização romana. O primeiro e grande exemplo dessa nova figuração humana é o friso dos Mistérios, datado do ápice da atuação de Júlio César (entre 60 e 50 a.C.), a um só tempo momento inicial da figuração humana e *exemplum maximum* de adequação do corpo humano à representação arquitetônica (Ling 1990: plate 1; Ling 1991: IX; Liversidge 1983: plate 2). De fato, as paredes representam cenas em ambientes arquitetônicos e os corpos humanos seguem as proporções dos cânones de construção (por sua vez, inspirados nas proporções do corpo humano). Predominam os volumes e as cores como elementos para demarcação do corpo e de suas vestes (Funari 2001). Essa *quietas* predomina nas pinturas parietais pompeianas, ainda que nas pinturas chamadas de "plebéias" temas como a sexualidade mostrem corpos menos idealizados, com maior importância para os traços ou linhas, o que aproxima, em certo sentido, tais pinturas, dos desenhos parietais (Varone 1994: fig. 15;17). Mesmo aí, no entanto, imagens como as de um banquete ou de um *cunnillingus* (Varone 1994:14; 15) preocupam-se com a composição de imagens harmônicas, com forte preocupação com a simetria e o equilíbrio, de maneira que, também nessas imagens, predominam *quietas ac tranquillitas*. Lembram as palavras de Cícero (de Oratore 1,1,2), *locus quietis et tranquillitatis plenissimus*, voltado ao bom ócio (*otium ac tranquillitatem uitae sequi*, Cícero, Mur. 27, 55).

Há algum tempo, publiquei estudos sobre os desenhos parietais em que procurava mostrar como os o corpo humano era representado de forma propositadamente distorcida, como caricatura (Funari 1993a; 1993b; cf. Laurence 1994: 313). Não se trata de retornar aos argumentos ali desenvolvidos, mas apenas às conclusões, sobre o caráter distorcido das imagens do corpo humano. As proporções entre as partes do corpo, assim, tampouco seguem os cânones eruditos e, ao contrário, valorizam partes do corpo (Funari 1993). Predominam os traços e a leitura é, à diferença das pinturas eruditas, propensa a uma intelecção aberta, à variedade de intepretações por parte dos espectadores casuais (como no caso de CIL IV, 8329, in Funari 2002: 126). Essa interatividade pode ser ligada ao caráter popular dos desenhos, como propõe Langner (2001:140 *Im öffentlichen Raum liegt ein bedeutender Wert von Graffitizeichnungen in ihrer populären Wirkung, die man auch kommunikativ nenen könnte*). Os corpos humanos representados nos desenhos pompeianos majoritariamente são de gladiadores, cujas distorções ligam-se, pois, ao caráter específico dessas lutas. Outros corpos apresentam também distorções várias, como no caso de um *venator* (Langner n. 1116) cujo tronco aparece destacado, enquanto os braços e mãos se representam com menos ênfase. Em muitos desenhos prevalece o tronco (cf. Langner 2001 n. 698) e uma estilização da cabeça (Langner n. 570), com representação menos acurada dos membros inferiores e superiores. A cabeça, *caput*, representava, em certo sentido, o próprio ser humano (cf. César, B.G. 1,29: *quot capitum uiuunt, toditem studiorum millia*), o "cabeça" de um grupo (e.g. Liv.9,26), a própria vida (Liv. 3, 55). No caso de falos hiperdimensionados (Langner 1261) a ênfase explica-se pelo caráter mágico associado ao órgão sexual masculino (Funari 1995).

Os corpos romanos apresentam-se de forma muito diversa, nas paredes das casas da elite pompeiana e nos grafites populares pompeianos. O predomínio da harmonia das proporções nas representações eruditas demonstra uma preocupação com a *quietas* de setores dominantes das elites. Nas imagens populares, ao contrário, predominam as interações entre autores e público e os corpos aparecem representados em alguns aspectos considerados essenciais. Corpos de uma mesma sociedade que revelam uma heterogeneidade de concepções. Corpos cuja alma podemos buscar nos detalhes de representações de um passado distante, mas que muito nos têm a dizer.

Notas

[1] Professor da UNICAMP, pesquisador associado da Illinois State University e Universidad de Barcelona, Diretor do Centro de Pensamento Antigo da UNICAMP, Pesquisador do NEE/UNICAMP.

[2] Agradecimentos: Agradeço a Renata Senna Garraffoni, Ray Laurence, Aírton Pollini, Agnès Rouveret, Antonio Varone. A responsabilidade pelas idéias restringe-se ao autor. Esta pesquisa contou com o apoio institucional da FAPESP, CNPq (processo 350217/02-5), Núcleo de Estudos Estratégicos da UNICAMP e Centro do Pensamento Antigo (IFCH/UNICAMP).

BIBLIOGRAFIA

1. Inscrições:

CIL IV 8329

Papiros

Papyrus de Théadelphie, ed. Pierre Jouguet, Paris, 1911, vol.5, p.19.

2. Autores antigos:

2. 1. Gregos:

Homero, Ilíada 3,23.

Píndaro, Fragmenta 131

Platão, Gorgias 493a

2. 2. Latinos:

César, B.G. 1,29

Cícero, De Oratore, 1,1,2;

Digesto, 50,6,5.

Lívio, 3, 55; 9, 26;

Petrônio, 2.

3. Autores modernos:

Ernout, A. & Meillet, A. *Dictionnaire étymologique de la langue latine, Histoire des mots.* Paris, Klincksieck, 1967.

Funari, P.P.A. *La cultura popular en la Antigüedad Clásica*. Écija, Editorial Sol, 1991.

Funari, P.P.A. El carácter popular de la caricatura pompeyana, Gerión, Universidad Complutense de Madrid, 11, 153-173, 1993a.

Funari, P.P.A. Graphic caricature and the ethos of ordinary people at Pompeii, Journal of European Archaeology, 1,2, 133-150, 1993b.

Funari, P.P.A. Apotropaic Symbolism at Pompeii: a Reading of the Graffiti Evidence, *Revista de História* (FFLCH-USP), 132, 9-17, 1995.

Funari, P.P.A. Pedro Paulo A. Funari, A escrita cursiva romana, *Classica*, 11/12, 1998/1999, 213-230, 1999.

Funari, P.P.A. Resenha de "La grande fresque de la Villa des mystères à Pompéi, mémoires d'une dévote de Dionysos", de G. Sauron, *História, Questões e Debates* (UFPR), 34, 2001, 283-286, 2001.

Funari, P.P.A. *Antigüidade Clássica, a História e a cultura a partir dos documentos*. Campinas, Editora da UNICAMP, 2002.

Funari, P.P.A., S. Jones & M. Hall Introduction: archaeology in history, in P.P.A Funari, M. Hall & S. Jones (eds), Historical Archaeology, Back from the edge, Londres, Routledge, 1-20, 1999.

Funari, P.P.A. & Zarankin, A. Algunas consideraciones arqueológicas sobre la vivienda en Pompeya, *Gerión*, 19, 2001, 493-512, 2001.

Langner, M. *Antike Graffitizeichnungen. Motive, Gestaltung und Bedeutung*. Wiesbaden, Reichert, 2001.

Laurence, R. Review, *Journal of Roman Studies*, 85, p. 312-314, 1994.

Ling, R. The arts of living, *The Roman World*, edited by J. Boarman, J. Griffin, O. Murray, Oxford, Oxford University Press, 308-337, 1990.

Ling, R. *Roman Painting*. Cambridge, Cambridge University Press, 1991.

Liversidge, J. Wall painting and stucco, *A Handbook of Roman Art*, edited by M. Henig, London, Phaidon, 97-115, 1983.

Maulucci, F.P. *Pompei, i graffiti figurati*. Napoli, Bastogi, 1993.

Pontrandolfo, A. & Rouvere, A. *Le tombe dipinte di Paestum*. Modena, Panini, 1992.

Varone, A. *Erotica Pompeiana*. Roma, L'Erma di Bretschneider, 1994.

DESNUDANDO VÊNUS: UMA LEITURA SEMIÓTICA DE TRÊS MOSAICOS NORTE-AFRICANOS

Regina Maria da Cunha Bustamante[1]

Introdução

As imagens sempre acompanharam o homem, desde o tempo das cavernas, com as pinturas parietais, até a atualidade, com a profusão de imagens virtuais. Nas sociedades antigas, não era diferente. A sua utilização estava generalizada: na cerâmica, nas estátuas, nos baixos e alto-relevos, nas pinturas, nos mosaicos, nas moedas, nos amuletos, nos adornos... Numa época em que o domínio da escrita era privilégio de poucos e os documentos escritos tinham circulação restrita, a imagem constituiu-se numa forma de comunicação com maior amplitude. Contemplando-a ou fabricando-a, cotidianamente a utilizavam, decifravam e interpretavam. Entende-se a fascinação pela imagem na medida em que se constitui como uma manifestação do aparecer na ordem fenomenal e restitui ao olhar a eclosão do visível, porém não numa perspectiva isomórfica em relação ao real, pois a imagem é uma maneira de se reconhecer e se elaborar o dado sensível. (THEML, 2002:17)

O presente texto privilegiou o modo de produção de sentido da imagem, ou seja, como provocam significações, isto é, interpretações. Considerou-se a imagem como um texto na medida em que deve ser lida para ser compreendida. Entretanto, não se deve ingenuamente considerar que a escrita e a imagem sejam um todo homogêneo de tal forma que se possa passar o olhar de uma a outra: o texto escrito e a imagem textualizada apresentam duas formas de apropriações distintas, em termos de interações e de comunicações sociais. Esta distinção se baseia não apenas na forma material dos suportes distintos (papiro, livro, vaso, tinta, pedra, etc.), mas também nos diferentes lugares de produção e uso socioculturais. O texto antigo estava restrito aos círculos aos quais se dirige; as imagens, pelo contrário, proliferam quase como um discurso social anônimo e de amplo alcance. A imagem se insere ainda, e muito mais profundamente que a escrita, na vida cotidiana do mundo clássico, recontando narrativas míticas, mas também familiarizando seus integrantes uns com os outros através de representações de situações vivenciadas e idealizadas.

Nesta perspectiva, a imagem foi vista como um signo, pois exprime idéias e instiga os seus leitores a uma atitude interpretativa. Tal como o signo, a imagem está no lugar de alguma coisa para alguém e possui alguma relação ou alguma qualidade analógica desta coisa; constitui-se, portanto, numa representação visual. Apresenta-se como uma ferramenta de expressão e comunicação, pois transmite uma mensagem para outro; é, portanto, uma mensagem visual composta de diversos signos, ou seja, uma linguagem (JOLY, 1997: 48). Para viabilizar o estudo das imagens com representações de Vênus, importantes questões devem ser enfrentadas, tais como: como fazer a leitura e como se chegar ao sentido da mensagem dos enunciados imagéticos? Como decodificar os signos pictóricos que fazem parte de um enunciado imagético? Que leituras possíveis eram feitas pelos receptores das imagens? Como estas mensagens interagiam na organização do pensar e do agir na sociedade e na sua dinâmica?

Optou-se por empregar o esquema de signo elaborado pelo semiotista Charles Sanders Pierce (1975), na medida em que se considerou a imagem como um signo. Este mantém uma relação solidária entre, pelo menos, três pólos que compõem a dinâmica de qualquer signo como processo semiótico: o significante ou o *representamen* (a face perceptível do signo), o objeto ou o referente (o que é representado pelo signo) e o significado ou o interpretante (que depende do contexto de seu aparecimento e da expectativa do receptor). Pierce propõe três tipos principais de signos a partir da relação existente entre o significante (face perceptível) e o referente (o que é representado): o ícone, o índice e o símbolo. O primeiro centra-se numa relação de analogia / semelhança entre o significante e o referente. O seguinte estabelece uma relação causal de contigüidade física. E o último fundamenta-se numa relação de convenção. Assim, teríamos:

ESQUEMA 1: DINÂMICA DO SIGNO

Tipos principais de signos	**Ícone:**	Relação de analogia / semelhança
	Índice:	Relação de contigüidade física
	Símbolo:	Relação de convenção

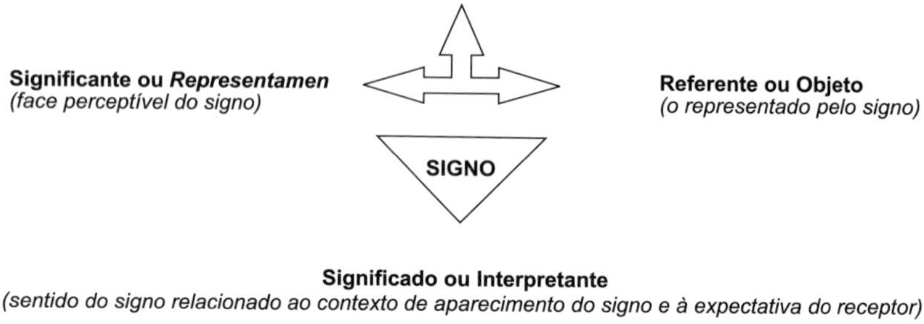

A imagem símbolo acentua mais o aspecto construtivo e identitário da representação, cristalizado em determinados signos convencionados, do que em seu aspecto visual de semelhança. O símbolo provoca associações sistemáticas (mais ou menos justificadas) que servem para identificar este ou aquele objeto, esta ou aquela profissão, este ou aquele grupo, atribuindo-lhes um certo número de qualidades socioculturalmente elaboradas. O produtor da imagem encontra-se numa relação dialógica com a sociedade na qual está inserido: produz por diversas motivações culturais e sociais e seus produtos retornam à sociedade reforçando, criticando ou formulando novos valores e práticas. Dificilmente, alguém cria alguma coisa que não seja compreendida, que não tenha um significado para os membros da sociedade em que vive (ECO, 1992). A alteridade – tanto temporal como espacial – do historiador contemporâneo em relação ao seu objeto de estudo, no caso as representações visuais de Vênus nos mosaicos romanos-africanos, dificulta a compreensão de seu significado, mas não a inviabiliza inteiramente.

Para tanto, o presente estudo inicia como uma contextualização objetivando informar sobre a produção, o uso social do suporte trabalhado – os mosaicos – e, por fim, dados específicos dos mosaicos selecionados. Desta forma, identifica-se o gênero a que pertence o discurso, buscando compreender o funcionamento e as características deste gênero na época em que surgiu o relato analisado. No segmento seguinte do texto, construiu-se um quadro a partir da aplicação da dinâmica do signo, acima esquematizada, aos três mosaicos selecionados, apontando os elementos estáveis e constantes a fim de apreender as inferências socioculturais da nudez de Vênus, representada pela antiga sociedade norte-africana nestes mosaicos. Apresentaram-se então os signos, suas combinações e os seus significados, que permitem compreender os códigos de leitura dos textos imagéticos, presentes nos gestos, vestuários e mobiliário. Para se compreender o sentido das mensagens que circulavam, ou seja, interpretá-las, é imprescindível portanto conhecer a sociedade, sua cultura e seus códigos de linguagem. Segundo Claude Bérard (1983), as imagens correspondem a uma narrativa, e seus criadores as fizeram a partir de um repertório comum de elementos estáveis e constantes na sociedade em que viviam, denominados pelo autor unidades icônicas formais mínimas. A combinação dessas unidades formais mínimas forma um sintagma mínimo suscetível de se articular com outras unidades ou outros sintagmas para se constituir uma imagem de conteúdo narrativo. Através destas combinações associativas, pode-se passar da relação de referência à relação de significação.

1. Contextualização: tradição e decoração com mosaicos na África do Norte

A África do Norte oferece uma rica coleção de mosaicos antigos exposta tanto nos museus como nas ruínas de cidades antigas. A abundância e a variedade dos mármores norte-africanos favoreceram o desenvolvimento da arte dos mosaicos. Foram preservados mais mosaicos norte-africanos do que em qualquer outra região do Império. Isso se deve, em parte, aos acidentes de sobrevivência, resultantes do clima favorável e da ausência de cidades modernas de qualquer tamanho sobre muitos dos sítios antigos. Mas também advém da enorme prosperidade das províncias norte-africanas do Império Romano e da riqueza e importância das cidades que se aglomeravam em seu território. Essa riqueza, fundamentada sobretudo na produção de cereais e manufatura do azeite e do vinho, encontrou expressão tanto na construção de monumentos públicos quanto na decoração elaborada de residências particulares urbanas e rurais, onde os membros da elite provincial, profundamente romanizada, afirmavam seu *status* e valores culturais.

Na região norte-africana, já havia uma tradição púnica nesta arte. Depois da destruição de Cartago, em 146 a.C., essa tradição foi interrompida, embora subsistisse em algumas cidades púnicas. Assim, por volta do final do séc. I e do início do II, mosaístas norte-africanos criavam pavimentos de mosaicos geométricos em preto e branco com padrões muito simples, lembrando mosaicos italianos do mesmo período. Os artesãos norte-africanos trabalhavam como se estivessem prosseguindo com as técnicas dos mosaicos romanos e relegavam suas próprias tradições. Somente em meados do séc. II, os mosaístas da região começaram a se libertar da influência romana. Suas inovações iniciais consistiram na gradual introdução da policromia nas bordas do pavimento e a integração de elementos florais e de padrões geométricos. Durante a segunda metade do séc. II e o início do III, quando as cidades norte-africanas passaram por um período de prosperidade econômica, as suas oficinas se dissociaram dos cânones dos mosaicos italianos e estabeleceram seu próprio estilo. Distinguiram-se principalmente pela adoção permanente da policromia e por uma preferência pela decoração vegetal muito sofisticada. Desenhos de policromados mais ricos e geométricos parecem ter sido reservados para locações mais importantes. Mas mosaicos em preto e branco continuaram a ser usados onde decorações mais simples e baratas eram desejadas ao longo dos séculos. Entretanto, a tendência principal dos mosaicos norte-africanos após o começo do século II foi policromia. Cada região desenvolveu seu próprio estilo e temas. Na metade do séc. III, a produção de mosaicos arrefeceu devido à diminuição da atividade de construção. Mas o séc. IV e boa parte do seguinte foram o período áureo da arte do mosaico norte-africano. As diversas oficinas da região produziam uma grande quantidade de mosaicos policromáticos, geométricos, florais e figurativos com desenhos sofisticados. O estilo africano, desenvolvido desde meados do séc. II, chegou assim a sua maturidade e foi disseminado em outras partes do Império, como Sicília (CARANDINI, 1967:93-120), Sardenha, Roma e Espanha.

Os mosaicos eram utilizados na decoração tanto de obras públicas como na das ricas *domus* da elite. Segundo Veyne (1987:307), a arquitetura privada da elite, cristalizada na *domus*, foi uma das criações mais belas da arte grega e romana. Um dos elementos decorativos mais admirados eram os mosaicos de cores vivas no chão (*opus tessellatum*), nas paredes e no teto (*opus musivum*). Estes mosaicos não trouxeram apenas leveza às residências da elite local, decorando aposentos como se fossem afrescos e tapetes, mas também revelaram a vida e os prazeres, os valores e práticas da aristocracia. Produziram-se muitos mosaicos com motivos figurativos, que seguiam o estilo da tradição helenística, com cenas idílicas, mitológicas e inspiradas na vida econômica e social, em especial da elite. A iconografia da decoração doméstica nas residências urbanas de pessoas abastadas buscava reafirmar a posição privilegiada do seu proprietário diante da comunidade romanizada. A aceitação social do pavimento de mosaicos nas cidades africanas: era uma condição *sine qua non* no estilo de vida urbano. Desta forma, pode-se esperar que o conteúdo das decorações nos diga muito a respeito dos gostos e valores das elites urbanas nesta parte do mundo romano.

Neste estudo, partiu-se de quatro critérios para selecionar os três mosaicos de Vênus: 1º.) quanto à forma e ao estilo de mosaico, optou-se pelo o *opus tesselatum* (mosaico de chão), em *tessera* (tessela), figurativo e policromático; 2º) quanto ao recorte temporal, privilegiou-se o período de fins do séc. II ao IV; 3º.) quanto ao recorte espacial, abordaram-se as residências da África Proconsular, atual Tunísia; 4º) quanto à temática, limitou-se às cenas de toucador de Vênus.

Exemplares de mosaicos de chão (*opus tessellatum*) são encontrados em maior número. Isto se deve, em parte, a um acidente de preservação. A primeira parte de um prédio a desmoronar, seja em uma destruição violenta, seja em um processo de decadência gradual, é a superestrutura; os destroços resultantes por seu turno selam os pavimentos e os protegem dos desgastes do tempo e da interferência humana. No entanto, a parcialidade em relação aos mosaicos de chão não é apenas uma questão de preservação. O uso de mosaicos em paredes e abóbadas (*opus musivum*) era muito menos comum do que nos pavimentos. Isso ocorria parcialmente devido ao custo superior dos materiais e da mão-de-obra no *opus musivum*. Existiam pressões sociais para se decorar pavimentos, o que era naturalmente conseguido com um meio bem adaptado para resistir ao desgaste que essas superfícies são particularmente expostas. Efeitos semelhantes nas paredes e abóbadas, que não estão sujeitas a tais desgastes. Segundo Ling (1998), a técnica favorita da Antigüidade (e da maioria dos períodos posteriores) foi o mosaico de *tessera*, feito de pequenos cubos, geralmente de pedra de tonalidades distintas, combinados de maneira a formar padrões geométricos, florais e figurativos. Este tipo de motivo foi mais comum no período e região selecionados.

A opção pelo recorte temporal (fins do século II ao IV) justifica-se por este período ser de afirmação do estilo norte-africano de mosaicos. Especificamente para a África do Norte, o final do século II e o início do III foram especialmente prósperos devido ao poder imperial estar nas mãos da dinastia severiana (193-235), de origem africana e síria, o que trouxe uma série de benefícios para a região (ver RAVEN, 1993:132-141; MANTON, 1988:52-61; BARTON, 1972:70-74; GASCOU, 1972:167-205 e 226-230).

Em termos espaciais, privilegiou-se a África Proconsular, antigo território cartaginês, primeira província romana na região e de uma notória importância econômica para Roma. Esta região possui um rico e acessível acervo. Nesta província, de intensa vida urbana, a elite municipal, cujo prestígio advinha das propriedades fundiárias, manifestou seu estilo de vida e ideário na decoração de suas residências, sejam urbanas sejam rurais, valendo-se de um repertório gráfico disseminado e conhecido pela sociedade para ressaltar o prazer de viver, seu poder e prestígio social. Sendo donos das grandes propriedades, controlavam a exploração dessa riqueza agrícola e dominavam a vida social da província. Assim, eram eles também que comumente comissionavam os mosaicos; constituindo-se nos clientes favoritos dos mosaístas da região. Os mosaicos foram encontrados em duas cidades litorâneas (*Utica* e *Lepti Minus*) e uma interiorana (*Thysdrus*), localizado em um entrocamento viário (centro de quatro estradas para diferentes partes da costa: *Hadrumetum*, *Lepti Minus*, *Sullectum* e *Usula*). *Utica* era um porto na desembocadura do rio Medjerda, fundado pelos fenícios no séc. VIII a.C.: rival de Cartago, posicionou-se ao lado dos romanos na 3ª. Guerra Púnica (149-146 a.C.), o que lhe valeu o estatuto de cidade livre. Era um importante centro urbano: tornou-se sede do governo da província (até ser suplantada por Cartago em uma data indeterminada) e recebeu italianos, especialmente comerciantes (*negotiatores*), que formaram um *conuentus ciuium Romanorum*. A região em torno de *Utica* era rica: a planície do baixo Medjeda era uma fecunda terra de aluvião e produzia trigo e árvores frutíferas; também havia importantes salinas. A romanização ocorreu cedo: no governo de Augusto (27 a.C.-14) já era município romano; ganhou o título de colônia honorário no de Adriano (117-138); e, sob Septímio Severo (193-211), recebeu o *ius italicum* que assimilava o seu território ao solo itálico, o que a isentava do imposto fundiário. *Lepti Minus* também era uma antiga cidade púnica que teve um enriquecimento rápido em fins do séc. I devido à oleicultura na região, ocasionando uma romanização, que lhe granjeou o título de colônia honorária. Por fim, *Thysdrus* se localizava na borda ocidental do Sahel, na estrada que levava a *Sfax*, uma região próspera por seus olivais, principalmente a partir do séc. II. Tal como as outras duas cidades, era de origem pré-romana. Recebeu o estatuto de município de Septímio Severo e depois colônia honorária, em data desconhecida.

Em relação à temática dos mosaicos norte-africanos, destacam-se motivos de caráter religioso, inferindo a inserção e importância da religião na sociedade antiga. Especificamente a figura feminina apresenta-se através de divindades do panteão greco-romano (destacando-se Vênus), seres mitológicos (como as Mênades, Nereidas e Musas) e alegóricos (Estações e Províncias). Escolheu-se Vênus por ser uma das mais populares divindades no panteão greco-romano, sendo o seu culto bem difundido na África Romana. Vênus foi representada basicamente em duas situações: em triunfo sendo coroada e em cena de toucador. Privilegiou-se este último tipo de situação em vista de estar mais próxima a uma atividade do cotidiano humano e relacionada aos cuidados com o corpo, tema do XIII Ciclo de Debates em História Antiga.

Assim, trabalhou-se com três mosaicos, a saber:

	MOSAICO 1	MOSAICO 2	MOSAICO 3
Período	Final do séc. II e início do séc. III	Início do séc. III	Séc. IV
Proveniência	Pavimento do átrio em forma de T (3 salas) do andar mais baixo da Casa de Catão, descoberta em 1912 -1914 em *Utica* na África Pr oconsular (atual Útica, Tunísia)	Pavimento do *triclinium* da Casa de Vênus, descoberta em 1992 em *Lepti Minus* ou *Leptis Minor* na África Proconsular (atual Lemta, Tunísia)	Pavimento descoberto em 1910-1911 em *Thysdrus* na Bisacena, pertencente à antiga África Proconsular (atual El Djem, Tunísia)
Temática	Adorno de Vênus, cortejo marítimo e vôos de cupidos e pássaros	Adorno de Vênus e cenas de pesca	Adorno de Vênus
Autoria	Desconhecida	Desconhecida	Desconhecida
Estilo / Forma	*Opus tesselatum* (mosaico de chão), em *tessera*, figurativo, policromático com fundo branco	*Opus tesselatum* (mosaico de chão), em *tessera*, figurativo, policromático com fundo branco	*Opus tesselatum* (mosaico de chão), em *tessera*, figurativo, policromático com fundo branco
Inscrições	Nenhuma	Nenhuma	Nenhuma
Tamanho	2,8m x 2,5m	2,25m x 1,63m	1,8m x 1,8m
Acervo	Museu do Bardo (Tunísia)	Museu de Lemta (Tunísia)	Museu de Sousse (Tunísia)
Referência Bibliográfica	BLANCHARD-LEMÉE, 1996: 160, fig. 115.	BLANCHARD-LEMÉE, 1996: 150, fig. 108.	BLANCHARD-LEMÉE, 1996: 151, fig. 109.

2. Representações de Vênus: signos icônicos e interpretação do código visual

Para expor a face perceptível dos signos icônicos nos três mosaicos, apresentam-se abaixo as suas reproduções imagéticas, seguidas do quadro contendo suas descrições, observando-se as figuras e os esquemas de composição das imagens nos mosaicos selecionados.

Mosaico 1

Mosaico 2

Mosaico 3

MO-SAICO	SIGNIFICANTE (face perceptível)	SIGNIFICADO (interpretação)	REFERENTE (objeto)
1	• 9 pássaros voando; • 2 **meninos alados** com echarpes voando tentando capturar dois pássaros voando, estando um menino com lança; • 5 **meninos alados** (3 nus e 2 com echarpes) montando 4 pássaros (2 pavões e 3 garças), estando 2 meninos com tridente e escudo e outro com lança; • 2 **pombas** voando e segurando um **colar**; • Na **água/mar**, um **barco** a remo e com vela transportando uma **mulher de seios firmes** recostada com o dorso **nu** e as pernas recobertas, cabelos presos, portando **diadema**, **colar**, **bracelete**, **pulseira** e **brincos** e puxando com uma das mãos a echarpe; um **menino alado** segurando uma **caixa aberta com jóias**; um **menino alado** segurando a corda da vela inflada do barco; **um menino alado** pendurado no mastro segurando a outra corda da vela; • 1 **menino alado** com echarpe cavalgando um **peixe**; • 2 **peixes** pulando da água; • 5 **peixes** e um **ser marinho** dentro da água.	**ELEMENTOS CONSTANTES E ESTÁVEIS:** • **Água/mar:** Referência ao nascimento de Vênus/Afrodite (espuma fecundada pelo esperma de Urano mutilado por Cronos); *fons et origo*: procedência de toda forma e criação / matriz de todas as possibilidades de existência / sempre germinativas / precedem toda forma e sustentam toda a criação; Vênus surgida das ondas: simboliza fecundidade e é imagem metafórica do parto; princípio feminino; simboliza a vida terrestre e natural; mar calmo = características femininas de tentação ondulante e de beatitude sonolenta. • **Barco:** berço recuperado / ventre materno; símbolo do corpo ou "veículo" da existência. • **Peixes / animais marinhos:** Fertilidade / fecundidade / abundância; bom agouro. • **Menino alado:** Cupido; filho de Vênus com Marte ou Zeus ou Mercúrio; assimilado ao Eros grego; personifica o desejo amoroso; *cupidus* = desejo, vontade ou paixão. • **Seios / coxas / nudez:** feminilidade; sedução; maternidade. • **Cabelo comprido:** sentido de fertilidade, força vital e alegria de viver; princípio da força primitiva. • **Adornos / jóias / enfeites / cofre:** sedução; vaidade; beleza. • **Espelho:** vaidade; beleza; exterioridade; variabilidade e mobilidade temporal e existencial; condição refletidora e passiva.	Adorno de Vênus
2	• *Faixa Superior:* **água/mar**, no meio um rochedo com um pórtico; uma corda ligando o pórtico a um **barco** em que um **menino alado** nu puxa a corda, outro rema com as duas mãos e o 3°. está virado para o pórtico apontando-o com um braço e na outra mão segura um bastão e, embaixo do barco, há 2 **peixes**; do outro lado do pórtico, há um **barco** em que um **menino alado** puxa uma **rede cheia** e outro rema com as duas mãos e, na extremidade do barco, há uma vara com uma **rede cheia**; embaixo deste barco, mais **dois peixes**; • *Faixa Direita:* **água/mar**, num canto um rochedo em cima do qual está um **menino alado** nu segurando uma rede vazia e, aos seus pés, um **cesto cheio de peixes**; na água, 4 **peixes**; • *Faixa Esquerda:* **água/mar**, no meio um rochedo em cima do qual está um **menino alado** nu com um tridente apontado para baixo mirando num **polvo** (apenas tentáculos); na água, uma **lula** de um lado e, do outro, uma **enguia moréia**; • *Faixa Central:* **água/mar** e dois rochedos, no rochedo maior, está um **menino alado** nu carregando uma caixa e virado para a **mulher nua de seios firmes** com **coxas** e **quadris** amplos comparados com as pernas segurando o seu **cabelo comprido** molhado repartido em 2 e rosto virado para a direita; no rochedo menor, à direita, um **menino alado** nu virado para a mulher segurando numa das mãos um **espelho**. 2 **peixes**, um deles mostrado verticalmente, o outro horizontalmente, são colocados na água sobre as cabeças dos meninos alados.		
3	No centro, na **água/mar**, uma **mulher nua** com **coxas grossas** e **seios firmes**, com os tornozelos adornados com **argolas**, os pulsos com **pulseiras** e o pescoço com um **colar** de pingente. Ela segura com o seu **cabelo comprido** molhado repartido em dois e rosto virado para a direita. No rochedo da direita, um **menino alado** nu, adornado com **argolas** nos tornozelos, **braceletes** e **pulseiras** nos braços, está segurando duas **fitas de cabelos**. No rochedo da esquerda, um **menino alado** nu, igualmente **adornado**, com uma mão levanta um **espelho** e com a outra segura uma **coroa** e, no seu antebraço, uma veste branca. Ao fundo, quatro plantas.		

Em negrito, estão marcados os elementos constantes e estáveis nos discursos imagéticos dos três mosaicos.

Segundo Grimal (1997: 466), Vênus era uma antiga divindade latina, sendo incertas suas atribuições [2]. No século II a.C., foi assimilada à Afrodite grega, a deusa da amor. Nos três mosaicos norte-africanos ora analisados, Vênus está num ambiente marítimo, uma referência ao nascimento de Afrodite da espuma do mar fertilizada pelo esperma de Uranos, que havia sido destronado e teve seus órgãos sexuais ceifados por seu filho mais novo Cronos, como apresentado no poema hesiódico: *"O pênis, tão logo cortando-o com o aço atirou do continente no undoso mar, aí muito boiou na planície, ao redor da branca espuma da imortal carne ejaculava-se, dela uma virgem criou-se"*. (Teogonia vv. 189-192). Distintamente, Homero lhe atribuía como pais Zeus e Díone. Às vezes, ela própria era também chamada de Díone; ou ainda de *Anadyomene*, que significa "vinda das águas": segundo o poema latino Vigília para Vênus [3] 9-11, *"Em um tal dia, o oceano, do sangue dos céus misturado com a espuma da arrebentação, entre rebanhos das águas e animais marinhos, trouxe Díone de sobre as ondas das águas do mar"*. Plínio, o Velho, em História Natural XXXV, 91, utiliza esta denominação de *Anadyomene* ao comentar a beleza de uma famosa pintura de Vênus.

De acordo com a lenda, foi transportada para Chipre pelos Zéfiros, recebendo por isso um dos seus epítetos: *Cypris* ("dama de Chipre"). Lá foi acolhida pelas Estações, que a vestiram e a enfeitaram, conduzindo-a depois para junto dos imortais. O toucador da deusa do amor e da beleza, Vênus, foi representada em imagens – tais como afrescos, mosaicos e monumentos funerários (VEYNE, 1998: 26) – e em textos, como do Hino Homérico para Afrodite II, 4-14:

> *"As Estações a acolheram alegremente com diadema de ouro e lhe deram roupas imortais. Em sua cabeça divina elas colocam uma coroa finamente cinzelada; em suas orelhas, e nas curvas de seus lóbulos, elas colocam bronze ou preciosas flores douradas; elas adornam seu tenro pescoço e sua garganta com colares de ouro ... Após ter vestido seu corpo com todos estes enfeites, a levaram para os imortais."*

Evidencia-se uma diferença entre as imagens e os textos escritos em relação aos auxiliares da deusa: os cupidos na documentação imagética realizam o trabalho das Estações na documentação textual, ou seja, seguram o cofre das jóias e lhe estendem as jóias e/ou espelho. Os mosaicos privilegiam portanto a associação de Vênus e Cupido, considerado um dos seus filhos com Marte, Mercúrio ou Júpiter e representado com um menino alado. Na mitologia latina, emprestam-se a Cupido a mesma origem, lendas e funções do deus grego Eros (SPALDING, 1993:44; FALCON MARTINEZ *et alii*, 1994: 162).

O poder de sedução de Vênus, advindo da sua beleza, afetava deuses e homens. Poetas sempre enfatizaram o papel de Vênus como a deusa do amor físico e senhora do desejo. No Hino Homérico para Afrodite (II, 19 e III, 2-3), o poeta a descrevia como *"Deusa de olhos vivos e doce sorriso"* e *"Seu rosto sedutor sorria sempre, e portava a flor sedutora da beleza"*. Esta beleza era potencializada pelas jóias e refletia-se no espelho. Na iconografia, o espelho está associado a Vênus sendo um de seus atributos.

Tornou-se assim o símbolo do próprio sexo feminino: enquanto o sexo masculino refere-se ao arco de Apolo. Um outro conhecido atributo venusiano é a concha univalve, referência ao seu nascimento da espuma do mar fertilizada por Urano. O signo da concha remete ao aparelho genital feminino pela semelhança morfológica com a vulva. Como a água, a concha pertence ao círculo simbólico feminino (LURKER, 1997, 146), juntamente com a lua, pois eram percebidos como pertencentes ao circuito antropocósmico da fecundidade (ELIADE, 1986:179). A pomba também estava relacionada a Vênus, como símbolo de pureza e do casamento.

Vênus era portanto uma divindade intimamente associada ao feminino, presente em signos icônicos denotadores do comportamento sedutor, as jóias e o espelho, o que leva a identificá-la freqüentemente com o universo da prostituta, onde o amor o prazer e o amor físico estão mais presentes do que no da *materfamilias*. Mas, por outro lado, Vênus também estava associada aos ideais de beleza, de amor puro/conjugal e de fertilidade próprios para a esposa e mãe. Em termos imagéticos, a sua região pubiana e os seios estão descobertos e os seus quadris e coxas são volumosos. Em termos literários, o aspecto da procriação em Vênus encontra-se manifesto nas passagens 63 a 64 da Vigília para Vênus: *"Vênus é aquela que, com seu hálito fino, penetra no sangue e na alma e exercita um misterioso poder sobre a procriação"*. Vênus aparece aqui como uma deusa da terra portadora de poderes beneficentes e fecundadores. A ênfase era colocada na riqueza da natureza, inserindo aí o mundo marinho como apresentado nos mosaicos. Os mosaicos associaram o tema do nascimento e adorno de Vênus com cenas de pesca e evocações do ciclo das Estações, ambos inferindo a fecundidade da natureza.

A deusa possuía um triplo poder divino: ela era uma deusa das águas, uma deusa do submundo sob a terra e uma deusa dos céus também: *"Através dos céus, através da terra, através dos mares, ela mapeou caminhos para si mesma nos quais não cessa de fecundar as sementes da vida; o mundo aprendeu a gerar vida sob suas ordens"* (*Ibid.*). Presidia a navegação – daí estar relacionada também à deusa egípcia Ísis –, protegia as cidades e assistia os mortos durante a passagem ao mundo subterrâneo. No entanto, em sua essência era uma deusa ligada a tudo conectado com a geração, o despertar para vida, e o crescimento de plantas; era a deusa da fecundidade em todas as suas formas. Isso explica sua grande popularidade entre os africanos. Nela, eles redescobriram Astarté [4], a grande divindade da fertilidade e fecundidade a quem eles tinham adorado no período pré-romano. Como uma deusa do amor e soberana realizadora do bem, ela reinou sobre os pontos de vista e modos de pensamento da época.

Símbolo da beleza e do prazer sensual, imagem da felicidade terrena e sensual, Vênus era quase sempre representada nua, dessa forma oferecendo seu corpo ao olhar de todos em atitude propositadamente provocativa. Imbuída de poder talismânico, sua nudez constituía tanto um atributo ritual quanto um símbolo de sedução.

Conclusão

A representação iconográfica de Vênus permite compreender o processo de construção de identidade entre Roma e a elite provincial norte-africana. As identidades culturais são formadas e transformadas dentro de um contexto social complexo composto, não apenas de instituições, mas também de símbolos e representações. A constituição de uma comunidade demanda a capacidade de gerar um senso de identidade e aliança e de construir significados que norteiem e organizem ações e auto-imagens. As identidades resultam, portanto, de processos de produção de identificação e, mesmo as aparentemente mais óbvias, abrigam negociações e conflitos em permanente curso, pois as identificações ocorrem no plural, sujeitas a uma diferenciação e hierarquia em relação ao "outro". É fundamental portanto compreender as estratégias implementadas para a construção de identidades com a elaboração modelos de comportamento e valores e imagens que permitam manter unidos grupos de pessoas que, se identificando culturalmente, se reconheçam como iguais e se distingam dos "outros". As identidades coletivas envolvem sistemas complexos de interpelações e reconhecimentos através dos quais os agentes sociais se inscrevem na ordem das formações sociais de diversas formas, tais como voluntária, negociada, consensual, imposta e outras. Como beneficiária da ordem romana, a elite norte-africana adotou um marco decorativo que lhe servia como elemento de identificação e de integração ao lhe permitir viver à maneira romana. Assim, manifestava sua participação na gestão do Império Romano e afirmava sua posição privilegiada na sociedade local. A existência de uma comunidade cultural mediterrânea, incentivada pela civilização romana e apoiada num intenso intercâmbio econômico, político e intelectual, ocasionou o desenvolvimento de uma decoração privada característica das elites em todo o Império Romano. A homogeneidade social e a cumplicidade política dessas elites foram fatores fundamentais para a perceptível uniformidade da decoração doméstica, sem contudo excluir de todo elementos locais. A relação entre as imagens dos mosaicos e a decoração no mundo romano expressava assim uma certa sociabilidade condizente com a unidade cultural da Antigüidade Clássica. A escolha da temática do mosaico não ficava a critério exclusivo do mosaísta, mas era o resultado dos interesses e do gosto do cliente, que estava em situação de poder impor. Refletia portanto as necessidades da elite daquela sociedade. A concepção decorativa da temática dos mosaicos exaltava o poder do senhor e lhe permitia assumir suas funções sociais dentro de um marco de prestígio.

Para a manutenção da unidade do Império Romano, promoveu-se a compatibilidade de valores entre as unidades participantes da comunidade romana, compartilhando códigos de moralidade e comportamento social. Estes valores ganhavam maior efetividade quando incorporados a instituições, língua, religião, nomes, vestuário, culinária, imagens..., originando uma forma de vida comum, que reforçava os laços entre as unidades e originava um sentimento comum, estabelecendo assim confiança e lealdade mútuas entre as unidades da comunidade. Os membros das elites provinciais, profundamente romanizadas, afirmavam, não apenas o seu *status* através dos mosaicos, mas também valores culturais comuns. A recorrência à mitologia parecia se revestir de uma dupla dimensão: simbólica e cultural. A própria natureza do suporte – o mosaico – constitui-se num vetor para potencializar o prestígio da elite em diversos momentos: nos gastos de recursos significativos para a decoração dos interiores de suas residências com opulentos pavimentos evidenciando assim a importância da esfera do privado e a clivagem social; na seleção dos temas retratados expressando a unidade cultural do Império Romano ao buscar manter as tradições e formas clássicas e utilizar um código visual comum com símbolos conhecidos; e na localização dos mosaicos em ambientes de sua casa onde ocorria a sociabilidade visando reforçar a coesão e a hierarquia familiares e afirmar sua posição privilegiada frente à sociedade apregoando sua imagem para o exterior. Portanto, temáticas – como o toucador de Vênus – eram reproduzidas e se inseriam na retórica, que teve papel central na construção do pensamento e expressão da elite do mundo greco-romano. Era uma maneira de representar experiências e acontecimentos dentro de certa espécie de moral ou rede social; era uma forma de expressar alguns "significados compartilhados", que fundamentavam a cultura da qual se originava (HUSKINSON, 2000:7). Os comanditários dos mosaicos procuravam tanto exaltar as virtudes, o poderio e o carisma de Vênus como buscavam se beneficiar de uma parcela do seu triunfo e benesses, um tipo de seiva nutridora que reconforta e assegura. Era uma maneira de se aparentar, de se situar e de se identificar. A reprodução deste modelo desvela a cultura clássica entre a elite, que mesmo com a cristianização do Império, não deixou de estar presente e ser valorizada na decoração de suas casas (LANCHA, 1997:394). O seu uso era fator de distinção e enobrecedor, pois permitia se identificar, se lembrar da "sua memória" e se colocar ao lado daqueles que podem e sabem se lembrar: se reconheciam apenas aqueles que tinham uma história que a sabem contar para seduzir e se fazer admitir.

Não se excluía, entretanto, a alteridade através da existência de identidades locais; havia espaço para o elemento local. O respeito aos direitos e costumes locais era um dos princípios essenciais da política romana, contanto que não ameaçassem a ordem romana. O sistema político romano buscava agregar novos elementos sem comprometer sua própria existência e, ao mesmo tempo, todos salvaguardavam sua organização particular. Tal diretriz externava-se, em termos religiosos por exemplo, na prática pagã do *interpretatio*, ou seja, na assimilação de divindades com atributos semelhantes. Assim, a Astarté fenícia, a Ísis egípcia e a Afrodite helênica foram assimiladas a Vênus latina. Assim, apesar da diversidade cultural do Império Romano, práticas pagãs promoviam uma experiência cultural compartilhada (HUSKINSON, 2000: 5 e 8), manifesta no emprego de representações aceitas de identidade comum, utilizando portanto uma expressão iconográfica em termos tradicionais greco-romanos, o que inferia a pertença à ordem imperial romana.

Especificamente, os signos icônicos constitutivos do repertório venusiano acentuavam e davam visibilidade a aspectos próprios do corpo feminino – como cabelos longos, seios, região pubiana e quadris fartos – e também afirmavam os cuidados com a aparência – vetorizados pelas jóias e pelo espelho. Tais signos passaram a ser associados pela sociedade antiga ao feminino, atribuindo-lhe um certo número de qualidades socioculturalmente elaboradas, no caso, a mulher apresentava tanto sedução por sua beleza como fecundidade por seu potencial de procriadora. Alguns destes signos icônicos venusianos tornaram-se símbolos do feminino na medida em que acentuaram significativamente o aspecto construtivo e identitário da representação da mulher, cristalizando determinados signos convencionados – como o espelho por exemplo – pois provocava associações sistemáticas que serviam para identificar este objeto às mulheres muito mais do que sua determinação biológica. Logo, as representações venusianas nos mosaicos norte-africanos devem ser inseridas na concepção de divisão cultural dos sexos, construída histórica e socialmente, enquanto uma interação entre homens e mulheres ao longo do variado e complexo contexto cultural mediterrâneo. Esta posição remete à categoria de gênero, que sublinha as experiências relacionais entre homens e mulheres, privilegiando o caráter essencialmente sociocultural das distinções sexuais, rejeitando o sexo como determinado biologicamente e transcendendo as oposições e contradições dualistas e excludentes (SCOTT, 1992; PANTEL, 1993; ENGELS, 1997; SOHIET, 1997; BURKE, 2000). Assim, gênero torna-se um elemento constitutivo das relações sociais fundadas sobre as diferenças; é uma maneira de significar relações de poder. Os modos de representação visual de Vênus nos mosaicos analisados – encomendados pela elite norte-africana romanizada para decorar suas residências – são portanto construções socioculturais criando significações sobre o poder, gerando e mantendo suas hierarquias.

Notas

[1] Professora Doutora (História Antiga), LHIA/PPGHC/IFCS/UFRJ.

[2] Foi considerada durante muito tempo com comando sobre a vegetação e os jardins e, mais recentemente, alguns autores a vêem como gênio mediador da oração.

[3] Vigília para Vênus (*Pervigilium Veneris*) era título de um pequeno poema latino de autor desconhecido e data incerta. Composto em 93 versos tetrâmetros troqueus. Trata-se de um canto para a celebração da primeira festa de Vênus *Genetrix*, evocando romanticamente a primavera e suas conotações.

[4] Astarté teve muito cedo adoradores na África e na Sicília púnicas, e tomou o nome de Vênus no monte Eryx na Sicília. Os tabletes em ouro gravado de Pyrgi revelaram que, aproximadamente em 500 a.C., o rei etrusco de Caeré reconhecia nesta Astarté a mesma deidade que Uni-Juno (TURCAN, 1992: 10). Havia um importante templo de Vênus-Astarté em Pafos de Chipre (*Ibid.*: 21).

BIBLIOGRAFIA

1. Documentação Imagética

BLANCHARD-LEMÉE, M. *et alii*. *Mosaics of Roman Africa; floor mosaics from Tunisia*. London: British Museum Press, 1996.

DUNBABIN, K. M. D. *Mosaics of the Greek and Roman World*. Cambridge: Cambridge University Press, 1999.

FANTAR, M. H. *et alii*. *La mosaïque en Tunisie*. Tunis: Les Éditions de la Méditerranée, 1994.

LANCHA, J. *Mosaïque et culture dans l'Occident romain; Ier.- IV e. siècles*. Roma: "L'Erma" di Bretschneider, 1997.

2. Documentação Textual

HESÍODO. *Teogonia*; a origem dos deuses. trad. Jaa Torrano. São Paulo: Massao Ohno – Roswitha Kempf, 1981.

HOMÈRE. *Hymnes*. trad. J. Humbert. Paris: Les Belles Lettres, 1976.

3. Referências Bibliográficas

ARIÈS, P., DUBY, G. (org.). *História da vida privada*. v. 1: do Império Romano ao ano mil. São Paulo: Companhia das Letras, 1990.

BARTON, I. M. *Africa in the Roman Empire*. Accra: Ghana Universities Press, 1972.

BÉRARD, C. Iconographie, iconologie, iconologique. ÉTUDES DE LETTRES: 5-37, 1983.

BURKE, P. Sexo e gênero. *In*: _______ . *História e teoria social*. trad. K. B. Gerhardt e R. V. Majer. São Paulo: Editora UNESP, 2000. p. 75-79.

BURKE, P. *Visto y no visto: el uso de la imagen como documento histórico*. Barcelona: Crítica, 2001.

CAMERON, A. (ed.). *Images of women in Antiquity*. London-New York: Routledge, 1993.

CARANDINI, A. La villa di Piazza Armerina, la circolazione della cultura figurativa africana nel tardo impero ed altre precisazioni. DIALOGHI DI ARCHEOLOGIA, 1967.

CARDOSO, C. F. S. *Narrativa, sentido, História*. Campinas: Papirus, 1997a.

CARDOSO, C. F. S., MAUAD, A. M. História e imagem; os exemplos da fotografia e do cinema. *In*: CARDOSO, C. F. S., VAINFAS, R. (org.). *Domínios da História*; ensaios de teoria e metodologia. Rio de Janeiro: Campus, 1997b. p. 401-417 e 502-504.

CARDOSO, C. F. S., VAINFAS, R. História e análise de textos. *In*: _______ (org.). *Domínios da História*; ensaios de teoria e metodologia. Rio de Janeiro: Campus, 1997b. p. 375-399 e 501-502.

CIRIBELLI, M. C. Reflexões sobre a História da Mulher em Roma. PHÔINIX 1: 137-146, 1995.

CIRLOT, J.-E. *Diccionario de símbolos*. 6. ed. Barcelona: Labor, 1985. (Nueva Colección Labor)

CLARKE, J. R. *The houses of Roman Italy, 100 B.C. – A.D. 250.; ritual, space and decoration.* Berkley – Los Angeles – London: Unoversity of California Press, 1991.

DUBY, G., PERROT, M. (orgs.) *História das Mulheres no Ocidente.* v.1: Antigüidade. Porto: Afrontamento, 1993.

ECO, U. *Les limites de l'interprétation.* Paris: Bernard Grasset, 1992.

ECO, U. *Tratado geral de semiótica.* São Paulo: Perspectiva, 1980.

ELIADE, M. *Tratado de historia de las religiones.* 6. ed. México: Era, 1986.

ENGELS, M. História e sexualidade. *In*: CARDOSO, C. F. S., VAINFAS, R. (org.). *Domínios da História*; ensaios de teoria e metodologia. Rio de Janeiro: Campus, 1997. p. 297-312 e 490-494.

FALCON MARTINEZ, C. *et alii*. *Diccionario de la mitología clásica.* 9. ed. Madrid: Alianza Editorial, 1994. 2 v.

FINLEY, M. I. As mulheres silenciosas de Roma: *In*: *Aspectos da Antigüidade.* São Paulo: Martins Fontes, 1991. p. 149-164.

FOUCAULT, M. *História da sexualidade.* v. 1: A vontade de saber; v. 2: O uso dos prazeres; v. 3. O cuidado de si. trad. M. T. da C. Albuquerque e J. A. G. Albuquerque. Rio de Janeiro: Graal, 1984 (5. ed.) / 1985 (4. ed.) / 1985. (Biblioteca de Filosofia e História das Ciências, v. 2, 15 e16, dir. J. A. G. Albuquerque e R. Machado)

FOUCHER, L. Influence de la peinture hellénistique sur la mosaïque africaine au IIe. et IIIe. siècles. CAHIER DE TUNISIE 7: 263-274, 1959.

GASCOU, J. *La politique municipale de l'Empire Romain en Afrique Proconsulaire de Trajan à Septime-Sévère.* Rome: École Française de Rome, 1972. (Coll. de l'École Française de Rome, 8)

GASKELL, J. História das imagens. *In*: BURKE, P. (org.). *A escrita da História*; novas perspectivas. São Paulo: Editora UNESP, 1992. p. 237-289.

GERMAINE, S. Mosaïques italiennes et mosaïques africaines: filiation et opposition. ANTIQUITÉS AFRICAINES 5: 155-159, 1971.

GREIMAS, A. J. *Du sens*; essais sémiotiques. Paris: Seuil, 1970.

GREIMAS, A. J. *Semiótica e Ciências Sociais.* São Paulo: Cultrix, 1981.

GREIMAS, A. J., COURTÉS, J. *Dicionário de semiótica.* trad. A. D. Lima *et alii*. São Paulo: Cultrix, 1989.

GRIMAL, P. *Dicionário da mitologia grega e romana.* trad. V. Jabouille. 3. ed. Rio de Janeiro: Bertrand Brasil, 1997.

GRIMAL, P. *O amor em Roma.* São Paulo: Martins Fontes, 1991.

HAWLEY, R., LEVICK, B. (ed.). *Woman in Antiquity*; new assessments. London / New York: Routledge, 1995.

HUSKINSON, J. (ed.). *Experiencing Rome*; culture, identity and power in the Roman Empire. London: Routledge / The Open University, 2000.

JOLY, M. *Introdução à análise de imagens.* Campinas: Papirus: 1997.

LEPELLEY, C. *Les cités de l'Afrique Romaine au Bas Empire.* t. 1: La permanence d'une civilisation municipale. t. 2: Notices d'histoire municipale. Paris: Études Augustiniennes, 1979/1981.

LURKER, M. *Dicionário de simbologia*. trad. M. Krauss e V. Barkow. São Paulo: Martins Fontes, 1997.

MANTON, E. L. *Roman North Africa*. London: Seaby, 1988.

METZ, C. *A análise das imagens*. trad. L. C. Lima e P. V. Siqueira. Petrópolis: Vozes, 1973.

MONTERO MONTERO, M. La mujer en Roma. *In*: ACTAS DE LAS QUINTAS JORNADAS DE INVESTIGACIÓN INTERDISCPLINARIA. *La mujer en el mundo antiguo*. Madrid: Universidade Autónoma de Madrid, 1986. pp. 195-204.

MONTSERRAT, D. Reading gender in the Roman world. *In*: HUSKINSON, J. (ed.). *Experiencing Rome*; culture, identity and power in the Roman Empire. London: Routledge / The Open University, 2000. p. 153-181.

PANOFSKY, E. *Significado nas artes visuais*. São Paulo: Perspectiva, 1991.

PANTEL, P. S. (dir.). *História das Mulheres no Ocidente*. v.1: A Antigüidade. trad. M. H. da C. Coelho *et alii*. Porto: Afrontamento, 1993. (DUBY, G. e PERROT, M., dir. da coleção)

PIERCE, C. S. *Semiótica e filosofia*. São Paulo: Cultrix / EDUSP, 1975.

POMEROY, S. *Diosas, rameras, esposas y esclavas: mujeres en la Antiguedad Clasica*. Trad. R. L. Escudero. Madrid: Akal, 1987.

RAVEN, S. *Rome in Africa*. 3. ed. London: Longman, 1993.

RAWSON, B. (org.). *Family in ancient Rome*; news perspectives. London: Croom Helm, 1986.

ROBERT, J.-N. *Eros romain*; sexe et morale dans l'ancienne Rome. Paris: Les Belles Lettres, 1997.

ROBERT, J.-N. *Os prazeres em Roma*. São Paulo: Martins Fontes, 1995.

ROUSSEL, A. *Pornéia*; sexualidade e amor no mundo antigo. São Paulo: Brasiliense, 1987.

SCOTT, J. História das mulheres. *In*: BURKE, P. (org.). *Escrita da História*; novas perspectivas. 2. ed. São Paulo: Editora UNESP, 1992. p. 63-95.

SOIHET, R. História das Mulheres. *In*: CARDOSO, C. F.; VAINFAS, R. (orgs.). *Domínios da História*; ensaios de teoria e metodologia. Rio de Janeiro: Campus, 1997. p. 275-296 e 486-490.

SPALDING, T. O. *Dicionário da mitologia latina*. São Paulo: Cultrix, 1993.

THÉBERT, Y. Vida privada e arquitetura doméstica na África Romana. *In*: ARIÈS, P., DUBY, G. (org.). *História da vida privada*. v. 1: do Império Romano ao ano mil. São Paulo: Companhia das Letras, 1990. p. 300-398.

THEML, N. Linguagem e comunicação: ver e ouvir na Antigüidade. *In*: THEML, N. (org.). *Linguagens e formas de poder na Antigüidade*. Rio de Janeiro: Mauad / FAPERJ, 2002. p. 11-24.

TURCAN, R. *Les cultes orientaux dans le monde romain*. 2. ed. Paris: Les Belles Lettres, 1992. (Coll. Histoire, dir. M. Desgranges)

ZACCARIA RUGGIU, A. *Spazio privato e spazio pubblico nela città romana*. Rome: École Française de Rome, 1995.

A REPRESENTAÇÃO PICTÓRICA DA TOALETE DAS MULHERES NA REGIÃO DA CAMPÂNIA NA ANTIGÜIDADE

Tatiana Carneiro dos Reis[1]

O presente artigo é fruto dos resultados obtidos pela pesquisa que venho realizando sobre o afresco[1] dos Mistérios dionisíacos para a elaboração de dissertação de Mestrado sob a orientação da Professora Drª Norma Musco Mendes. A referida pesquisa tem demonstrado que a narrativa das imagens do afresco em estudo nos apresenta formas distintas de representação das mulheres, as quais tinham papéis sociais específicos na sociedade romana. Tal constatação é percebida pela imagem plástica do corpo. Este fato nos direcionou para análise do corpo enquanto suporte de informações da sociedade na qual o afresco foi produzido. Paralelamente à representação do esquema estético do corpo observa-se, no afresco, os padrões comportamentais valorizados no sistema social, através de códigos explicitados nos gestos e no uso do vestuário escolhidos pelo pintor (RODRIGUES: 1983;44). Logo, nos pareceu pertinente a análise da toalete feminina através da comparação entre uma cena integrante do afresco dos Mistérios dionisíacos de Pompéia (fig.2) do século I a.C. e o afresco proveniente de uma tumba funerária da cidade de Cumas, datado do sec. IV a. C. (fig.1).

Estamos pois, pecorrendo uma trajetória de estudos que se desenvolveu de forma mais ampla a partir dos anos 60 e 70, com as mudanças comportamentais promovidas com a chamada "*revolução cultural*". O corpo desde então é visto na sua expressividade promovendo mensagens que nos integra a um sistema de significados, no qual ele é apropriado pelo pesquisador como uma unidade de análise para que se possa identificar as diversas inserções do homem num determinado contexto social e cultural. Estamos assim sob a ótica da "*exploração da cultura material da qual faz parte a história do corpo*" (PORTER:1992293). Dentro de uma perspectiva histórica abordamos o corpo inserido ao contexto de época no qual se expressa, se constrói e se socializa, estabelecida sua dinâmica e mutabilidade sob práticas socioculturais.

Como tal, o corpo define-se pelo processo cultural que o engendra. J. Attfield se utiliza do termo *containment* para definir a forma como os parâmetros de tempo e espaço estão personificados no corpo enquanto um produto cultural ainda sujeito a mudanças (ATTIFIELD:2000;237). Assim, analisamos o corpo como dinâmica relacional com o "outro", num processo de redefinição e marcação de diferença. O corpo é histórico e como tal registra-se dentro de uma dinâmica social. É um lugar privilegiado tanto para auto-expressão e auto-exposição quanto para as marcas de conduta, direção e confirmação dos elementos e das forças que agem no todo social.

A historiografia da Arte, no século XX, desenvolveu um compromisso com a sociedade, sendo estudada desde objeto em si, até ser relacionada ao pensamento de uma época (PANOFSKY:1991;34); assim como sendo um *testemunho* das relações que se articulam em um momento histórico, favorecendo uma produção integrada a um determinado meio social (FRANCASTEL:1973;21,22). A Arqueologia Processual também tem optado pela ampliação de novas áreas de pesquisa ligadas a sociedade, como o urbanismo, a Arquitetura, a pintura, utensílios diários para o enriquecimento da História Antiga em especial, que sofre da escassez de documentação (WEBSTER E COOPER:1996;38). A historiografia moderna, por sua vez, cada vez mais tende a privilegiar este tipo de documentação inserida na cultura, aqui entendida em seu aspecto *produtivo* e *não inibidor* a que E.Said se refere para nos dar conta da sua riqueza quanto à produção textual e imagética que cada época nos oferece. (SAID: 1996; 18, 26).

Posto isto, buscamos na representação plástica do corpo reconhecer os processos de identificação de uma sociedade, que constrói sistemas classificatórios e que demarca as fronteiras entre o eu e o outro. A narrativa das imagens do corpo nos leva a perceber tipos distintos de postura corporal, os quais nos despertam para as diferentes leituras sobre as personagens e situações de alteridade num mesmo contexto social. Queremos evitar, dessa forma, o estudo da representação plástica do corpo como simples ilustração, pois nos fornece uma visão crítica do todo social (BROWN:1997;12), constituindo-se um outro tipo de narrativa para análise histórica.

Enfatizamos que a representação plástica do corpo oferece para nós uma dinâmica social que nos reporta ao cotidiano de um quadro social em uma determinada época. A representação pictórica para o estudo da História Antiga apresenta não apenas os modelos e padrões pelos quais identificamos os lugares e papéis sociais de homens e mulheres numa sociedade, mas também fixam posições e *status* reconhecidos. As representações encerram mensagens visuais que atestam a dinâmica das relações sociais identificada pela conduta, pelo diálogo e pelo confronto de diferenças. Por outro lado, o foco de atenção voltado para a representação dos corpos de mulheres insere-nos na discussão fomentada pela História de Gênero, que introduz as mulheres como sujeitos históricos desenvolvendo relações de poder com os homens e nos grupos sociais (VARIKAS:1994;67,68). Também devemos considerar a questão de gênero não pela via biológica dos sexos, e sim o fator biológico podendo ser transformado dentro de um sistema de gênero conduzido por práticas sociais.[2] Dessa forma, observamos o corpo humano como espaço teórico de mapeamento e inscrição das relações sociais (MONTSERRAT: sd;164).

Nosso objetivo neste artigo, conforme já mencionamos, é identificar e interpretar o sentido da representação visual através da pintura de imagens de mulheres em dois afrescos provenientes da Região da Campânia no sul da Península Itálica. Nossa análise tende a reconhecer através da descrição dos corpos dessas mulheres elementos que incorporam momentos históricos distintos. Como tal, o método comparativo de imagens de contextos históricos diferentes leva-nos mais ao levantamento das diferenças do que das possíveis semelhanças. O primeiro deles (fig.1) é proveniente da cidade de Cumas que foi fundada por colonos gregos, mas que passou para o domínio dos *samnitas*[3] como toda a região por volta do século V a.C. O segundo afresco (fig.2) faz parte de um friso decorativo de uma vila, próxima às cercanias da cidade de Pompéia, que foi fundada por oscos mas esteve sob o domínio etrusco, grego, *samnita* e por fim, à época da realização do afresco, século I a.C., sob o domínio romano.

Ambos os afrescos em estudo representam mulheres em seu momento de toalete, levando-nos a crer que pertenciam a um *status* social elevado por estarem sendo servidas por outra mulher. No entanto, as diferenças começam com as funções distintas de elaboração dos afrescos. O primeiro (fig.1), trata-se de arte funerária, o qual, segundo A. Maiuri, pertence à tradição etrusca de honrar e homenagear os mortos (MAIURI:1953;23) ornamentando as paredes de uma tumba. O segundo (fig.2) decora um salão de *recepção/refeições* de uma *uilla* e faz parte de um conjunto maior de imagens combinadas. Partimos da hipótese de trabalho na nossa pesquisa de que seu significado está relacionado à prática do banquete e da hospitalidade.

Estilisticamente também se diferenciam, pois o afresco da região de Cumas (fig.1), já sob o domínio *samnita* e não mais sob o domínio dos colonos gregos, apresentaria uma arte fora da tradição helênica atestando, porém, sua originalidade como arte itálica. É, pois, exemplo da arte *italiota* (MAIURI:1953;23) pelas formas da personagem representada (uma mulher de corpo forte e linhas arredondadas). A sua postura confortavelmente sentada, com o olhar firme voltado para um espelho, leva-nos a identificá-la com a *domina*/matrona.[4] Há segurança e firmeza nos gestos da personagem que tem os cabelos negros e encaracolados cobertos por uma touca com barra negra e branca. Desce sobre seus ombros uma capa vermelha com bordado negro na margem. A veste cobre-lhe as pernas e tem desenhos na barra e ao longo do acabamento do tecido. A cintura está envolta numa faixa também trabalhada. Possui ornamentos no pescoço e nos braços. É servida por uma jovem, cuja roupa é de modelo reto, mas com motivos ornamentais que se repetem, identificando a mesma procedência regional para as duas personagens. Ao fundo temos a parede dividida com uma faixa horizontal com motivos em espirais. A parte de cima da parede tem a representação de frutas. Embaixo temos o fundo em vermelho até chegar a uma linha negra que separa a parede do chão também em vermelho. A cena é de toalete num lugar fechado.

A imagem seguinte (fig.2) pode ser definida por sua tradição helênica/romana; representa uma jovem fazendo sua toalete e uma mulher sentada a observá-la. Esta última tem a cabeça coberta por um manto escuro e suas vestes chegam até os pés. Elas lembram tecidos leves. A *poltrona* em que se encontra tem almofadas onde repousa um braço com bracelete. Tem seu rosto tocado pela mão direita e ela está pensativa, o que acrescenta um teor psicológico à imagem (diferente do afresco da fig.2). A postura das suas pernas aproxima-a do imaginário das deidades míticas romanas, indicando soberania. É identificada como a *domina*, a senhora da casa. (MAIURI:1953;54).

Na mesma cena há a jovem que faz a toalete. Tem a postura mais sensual se comparada à *domina* sentada, cuja postura é mais severa. A jovem está com os braços levantados mexendo no cabelo e seu corpo está em torção, numa posição serpenteada. Está sob os cuidados de uma mulher que olha o próprio serviço no espelho, sustentado por um dos Cupidos que ladeiam a jovem. A presença do Cupido remete a Venus e, neste caso, o espelho passa a ter um signifiado de sedução.

É comum, na cena de toalete, uma jovem ser servida por uma outra mulher (VEYNE:1999;28), mas, o Cupido, o espelho/sedução nos induz a hipótese de estarmos diante de uma cortesã auxiliada por uma profissional do "*amor*". Isto traz maior complexidade à cena. Que estariam fazendo as duas personagens de *status* distintas, *domina* e cortesã, em uma mesma cena?

A problemática da nossa análise estabelece-se a partir do estudo da condição das mulheres em que duas faces da mesma moeda se enfrentam. Observamos pelo afresco (fig. 2) que as duas mulheres estão ligadas pelo olhar da *domina*, levando-as a formar um único grupo; isto implica desde já o perigo da transgressão a um poder, o da *senhora/domina* da casa, na possibilidade de posições serem trocadas, pelas próprias relações de poder em jogo. Recorremos aqui a um *mecanismo de inversão* [5] que marcaria a diferença configurando-se em dois modelos de mulheres: a cortesã e a *domina,* figuras contrastantes de *identidade* e *alteridade*, que se articulam como papéis sociais distintos da sociedade romana. Ao optarmos por uma leitura diferencial para ambos os modelos, lidamos, ao mesmo tempo, com situações limítrofes, que procuram estabelecer de uma certa forma a ordem restabelecida e consentida através do contraponto da *domina* em equilíbrio de forças com a *jovem/cortesã* na toalete. São explicadas as duas presenças enquanto *mecanismo de inversão* dentro do limite de uma transgressão permitida e controlada.

Nossa análise baseou-se na observação de posturas diferentes para a representação das mulheres no afresco, em especial os aspectos que incorporam modelos distintos. As mulheres romanas representadas na condição de cortesã e de *domina* são formas de identificação que organizavam e sustentavam o *status* social das mulheres, no processo de construção dos sistemas de representação da identidade romana. As normas, assim como os direitos, estão prescritas no afresco por posições contrastantes, lado a lado, entre a *mulher/domina* e a *jovem/cortesã*. São posturas corporais, gestos e condutas, na personificação do corpo como expressões não verbais da identidade que são informadas e representadas no corpo (ATTIFIELD:2000;238): um solene e o outro lânguido e sensual[6]. Posições invertidas como *estratégias de condescendência* funcionando no limite da transgressão de uma ordem que deve ser preservada, "*...operar solenemente...uma transgressão dos limites constitutivos da ordem social e da ordem mental que devem ser salvaguardadas a qualquer preço...*" (BOURDIEUR:1980;98).

Diante da apresentação da cortesã, sedutoramente representada como alteridade da *domina*, esta solenemente sentada a observar a cena anterior, destacamos o *mecanismo de inversão* para a definição dos papéis e para o equilíbrio das relações de poder na dinâmica dessas relações. Nesse sentido, a inversão está aí para afirmar a diferença e criar o contraste necessário entre as duas mulheres.

Em outras palavras, a inversão está no contraste entre as duas posturas da *domina* e da *cortesã*, e se integra ao jogo de cena não para criar confusão ou gerar ambigüidade, mas para reafirmar a ordem. Neste sentido, os gestos e as poses podem dizer muito e no documento em análise, a presença da *domina* e da cortesã na mesma cena mostra a instabilidade nas posições por serem mulheres e da possibilidade sempre temida de se trocar os modelos. Estamos falando, portanto, de uma alteridade interna em uma determinada sociedade e como ela pode ser conduzida e comunicada através da linguagem corporal, seja através das vestimentas, seja através das posturas ou do seu formato.

Estamos pois diante de dois afrescos que tratam aparentemente do mesmo tema: mulheres em cuidados com seus corpos, realizando sua toalete. Consideramos aqui dois níveis de leitura para os dois afrescos em questão, por um lado buscamos contextualizá-los historicamente, identificando as mudanças provenientes de sua produção. Neste caso, as representações testemunham a formulação de novas identidades étnicas que a estética do corpo das mulheres introduz. Fornece dessa forma o conhecimento de um novo momento para a região: a Campânia entre o domínio grego e *samnita pré-romano* e sob domínio romano.

É importante ressaltar que o fato de terem sido elaboradas em épocas distintas, torna estes afrescos testemunhos da permanência do papel social da *domina* sendo servida por uma outra mulher, cuja postura corporal e vestimentas denotam sua posição de prestígio, riqueza e poder. A postura das imagens também perpetua outros tipos de mulheres. No caso da figura 1, aquela que serve a *domina* pode ser interpretada como sua filha, ou uma liberta ou mesmo sua escrava. Já a mulher representada em postura sedutora (fig. 2) nos remete ao grupo das *cortesãs*.

Ademais, consideramos a dinâmica interna das representações, possibilitada pela dualidade das posições registrada em um dos afrescos. Assim sendo, a cena de toalete desdobra-se: onde antes havia uma mulher sendo servida em pose de *domina* (fig.1), passamos para uma mulher na cena seguinte (fig.2) com um novo olhar, mais atento, em direção a uma outra personagem, lânguida e sensual e talvez sob seus serviços[7]. Através de sua análise, percebemos as imagens favorecendo situações sociais limítrofes que testemunham o relacionamento de papéis, seu confronto e articulação. Como tal as imagens que representam pictoricamente os corpos de mulheres com *status* diferentes dão a tônica para o estudo das relações de poder numa sociedade.

Fig.1- Toalete funerária, proveniente de uma tumba da cidade de Cumas. Hoje se encontra no Museu Nacional de Nápoles. (MAIURI, Amadeo - *La Peinture Romaine*. Genebra: Edições de arte Albert Skira,1953.)

Fig.2- Jovem em cena de toalete e *domina* sentada observando. Separam-se as duas figuras pela entrada do salão em que fica o afresco. Ainda assim, o olhar da *domina* vai na direção da jovem. A imagem encontra-se no livro de Paul Veyne: *Les Mystères du Gynecée*. Paris: Gallimard,1998.

Notas

[1] Antropóloga, pesquisadora do LHIA/IFCS/UFRJ e mestranda do PPGHC/IFCS/UFRJ orientanda da Prof. Dra. Norma Musco Mendes.

[1] Pintura mural em argamassa ainda úmida.

[2] É interessante a leitura de D.Montserrat sobre a interpretação do sonho de Artemidorus focando o aparecimento da barba. No sonho a barba passa pela criança, o adolescente, as mulheres casadas ou viúvas e pelos homens, como um fator de influência sociocultural, independentemente da sua origem biológica. Ou seja, como fator determinante para se galgar escalas sociais e as diferenças inerentes ao processo, e como tal, dentro das representações ou modos de significação produzidos por uma sociedade (MONTSERRAT:sd;155).

[3] Povo montanhês do norte da Campânia que por volta dos séculos V e IV a.C. conquistou a planície costeira da região (ZANKER: 2000;31). M.Rostovtzeff refere-se a este povo como um dos grandes grupos na formação da Itália de 800 a 500 a.C., junto com os latinos e os etruscos. Sobre a expansão samnita, relaciona-a com *" uma instituição denominada **'A Fonte Sagrada'**, segundo a qual toda geração mais nova de determinado clã era enviada à luta, pelos mais velhos, sob a bandeira de um totem sagrado_lobo, bezerro, boi ou corvo_ a fim de conquistar novas pastagens e campos virgens."(*ROSTOVTZEFF:1973;24).

[4] A *domina* pode-se referir à matrona, à dona de escravos, à senhora da casa em que pese seu lugar de chefia no setor doméstico.

[5] O elemento de inversão nas palavras de François Hartog são como um *interruptor*, não se trata de um *esquema*, mas de um *mecanismo*, referindo-se ao seu uso circunstancial mas não sistemático, o que garantiria a complexidade das relações (HARTOG:1999;229-235). Falamos na verdade da alteridade afirmada pela inversão, uma vez que promove o encontro com o outro.

[6] Devemos colocar que ao trabalharmos com o aspecto da sedução ligada à cortesã em contraste com a postura da *domina*, esta tendo sua pose mais solene, estamos conscientes de que tal leitura pode se assemelhar à ênfase dada pela bibliografia do século XIX d.C., baseada em documentação escrita com visão conservadora por parte dos homens, que valorizavam a maternidade e a família como da prática das mulheres de posse de um maior *status* social. Estamos conscientes também de que a História de Gênero busca uma visão crítica a respeito dessa documentação. Queremos salientar que, por nosso lado, também buscamos uma visão crítica com respeito às imagens visuais, pois também elas expressam discursos de poder e não são desvinculadas de mensagens. Nossa interpretação do afresco configura-se na leitura de que a representação da *domina* tem como função aquela de assegurar a ordem. No entanto, enfatizamos que ambas, cortesã e *domina,* não estão desvinculadas e fornecem bases para a consolidação do poder das mulheres em uma sociedade como a romana. Um poder que lhe é característico tanto quanto é ambíguo o poder dessas mulheres, as imagens devem ser vistas como representações idealizadas, encenadas para a articulação de papéis contrastantes que diferenciavam as distintas identidades das mulheres.

[7]Há as alforriadas que, tirando lucro da nova profissão de prostituta, levam uma porcentagem da mesma às suas antigas senhoras (SALLES: 1982;172). Sabe-se, por outro lado, que as mulheres providenciavam aos seus maridos o prazer da companhia de jovens, e o exemplo de Lívia, mulher de Otávio Augusto, é citado por Seutônio (GRIMAl:1991;300). Não se trata, pois, do papel de uma *lena*, alcoviteira ou mercador de escravo, que aqui consideramos, mas de práticas mais sutis que definem a astúcia para o perfil das mulheres de *status* social elevado, que lançam mão de estratégias que as deixam no controle e articulação das relações que empreendem sob seu papel de senhora.

BIBLIOGRAFIA

1. Referências Bibliográficas

ATTFIELD, J.Wild Things. *The Material culture of everyday life.* England: Oxford International Publishers Ltda., 2000.

BOURDIEU, Pierre. *A Economia das Trocas Lingüísticas, o que falar quer dizer.* S.P.: Ed. EDUSP, 1996.

CAMERON, Averil e KURT, Amélie. *Images of Women in Antiquity.* London: Routledge,1993.

FRANCASTEL, Pierre. *Realidade Figurativa.* S.P. : Editora Perspectiva, 1974.

GRIMALD, Pierre. *O Amor em Roma.* R.J.:Livraria Martins Fontes Editora Ltda., 1991.

HARTOG, François. *O Espelho de Heródoto – Ensaio sobre a Representação do Outro.* Belo Horizonte: Editora UFMG, 1999.

LING, Roger. *Hellenistic and Greco-Roman Art,* in: *Greece and Hellenistic World.* Edit. por, Jonh Board, Jasper Griffin, Oswyn Murray Oxford: Oxford University Press, s/d.

MAIURI, Amadeo. *La Peinture Romaine,* Genève: SKIRA, 1953.

MONTSERRAT, Dominic. *Essay Six Reading gender in the Roman world.* London: Routledge, s/d.

PANOFSKY, Erwin. *Significado das artes visuais,* São Paulo: Perspectiva, 1991.

PORTER, Roy. *História do corpo.* In: BURKER, Peter - *A Escrita da História, novas perspectivas.* S.P. : Editora Unesp.1992.

RODRIGUES, José Carlos Rodrigues – *Tabu do Corpo* RJ:Achiamé,1983.

ROSTOVTZEFF, M. *História de Roma.* Rio de Janeiro: Zahar Editores, 1973.

SALLES, Catherine. *Nos Submundos da Antigüidade.* SP: Edt. Brasiliense, 1987.

VARIKAS, Eleni. *Gênero, experiência e subjetividade: a propósito do desacordo Tilly-Scott.*Publicação do PAGU (3). Campinas: Núcleo de Estudos de Gênero/UNICAMP, 1994

VEYNE, Paul. *Les Mystères du Gynécée.* Paris: Gallimard, 1998.

WEBSTER, Jane and COOPER, Nicholas J. *Roman Imperialism: Post-Colonial Perspectives-Archeological Studies.* Leicester: University of Leicester, 1996.

ZANKER, Paul. *Pompeii, Public and Private Life* – USA:Harvard College, 2000.

O CORPO COMO FIGURINO

Vânia Polly[1]

Esta comunicação abordará o novo *status* do corpo e sua influência na moda, objeto do projeto dissertação de mestrado no qual pesquisamos a moda e identidade na contemporaneidade. Procuramos aqui mostrar como o corpo ideal sempre foi objeto da moda, tendo sido desviada a construção da forma da roupa para o próprio corpo biológico. A abordagem que aqui apresentamos é feita tendo como recorte o Brasil.

Neste início de milênio, num movimento que vem sendo verificado desde a década de 90 do século passado, a moda assumiu uma multiplicidade de tendências que nos permite dizer que, atualmente, tudo é permitido vestir. Ao contrário do que mostrou a moda, de seu surgimento na Idade Média até o século XX, não podemos mais verificar uma "ditadura" que obriga, principalmente as mulheres, a vestirem-se segundo uma única forma determinada. Paralelamente, o corpo, que até então era o suporte da roupa, assume um lugar de destaque, (con)fundindo-se com figurino, não é mais escondido sob estruturas com formas diversas, mas molda a própria roupa em modelos colantes ou decotados que criam o novo vestir que tem o próprio corpo como objeto da moda.

Dentro da pesquisa que realizamos, sempre nos interessou a roupa, sua expressão, significado e comunicação na sociedade moderna. O corpo sempre teve, dentro do que pudemos verificar na evolução da moda na história, o papel de suporte. Diante da atual explosão do culto ao corpo, maximizada em nossos tempos pelas facilidades oferecidas pelos campos da medicina estética e tecnologia para intervenções no corpo, e a conseqüente elevação do *status* do corpo na moda, tornou-se obrigatório abordar o corpo com mais atenção em nosso trabalho.

Cuidaremos, neste texto, de duas visões sobre corpo: o corpo percebido, que chamaremos de silhueta, que abrange o próprio corpo como base recoberto pelo vestuário; e o corpo natural, que durante muito tempo foi suporte e hoje é também figurino, utilizando aqui a sua definição literal de "Figura ou estampa que representa o traje da moda"[2]. A moda e a construção do corpo ou a valorização de parte do corpo são construções sociais que mudam no decorrer da história de acordo com o pensamento em voga, mas não iremos nos aprofundar nas razões que levam a mulher, principalmente, a mostrar ou esconder ombros, colo, pés ou joelhos. Percorreremos somente as alterações no desenho do corpo feminino nas diferentes épocas.

Vista como a segunda pele do Homem, a roupa se utilizou por muitos séculos de estruturas artificiais para realçar essa ou aquela parte do corpo de acordo com o que era valorizado nos vários momentos históricos. A maior parte das alterações da silhueta ocorre no vestuário feminino, principalmente se considerarmos que a partir de meados do século XIX a indumentária masculina fixa-se na estrutura clássica vigente até nossos dias, com calças compridas e mangas retas nas camisas ou paletós. Mas a estrutura que suporta o corpo feminino nem sempre se compôs apenas pelos 206 ossos do corpo humano; as mulheres, desde que se conhece o sistema da moda, sempre lançaram mão de artifícios para valorizar essa ou aquela parte do corpo, de acordo com o que ditava a moda ou os costumes.

Mesmo antes do surgimento do sistema de moda como conhecemos atualmente, as mulheres da Antigüidade já intervinham através de estruturas artificiais para modificar ou acentuar as características do corpo e da ação do tempo sobre os mesmos. Muitos séculos antes do sutiã, as mulheres usavam suportes que sustentavam e erguiam os seios: é o caso do corpete da *Deusa com serpentes* de Creta (fig.1) e de alguns suportes utilizados por gregas e romanas (fig.2), sendo seios muito grandes pouco apreciados em Roma (utilizava-se uma espécie de sutiã de couro para disfarçá-los) e os seios pendentes das mulheres bárbaras eram considerados deploráveis.

Durante toda a história da moda, o corpo mostrava-se de acordo com a roupa que o cobria; isso significa dizer que a silhueta reconhecida como corpo era desenhada pela estrutura da indumentária que recobria o corpo: as formas retas, desprovidas de grandes volumes da Idade Média; *paniers*, crinolinas, anquinhas (figs.3 e 10) vistos do Renascimento ao século XIX; não ficando ileso o século XX em sua primeira metade, em que a "ditadura da moda" moldava, década após década, os corpos, sempre mais severa com as formas femininas. Segundo Anne Hollander, historiadora de arte com publicações em moda, "os nus na arte, desde o começo da moda moderna, vestem espectros de roupas ausentes", ou seja, o corpo retratado segue o modelo da silhueta perfeita do imaginário da época.

Embora possamos verificar a exposição do corpo através de roupas mais leves, ou insinuados em suas formas por trajes sobre a pele durante a Antigüidade (fig.11) e a preocupação com o corpo revelada em iconografias que mostram os jogos e exercícios de gregos e romanos (fig.12), nunca as formas, ou a "boa forma", do corpo se evidenciaram como nos últimos anos do século XX, principalmente depois do surgimento do sistema de moda, ou seja, desde a Idade Média, quando geralmente datamos o surgimento da moda como conhecemos hoje.

Da Idade Média até a década de 60 do século XX, o corpo funcionou praticamente, em todos os tempos, como suporte de estruturas vestimentais que eram percebidas como a silhueta dos indivíduos. O vestuário masculino apresentou alterações em sua forma e volume até o século XVIII, estabilizando-se a partir daí com pequenas variações sob a forma de calça-camisa-paletó vigente até hoje.

A silhueta feminina foi sempre construída através de verdadeiros aparelhos que moldavam o corpo de acordo com a moda da época. Dessa forma, o corpo percebido era o que se via por cima de estruturas modificadoras, dando a cada época uma forma diferente de "corpo". Segundo alguns autores, a projeção das partes do corpo em cada época atende a uma valorização da zona mais apreciada pelos homens, mas a justificativa, em alguns casos, parece mais complexa, não ficando claro se a sedução inventa a moda ou se a moda cria meios de sedução.

A Idade Média apresenta duas formas distintas de tratamento do corpo feminino: nos primeiros anos há uma preocupação em esconder os contornos através do uso de roupas largas e com muitas pregas, que escondiam as formas do corpo (fig.13). Nos séculos XII e XIII, porém, inicia-se um novo período de valorização dos volumes, principalmente do ventre arredondado (fig.14); numa sociedade em que a gravidez era necessária para manutenção de uma população com alto índice de mortalidade, os seios retomam lugar como alvos de interesse e são protagonistas de um jogo que ora os esconde totalmente, ora os mostra velados, os decotes se abrem e os seios se erguem novamente sempre vigiados atentamente dos púlpitos. Essas formas eram garantidas por artifícios usados sob ou sobre as roupas, no caso do ventre, até o exagero de uma espécie de almofada colocada sob a roupa garantia-lhe o efeito desejado. Escondem-se nessa época cabelos e pés, havendo até pilhérias sobre o fato de gastar-se muito tecido para caudas de vestidos (os pés não ficavam à mostra nem quando as mulheres movimentavam-se), quando lhe faltavam tanto nos decotes.

A parte superior do tronco feminino vai ficando cada vez mais oprimida (fig.15), mas os seios são liberados à mostra em generosos decotes no Renascimento, quando há a redescoberta do corpo mostrado profusamente pelos artistas da época em nus que são uma marca da pintura renascentista.

Com o fim do Renascimento, a sociedade assume uma postura mais austera, e o rigor dos costumes retrata-se também no vestir. O dorso encontra-se cada dia mais apertado em peças que ganham rigidez com hastes rígidas costuradas ao tecido dos corpetes. A construção garantia uma postura altiva relacionada diretamente com a retidão da alma.

O século XVIII reserva mais uma elaborada intervenção à silhueta feminina: os quadris serão realçados por armações que lhes conferem volume. Os *paniers* eram usados por mulheres de todas as classes sociais e sua ausência era tratada com desprezo (figs. 3 e 6). Na parte superior do corpo, os espartilhos estavam ainda mais apertados.

Os excessos na intervenção da silhueta tiveram um recesso no período pós-Revolução Francesa. A ordem era suprimir qualquer forma de opressão, e o corpo da mulher ganhou alguma liberdade. Não se apertava mais em espartilhos ou avolumava-se em anquinhas, crinolinas e *paniers*, mas a silhueta ainda não representava as formas naturais da mulher, a cintura fora deslocada para abaixo do busto e para este se mantinha um suporte de tecido (fig.7). A liberdade durou pouco e logo se retomaram os espartilhos.

No século XIX o espartilho tem sua época de ouro, com a cintura novamente em seu lugar; as formas sinuosas são exaltadas: assim, aperta-se a cintura, realçam-se os quadris e erguem-se os seios (fig. 8). Os espartilhos reinam até o início do século XX, quando o estilista Paul Poiret promove sua queda criando vestidos de formas retas (fig. 9). A silhueta ganha novo contorno, mas a mulher não atinge a total liberdade, as roupas de baixo ganham um desenho que se ajusta à nova forma de vestir, reta e alongada: são os chamados "corpinhos".

Nem os Anos Loucos, como é chamada a década de 1920, escapam da tirania da estruturação do corpo. De maneira mais confortável e menos opressora, os sutiãs e corpinhos valorizam as linhas retas, com cintura deslocada para os quadris disfarçados, dos modelos dos anos 20.

Nas décadas seguintes, de 1930, 40 e 50, marcadas fortemente pelo período de guerras e entreguerras, observa-se alguma liberdade para o corpo da mulher, principalmente se as compararmos aos 100 anos anteriores. No pós-guerra os vestidos procuram disfarçar as barrigas do *baby boom*, dando a todas as mulheres a forma de que estão "ligeiramente grávidas". Os seios continuam valorizados, em sutiãs estruturados e a forma do século XIX será revisitada pelo *New Look* de Dior.

A década de 1960 marca, do nosso ponto de vista, uma nova relação entre corpo e roupa. Menos estruturado, mais curto, mais justo, deixando partes do corpo à mostra, o vestuário proposto por Courrèges, Paco Rabanne e Mary Quant, entre outros, deixa, pela primeira vez em muitos séculos, exposta a real silhueta do corpo, sem estruturas sobrepostas ou artifícios de modelagem que a modificassem; as pernas ficam expostas sob saias que nunca foram tão curtas. A partir daí o corpo em relação à moda ganha nova dimensão: liberdade. A moda das ruas se manifestará de forma decisiva, dando início a uma nova fase no mundo da criação de moda. No universo feminino, o controle do corpo atinge seu ápice, segundo alguns, pelo acesso à pílula anticoncepcional. A juventude se impõe como uma força, ainda na década de 1960 subvertendo a ordem com revoluções em vários níveis, reforçando sua condição no mercado.

Nas décadas subseqüentes, observou-se uma grande preocupação com os cuidados com o corpo, principalmente devido à busca da manutenção da juventude. Embora alguns tabus relativos à beleza e saúde já houvessem sido derrubados há algum tempo, o culto ao corpo expandiu-se e invadiu as passarelas elevando os trajes esportivos à categoria social, como ocorreu com o *jogging* nos 80. A década de 1980 reserva também um breve retorno ao *glamour*; depois dos protestos contra o consumo da década anterior, ostentar e gastar são palavras de ordem, e mais uma vez os jovens são os propulsores, desta vez do próprio consumo. Os *yuppies* são elegantes, ricos, charmosos e **jovens**, e ser, ou ao menos parecer, jovem é cada dia mais importante.

O fim do século, e do milênio, reservou-nos uma grande revolução. Alavancada por crises, a do mercado financeiro e da própria sociedade em tempos de mal-estar pós-modernista, a moda apresenta algumas transformações em relação à sua trajetória histórica: observa-se uma influência significativa da moda de rua nas criações dos estilistas; o desenvolvimento tecnológico permite tanto a rápida difusão de tendências quanto a reprodução de modelos e idéias apresentados nas passarelas; por último, talvez a mais importante, a ausência de um modelo "correto" único de vestir.

Observa-se então que o sistema de moda vigente desde a Idade Média tardia, onde datamos seu início, poderia estar também em crise. Se não existe mais um modelo a ser seguido, uma clara distinção dos grupos sociais, pela forma ou pela cor como ocorreu até então, estaria o sistema de moda ameaçado no final do milênio. Mas a moda reinventa sua própria lógica criando rapidamente novos meios de distinção.

François Baudot declara, dissonantemente da grande maioria dos autores que escreve sobre moda na passagem do milênio, que "a moda está fora de moda". A declaração é justificada pelo autor com o novo conceito de "estar" na moda, já que não é possível identificar uma só maneira correta de vestir, os ciclos estão cada dia mais curtos, as mudanças são mais rápidas.

A imagem torna-se o imperativo da moda, não mais um produto, mas todo um estilo de vida é propagado pelos criadores, pelo grupo que dissipa a moda, e a imagem difundida não mostra mais rostos empoados, corpos montados com pesadas estruturas e quilômetros de tecidos. Pelo contrário, rostos limpos, lisos; corpos à mostra, livres, saudáveis, "sarados".

Das páginas de revistas femininas, novas publicações especializadas na "boa forma" ganham autonomia e multiplicam-se nas bancas e outras publicações de grande circulação cujo público-alvo é mais segmentado reservam algumas páginas ao culto ao corpo em praticamente todas as edições.

Se, nas passarelas, a diversidade de tendências pode agradar ou confundir gregos e troianos, há uma unanimidade: que corpos são aqueles! Magros, algumas vezes esquálidos, com longas pernas, quadris estreitos, não importa o que vestem, tudo lhes cai bem! E, de repente, uma celulite no bumbum de uma modelo é muito mais grave do que o corte malfeito de um vestido, uma costura franzida ou um acabamento torto: o corpo é a principal estrela.

No limite, se é que chegamos ao limite, entramos na era da customização dos corpos. Semelhante a nossas antepassadas que se apertavam em espartilhos e mal podiam sentar com suas anquinhas, as mulheres ainda buscam as formas perfeitas, mas agora o processo é interno, sob a primeira pele, não mais sob a segunda.

Em lugar de espartilhos, lipoaspiração ou uma rápida plástica de abdômen, pode-se também extrair um par de costelas, o que diminui a cintura em alguns centímetros; para o desconforto das anquinhas, lipoescultura; em vez de enchimentos nos seios, silicone: uma história divertida contada no livro "Sutiãs e espartilhos uma história de sedução" relata o embaraço de uma dama do século XIX: cercada por admiradores num jantar, ganha a flor da lapela de um de seus admiradores. Como o vestido era fechado por trás foi preciso um alfinete para fixar a flor ao busto. Logo se ouviu um som "semelhante ao suspiro de um zéfiro", como descreve o autor. Os admiradores viam tristemente diminuir os encantos dos fartos seios que os seduziam e as formas arredondadas desaparecerem rapidamente. Que espécie de barulho produziria o mesmo inocente alfinete nos seios de Pamela Anderson ou mesmo de nossa Feiticeira, Joana Prado! (fig. 5)

Os cuidados com a estética do corpo são, atualmente, mais noticiados pelas revistas que as tendências de moda. O que nos faz pensar que, de meros cabides, os corpos viraram a própria moda. Como ocorreu sempre na história da moda, como verificamos, a forma perfeita é perseguida pelas mulheres e obtida através de muitos sacrifícios; na atualidade há menos roupa para encobrir e disfarçar, restando às mulheres emagrecer de verdade. Os seios estão de novo em evidência, e as aplicações de próteses de silicone estão a cada dia mais acessíveis. Lipoaspiração, plástica, botox, alisamento japonês. Tratamentos e intervenções cirúrgicas que interferem no corpo de forma definitiva ou temporária ocupam as páginas das revistas, prometendo ou garantindo como resultado formas perfeitas.

Para verificar como a preocupação com a boa forma difundiu-se de forma abrangente atingindo um público que não se restringe ao universo das revistas femininas, fizemos uma pesquisa nas edições da revista VEJA: nos 12 últimos meses, 55 publicações chegaram às bancas. Consideramos somente as reportagens, não contemplando a seção Gente que traz comentários sobre celebridades. Nos 55 exemplares, 19 matérias abordam o tema moda especificamente (não foram considerados os textos sobre "estilo") contra 50 que abordam temas relativos a tratamentos e intervenções no corpo, entre dieta, ginástica e cirurgia plástica (gráficos 1 e 2). Sendo uma revista de grande circulação, de público geral (não é uma revista dirigida ao público feminino), os números revelam a preocupação generalizada com o corpo. Na análise das edições, verifica-se que as matérias sobre boa forma só não aparecem em edições especiais, como aconteceu com a Copa do Mundo, as eleições e a passagem de um ano do ataque de 11 de setembro – as primeiras edições de outubro de 2001 ainda trazem algumas referências ao ataque terrorista em Nova York.

Poucos saberiam qual comprimento das saias será o *hit* do verão? E decotes, simétricos ou assimétricos, altos ou baixos? Bem, se estamos no Rio de Janeiro, devemos saber ao menos dos biquínis, pequenos, grandes, de lacinho, cortininha ou meia-taça? A dúvida não é caso de desinformação, simplesmente não existe uma única tendência de moda para cada estação, a moda vira espetáculo e traz em sua infinidade de tendências uma permissividade inimaginável há algumas décadas. O que fica gravado na mente dos desfiles-show, que a cada dia valorizam mais o *happening,* são os corpos das modelos, que impelem a ditadura da magreza às mulheres. Ao mesmo tempo figuras de prestígio exibem sua boa forma nos meios de comunicação, sendo muito mais lembradas pela plástica que exibem do que pelas roupas que envergam.

O corpo feminino encontra-se então, depois de séculos de sacrifícios e aparelhos que lhe moldaram a forma artificialmente, liberado. Liberado?! A afirmação guarda alguma contradição: se estamos livres da tortura do espartilho, viramos escravas de um outro suplício: a dieta.

A vigilância sobre o corpo atingiu um espaço do qual não podemos escapar, nossas próprias mentes. Com maciças doses de corpolatria diária, não há como fugir da cobrança da balança e do espelho e, como se verificou com a roupa em outras épocas, a "moda" tem início nas camadas mais elevadas da população e logo, e agora muito mais rapidamente, se disseminam por todas as camadas da sociedade.

O que o culto ao corpo influi de modo definitivo na moda, quando falamos em modas de vestir, é que as coleções dos criadores reduzem-se a modelos impossíveis de serem usados por quem não apresenta formas perfeitas. Na reprodução dos modelos pela indústria de confecção a discriminação é mais contundente, os modelos reduzem-se a numerações baixas e, sem um padrão que regule as medidas de cada numeração, os manequins são reduzidos. Sendo assim, acalme-se, nem sempre você engordou, foi seu manequim que encolheu!

Quando definimos o corpo como o novo figurino, estamos falando do objeto de desejo da moda que sofreu um desvio **da roupa** se veste para **o suporte que** a veste. A moda continua ditando a forma que a silhueta deve ter, a diferença é que ela agora é obtida com o próprio corpo, sem artefatos externos. As feministas que queimavam sutiãs não poderiam imaginar que o silicone seria um dia um inimigo muito mais implacável.

De maneira análoga ao que observamos com os trajes durante toda a trajetória da moda, o corpo define o grupo social ao qual o indivíduo pertence. Os tratamentos e intervenções cirúrgicas estão, quase sempre, ao alcance de uma minoria, ou estavam. Como acontece com o mercado da moda de vestir, uma série de facilidades surgem de modo a oferecer aos menos abastados oportunidade de alcançar o que antes era privilégio dos ricos. Não falamos aqui de uma divisão socialista do consumo, mas da descoberta das classes sociais menos favorecidas financeiramente como um nicho de mercado, que consome e paga. Infelizmente, no caso da moda de intervenções no corpo, os "produtos populares" podem trazer diversos problemas a seus consumidores, da queda de cabelos, provocada pela falsa aplicação do "alisamento japonês", à mutilação de mulheres, vítimas de profissionais não capacitados em cirurgias plásticas, o acesso mais barato ocasiona muitos casos, noticiados e denunciados e algumas vezes irreversíveis, até fatais.

A "popularização da beleza" como se intitula a matéria de capa da revista Veja Rio de 21/10/2002 segue o sistema de moda vigente no qual uma elite prestigiosa e dominante é imitada pelos demais indivíduos da sociedade (dominados), tal qual a burguesia ascendente da Idade Média tardia, o que se aspira é o lugar social ocupado pela nobreza dominante. Beleza e saúde são sinônimos, a busca da saúde tem motivação estética, ser belo não é mais um dom divino, mas fruto de investimento pessoal e financeiro, esforço e algum sacrifício.

Quando começamos a escrever este texto, tínhamos em mente uma distinção entre corpo e moda. Verificamos, no entanto, que o corpo ideal sempre foi construído através da moda. Se, no passado, coube ao comportamento das mulheres alguma censura pelos sacrifícios que impunham aos seus corpos sob as roupas, hoje todo o esforço se concentra na redução de peso, tonificação dos músculos, tudo em busca da tal forma ideal, e essa atitude extrapolou a busca do bem-estar saudável, sendo novamente alvo de censuras quando se recorre a cirurgias plásticas para emagrecer, por exemplo. Despidas das roupas e acessórios que garantiam a silhueta da moda, não resta à mulher outra alternativa, a não ser emagrecer de verdade! A moda está cada vez mais implacável, só nos resta aguardar para ver qual será sua próxima volta.

Fig. 1 – Deusa com Serpentes – Creta

Fig. 2 – Termas de Caracalla

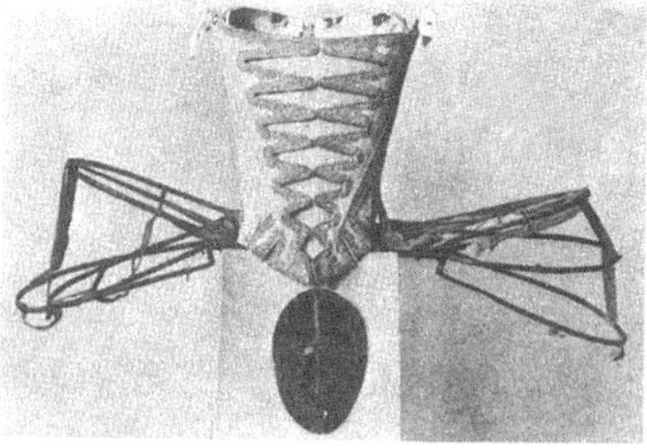

Fig. 3 – Panier (séc. XVIII)

Fig. 4 – Crinolina (séc XIX)

Fig. 5 – Dama com enchimento nos seios – séc. XIX

Fig. 6 – vestido 1777

Fig. 7 – Galerias da Palais Royal – damas de pequena virtude – séc. XVIII

Fig. 8 – vestido de chifon de 1901

Fig. 9 – modelos de Paul Poiret – séc. XX

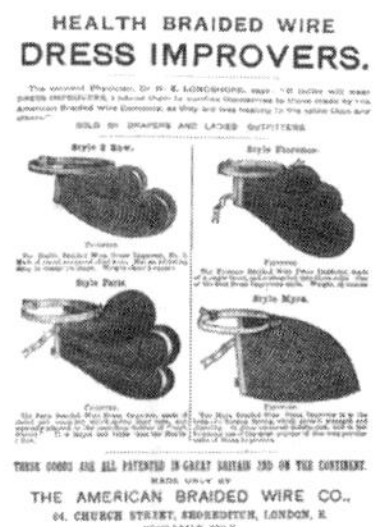

Fig. 10 – Anquinhas (séc. XIX)

Fig. 11 – Dama Toui – Egípcia

Fig. 12 – Mosaico Piazza Armerina, Sicília-Quarto das 10 meninas

Fig. 13 – Tassel – Livro dos Letrados e Nobres Damas: Dido Rainha de Cartago

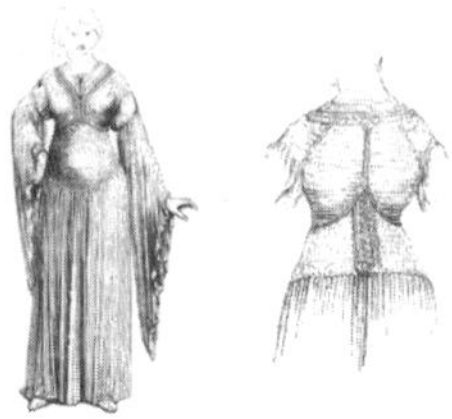

Fig. 14 – Bliaud – veste que permitia realçar o ventre

Fig. 15 – Jane Seymour – esposa de Henrique VIII - 1536/37

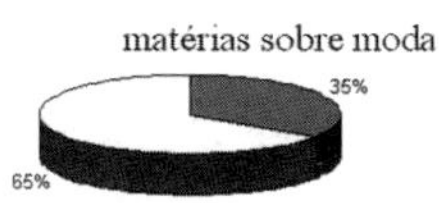

Gráfico 1

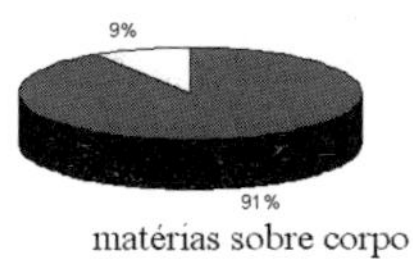

Gráfico 2

Notas

[1] Arquiteta, mestranda do PPGHC/IFCS/UFRJ, orientanda do Prof. Dr. Francisco Carlos Teixeira da Silva. Co-orientação da Profª Drª Mirian Goldenberg.

[2] Ferreira, Aurélio Buarque de Holanda. *Novo Dicionário Aurélio* – Século XXI. Rio de Janeiro: Nova Fronteira, 1999.

BIBLIOGRAFIA

1. Bibliografia e Ilustrações:

BAUDOT, François. *A Moda do Século*. São Paulo: Cosac&Naif,1999.

DAMATTA, Roberto. A ressurreição da carne. São Paulo: *Jornal da Tarde*, 7/4/1996.

FONTANEL, Béatrice. *Sutiãs e Espartilhos, uma história de sedução*. Rio de Janeiro: Salamandra, 1998.

HOLLANDER, Anne. *O Sexo e as Roupas: a evolução do traje moderno*. Rio de Janeiro: Rocco, 1996.

KÖELER, Carl. *História do Vestuário*. São Paulo: Martins Fontes, 1993.

LAVER, James. *A Roupa e a Moda: uma história concisa*. São Paulo: Companhia das Letras, 1982.

LEHNERT, Gertrud. *História da Moda do Século XX*. Colônia: Könemann Verlagsgesellschaft, 2000.

LURIE, Alison. *A linguagem das roupas*. Rio de Janeiro: Rocco, 1997.

MOUTINHO, Maria Rita. *A moda do século XX*. São Paulo, SENAC, 2000.

O'HARA, Georgina. Enciclopédia da Moda. São Paulo, Companhia das Letras, 1992.

SANT'ANNA, Denise Bernuzzi. Cuidados de si e embelezamento feminino: fragmentos para uma história do corpo no Brasil. In: *Políticas do Corpo*. São Paulo: Estação Liberdade, 1995.

SEELING, Charlotte. *Moda: o século dos estilistas*. Colônia: Könemann Verlagsgesellschaft, 2000.

REVISTA VEJA – exemplares de outubro de 2001 a setembro de 2002.

Para saber mais sobre nossos
títulos e autores, visite nosso site:
www.mauad.com.br

Este livro, da MAUAD Editora,
foi composto em Times New Roman
e impresso em papel ofsete 75g,
na gráfica Sermograf.